KB220266

2020년 8월 광화문 집회 이후 시작된 코로나 2차 확산은 그해 겨울 3차 확산으로 폭발했다. 그때 느꼈던 낭패감은 뭐라 말할 수 없을 정도였다. 내 안에는 '앞으로 우리나라에서 교회가 설 자리가 있을까?'라는 질문이 가득했다. 세상이 교회를 향해 비난의 수위를 높여가고 있음에도 정작 교회 안에서는 개인의 영적인 삶에 대한 메시지 외에 다른 소리를 듣기가 힘들다. 답이 없는 것 같은 이 혼란스러운 때에 다음 시대를 열어갈 우리의 기독 청년들은 과연 어디에서 그들의 길을 물어야 할까? 장동민 교수는 전작 『포스트크리스텐덤 시대의 한국 기독교』를 통해 교회의 안타까운 상황에 답답해하는 그리스도인이 그 발걸음을 옮길 수 있는 길을 보여주더니, 이번에는 『광장과 골방』을 통해 이 광야 같은 코로나 시대를 용감하게 헤쳐나갈 대안까지 제안해주었다. 동시대인의 문제에 같이 아파하며 골방에서 통곡해온 그의 음성에서 나는 새로운 희망을 가지고 꿈을 꾸게 된다.

김정태 | 좋은교사운동 공동대표

장동민 박사의 『광장과 골방』은 코로나19 바이러스로 인한 충격으로 방황하는 지금 한국 개신교회가 나아갈 좌표를 제시한다는 점에서 이 시대에 가장 중요한 기독교 저작의 하나로 꼽고 싶다. 저자는 이 저서를 통해 기독교인들이 모여서 세를 과시하며 욕망을 분출하는 섬 같은 '시청 광장'이 아니라 복음이 이룰 구원의 역사를 향해 교회와 그리스도인들이 진정으로 나아가서 서야 할 세상의 영역으로서의 '광장'을 모색한다. 그리고 욕망으로 충만한 광장과 예수의 복음으로 서야 할 광장을 구별하는 가장 큰 시금석으로서 '골방'에서 하나님을 만나는 사건을 제안한다. 이런 대전제 아래 한국교회가 품고 기도해야 할 핵심적인 논제들—경제적 양극화의 문제, 공정성의 문제, 능력에 대한 신앙적 이해, 차별의 해소, 욕망과 신앙 등—을 조망하면서 교회의 교회다움, 성도의 성도다움에 대한 이정표를 제시한다. 통찰력 넘치는 성서 해석과 시대 문화와 학문을 자유자재로 넘나드는 글쓰기로 쉽게 읽히면서 절대로 잊히지 않을 깨달음을 부여하는 책이다. 한국교회의 설교자는 물론이고 한국교회의 변혁과 새길을 고민하는 많은 평신도들에게 일독을 권한다. 아울러 저자의 신앙 여정을 솔직담백하게 고백하면서 한국교회를 진단한 전작 『포스트크리스텐덤 시대의 한국 기독교』(새물결플러스, 2019)도 함께 읽기를 권한다. 『광장과 골방』을 통해 저자가 제안하는 "한국 기독교 사회 선언"이 열매를 맺어 한국교회가 일신우일신의 갱신을 이루기를 기대하며 기도한다.

김종구 | 기독교대한감리회 세신교회 담임목사

그동안 광장에 모이는 힘을 자랑해온 한국교회는 코로나19로 근본적인 질문 앞에 서 있다. 세상에서 교회가 설 자리가 점점 좁아지고 있는 현재의 위기 속에서 장동민 교수의 본서는 오히려 그 폐허 속에서 희망을 보게 하고 공공신학의 새로운 방향을 제시해준다. 본서의 특징은 첫째로 당황하고 있는 현대 그리스도인들에게 신앙의 본질을 다시 발견하게 해준다는 것이다. 마치 16세기 종교개혁 시대 루터의 음성을 듣는 것 같다. 밖으로 팽창하기만을 지향하다가 역대급 위기를 맞고 있는 우리 그리스도인들에게 외향적 신앙의 허풍을 벗어내게 하고 철저하게 복음의 본질을 바라보게 한다. 둘째로 이 책은 코로나19 시대에 한국교회가 추구해야 할 진정한 공동체성이 무엇인지를 선명하게 보여준다. 그동안 한국교회는 집단적 권력이 되었다는 소리를 들어왔다. 개혁의 주장 역시 본질적이고 구조적인 것이 아니라 그 안에서 헤게모니를 잡기 위한 집단들 간의 권력투쟁이 아니냐는 의문이 들게 했다. 사회적 양극화나 경제적 불평등을 비판하는 소리조차 실천적인 변화가 아니라 그 구호를 소비하고 있다는 인상을 주었다. 그러나 저자는 코로나19 시대에 K-방역이 보여준 성숙한 시민 의식처럼, 한국 그리스도인들의 성숙한 공동체성과 공공성을 일깨운다. 한국 사회와 교회의 보수-진보 양극화도 복음 안에서만 공동체성을 회복할 수 있다고 말한다. 셋째로 이 책의 특징은 주제와 관련해서 인용되고 있는 방대한 저서들을 충분히 종합하고 평가하면서 독자들이 이해하기 쉬운 문체로 써 내려가는 방식을 취하고 있다는 것이다. 독자들은 마치 몇 권의 책을 읽은 것 같은 풍성함과 동시에 저자가 제시하는 방향을 어렵지 않게 바라볼 수 있는 시원함을 느낄 수 있을 것이다. 결론적으로 이 책이 우리에게 중요한 이유는 코로나19를 통해 역설적으로 한국교회가 16세기 로마 가톨릭교회의 모습에서 돌이켜 통회하면서 성경적인 종교개혁의 길로 나아갈 것을 촉구하고 있기 때문이다. 저자는 명쾌한 성경 해석으로 결정적인 마침표를 찍는다. 이 책을 통해 한국교회가 하나님 나라 중심의 공공신학을 회복할 수 있기를 진심으로 기대해본다.

안인섭 | 총신대학교 교회사 교수

저자는 역사가의 통찰력과 신학자의 진지함으로 골방과 광장이라는 두 공간과 존재 양식을 논한다. 한국교회는 오랫동안 성장 신화에 중독되어 실존적 고통을 겪지 않았다. 그러나 세속주의의 포로가 되어 기저질환이 깊어졌을 때, 코로나 사태와 대면하면서 대위기에 빠졌다. 사회로부터 고립된 골방에 갇힌 교회와 전광훈 사태의 왜곡된 광장 정치는 맞물려 있다. 썩어 냄새나는 골방과 하나님과 거리두기를 한 광장에 있는 교회를 향해 저자는 외친다. "나사로야 나오너라!" 이어서 웃음을 되찾은 누이들과 나사로의 손을 잡고 말한다. "함께 평화와 정의와 희락의 광장에서 춤추며 노래하자." 절망의 파국에서 기도하며 희망의 대안을 제시하려는 자들에게 이 책을 권한다.

옥성득 | UCLA 한국기독교학 석좌교수

『광장과 골방』은 코로나19 팬데믹 사태를 지나며 한국교회의 안타까운 상황을 지켜보던 한 학자의 절규에 가까운 예언자적 외침이다. 코로나19 상황에서 벌어진 한국교회의 모습을 어떻게 읽어내야 할지 혼란스러운 마음이 있는 사람들에겐 매우 친절한 안내서가 될 것이다. 물론 구체적인 내용에 모두 동의하지는 않는다. 코로나19를 하나님의 심판으로 보는 것이나 차별금지법에 대한 평가 등이 특히 그렇다. 하지만 제목처럼 우리 그리스도인에게는 광장과 골방이 모두 필요하다는 점은 백번 강조해도 지나치지 않다. 내가 『성자와 혁명가』에서 강조한 것과 일맥상통한다고 생각한다. 또한 『코로나19 이후 시대와 한국교회의 과제』의 부제처럼 공교회성과 공동체성과 공공성을 회복하지 않으면 안 된다는 문제의식을 공유하고 있음에 매우 기쁘다. 진보와 보수를 아우르고 넘어서는 비전을 제시해야 함을 절박하게 강조한 것 또한 전적으로 공감한다. 무엇보다 부록에서 "한국 기독교 사회 선언"을 함께 만들자는 제언에는 가슴이 뛰었다. 자격이 안 되는 나마저 함께하고 싶은 열망을 불러일으킨다. 아무쪼록 독자들이 이 책을 통해 코로나19 이후 교회가 나아갈 방향에 대한 귀한 영감을 받기를 바란다.

이도영 | 『코로나19 이후 시대와 한국교회의 과제』 저자, 더불어숲동산교회 담임목사

지난해부터 온 세계를 덮친 코로나19는 우리 사회의 취약한 곳이 어디인지를 드러냈을 뿐 아니라 한국교회의 민낯도 적나라하게 드러냈다. 이로 인해 많은 청년들이 자신이 기독교인임을 드러내기를 부끄러워하며 교회를 떠나고 있다. 이런 상황에서 저자는 먼저 한국교회가 왜 이렇게 되었는지 신학적·역사적 성찰을 통해 그 뿌리까지 철저하게 드러낸다. 하지만 저자는 절망 가운데 주저앉아 있거나 현실을 냉소하지 않는다. 오히려 그는 절망하여 주저앉아 있는 성도들의 손을 붙잡고 성경과 기독교 전통 안에 있는 풍성한 자산으로 인도한다. 그뿐 아니라 이 자산으로 무장하여 교회를 새롭게 하고 세상의 문제를 치유할 힘을 공급받을 수 있는 영적 세계로 이끌고 간다. 그리하여 온 세상을 창조하시고 통치하시는 하나님의 마음과 안목으로 새롭게 되어 세상의 공론장 가운데서 참된 진리를 증언하고 세상을 향한 실천적 대안을 만들어내자고 제안한다. 글을 읽는 내내 마음이 뜨거워지고 내 속에서 새로운 희망이 꿈틀거림을 느낀다.

정병오 | 기독교윤리실천운동 공동대표

이 책의 서론인 '광장과 골방'을 읽다가 가슴이 벅차올랐다. 역사학자가 역사 속으로, '진짜 광장' 안으로 걸어 나오는 것을 보았기 때문이다. 그것은 결심이고 헌신이며 진정성이다. 오늘날 교회가 당하는 수치와 고통에는 '신학함'(doing-theology)이 없는 신학자들의 직무 유기와 패착이 크다는 사실을 인정하지 않을 수 없다. 신학자는 신학자대로, 목회자는 목회자대로, 성도는 성도의 자리에서, 각자 그리고 함께 손잡고 분투해야 한다. 이 책은 저자가 이 시대의 교회와 소통하면서 '광장'의 신학에 발 딛고 걸어온 자취를 보여준다. 하지만 저자는 이 광장의 한복판에 선 교회에 '골방'이 있어야 함을 역설한다. 공공신학이란 무엇인가? 그의 글은 세상을 헤쳐나가는 교회에 예리하고 균형 잡힌 전략을 제시해줄 것이다. 나는 저자가 역사학자의 지혜와 목회자의 경건으로 이 땅의 교회를 위해 중요한 기여를 할 것이라 믿고 응원한다. 이 책을 붙들고 숙고하라. 그럴 만한 가치가 있다.

채영삼 | 백석대학교 신약신학 교수

저자의 『포스트크리스텐덤 시대의 한국 기독교』가 나온 지 2년이 채 안 되었는데 그 짧은 기간에도 한국 사회와 한국교회는 엄청난 변화의 소용돌이를 맞이하고 있다. 본서는 이렇게 격변하고 있는 한반도와 한국 사회, 그리고 한국교회 속에서 저자가 골방에서 나라와 민족, 교회, 그리고 하나님 나라를 위해 기도하면서 모은 생각들을 글로 풀어낸 것이다. 저자는 2021년 한국에 사는 기독교 역사학자로서 한국교회와 한국 기독교인들을 향해 현재 우리가 극복해야 하는 중요한 사회적 문제들을 하나씩 제시한 다음, 우리가 이런 문제들을 앞에 두고 가장 먼저 해야 하는 일은 골방에서 하나님의 음성을 듣는 것임을 강조한다. 하지만 저자는 골방에서 기도하는 것으로 끝나는 것이 아니라, 어떻게 구체적인 역사의 현장, 곧 "광장"에서 이런 문제들을 해결해야 하는지에 대한 저자 나름의 해결방안을 제시하고자 노력한다. 저자는 이전의 저서에서처럼 한국 사회와 한국교회의 문제들을 찾아 예리하게 지적하고 비판하지만, 그의 최대 관심사는 이런 문제들에 대한 해결방안을 찾는 것이다. 그 방안들에 대해 모든 사람이 백 퍼센트 찬성할 수는 없겠지만, 대부분은 그의 방안에 대해 어느 정도 수긍하지 않을까 하는 생각이 든다. 왜냐하면 그의 사고와 글은 좌로나 우로 치우치지 않기 때문이다. 물론 그렇다고 해서 "좋은 게 좋은 거다"는 식으로 문제의 본질을 회피하면서 두리뭉실 넘어가는 것은 아니다. 한국교회에 대해 절망하면서도 희망을 제시하려는 저자의 몸부림을 통해 유다 백성들을 향한 예레미야의 심정 같은 것이 느껴졌다. 한국교회가 저자가 부록에서 제안한 "한국 기독교 사회 선언"을 할 수 있다면 얼마나 좋을까? 하지만 현재의 한국교회는 골방에서도 광장에서도 방향을 잃은 듯하여 답답하기만 하다. 아무쪼록 한국교회의 기독교인들이 이 책을 읽고 저자가 경험한 골방과 광장을 공유하기를 간절히 바란다.

허성식 | 홍콩에서 사역 중인 선교학자

저자는 독특한 장르의 옷을 입고 오랫동안 가슴에 꾹 담아온 메시지를 한국교회에 외치는 듯하다. 현실과 상황에 대한 냉철한 분석 아래로 말씀과 복음을 향한 불타는 속마음이 페이지마다 진하게 전해진다. 읽다 보면 단단한 망치로 얻어맞거나 날카로운 칼에 베인 것 같이 몸과 맘이 혼미해지고 아려온다. 나 자신이 일그러진 한국교회 형상의 공범자라는 자각 때문이다. 수필이라고 하기엔 글의 무게가 남다르고, 논문이라고 하기엔 글의 형식이 자유롭다. 이처럼 장르의 경계선을 허무는 듯 자유분방하면서도 통제력을 잃지 않는 초점과 여유는 저자의 기독교 철학적 사색의 뿌리 깊은 나무가 복음의 청명한 생명 강가에 심어져 있기 때문이다. 한국 사회 안에서 점점 더 작아지고 갇혀가는 그리스도인과 한국교회를 위한 진단과 처방의 몸부림에 조금이라도 동참하길 원한다면, 『광장과 골방』을 당장 손에 잡고 눈이 끌리는 제목부터 찬찬히 읽어나가면 좋을 것 같다. 너무 오랜 세월 동안 안주하고 있는 한국 그리스도인들이 제각각 자신들의 영문을 빠져나와 나사렛 예수께서 걸어가신 그 영문 밖 광장과 골방 안으로 한 발짝 더 내딛는 용기와 실천을 북돋아주는 데 이처럼 도전적인 글을 만나기란 여간 어려운 게 아니다.

허주 | 아세아연합신학대학교 신약학 교수, 한국복음주의신약학회 회장

광장과 골방

코로나19 시대의 공공신학

장동민 지음

광장과
골방

**코로나19 시대의
공공신학**

장동민 지음

새물결플러스

목
차

서론

광장과 골방

어쩌다 보니 일반 시민들 사이에서는 '기독교' 하면 광장(廣場)을 연상하게 되었다. 전광훈 목사의 광화문 광장 예배가 속칭 '태극기파'(派)의 선봉에 서면서부터다. 전광훈은 2019년 광복절 집회와 개천절 집회를 주도했는데, 집회에 참가한 사람들의 상당수가 그리스도인이었다. 당시 자유한국당을 비롯한 여러 보수 단체가 동시에 집회를 열었지만, 그의 거친 언어와 청중의 우렁찬 '아멘'이 단연 매스컴의 주목을 받았다. 2020년 광복절에는 코로나 확산을 우려한 서울시의 불허에도 광화문 광장 집회가 열렸다. 이는 사랑제일교회 수련회와 더불어 코로나 2차 확산의 도화선이 됨으로써 국민적 공분을 사게 된 집회였다.

기독교가 광장의 종교로 인식되는 것 자체는 나쁜 일이 아니다. 사실 나는 기독교가 광장으로 나와야 한다고 믿는 사람이다. 기독교는 신자 개인의 영성이나 교회 성장에 국한되어서는 안 되고, 반드시 광장에서 세상과 소통함으로써 세속 사회 한가운데서 하나님 나라를 이루어야 한다. 그러나 전광훈 목사의 방식은 아니다. 그의 방식은 몇 가지 이유에서 비판받아야 한다. 우선 누구나 동의하듯이 그가 사용하는 거친 언어가 문제다. 그가 내뱉는 반말, 욕설, 성적 비하 및 혐오성 발언과 가짜 뉴스는 거짓 확신과 오만으로 가득한 빈곤한 내면세계를 보여줄 뿐이다. 게다가 시대정신에 뒤떨어진 이념과 기독교를 일치시키는 것도 문제다. 기독교 신앙이 한 사회의 이념을 주도하거나 지지하는 것은 광장에서는 흔히 있는 일이다. 그러나 그의 시각은 반공주의와 산업화가 대한민국의 주된 어젠다였던 1970년대에 고정되어 있다. 그런 프레임으로는 현재의 우리 사회를 진단할 수도 없고, 현실 속에서 고통받는 이들에게 구원을 제시할 수도 없으며, 미래를 설계하는 것은 더더욱 불가능하다.

　　그러나 이 모든 것보다 전광훈의 극우 기독교를 패착으로 이끈 더 큰 요인이 있으니, 바로 그들이 모였던 광화문 광장이 진짜 광장이 아니라는 사실이다. 2019년 개천절과 2020년 광복절의 광화문 광장은 광장처럼 보일 뿐 사실은 하나의 섬이었다. 증명도 반박도 불가능한 주장을 큰소리로 선포하고 그 주장에 열광하는 닫힌 세계였다. 미디어가 그들을 취급한 방식을 보라. 일반인은 이해할 수 없는 이상한 나라를 외부인의 시각으로 관찰했을 뿐이다.

　　고립된 섬을 넓히면 광장이 되는 줄 아는 사람이 많다. 목회자들은 자신이 섬기는 교회의 영역을 넘어 교단의 총회장이나 기독교 연합 단체의 임원으로 활동 범위를 넓힌다. 기독교 TV에서 한두 번은 설교해야 하고, 저명한 정치인이나 연예인과 사진도 찍으려고 한다. 신학자들은 누구나 '한국교회'를 운운하고, 선교 단체들은 저마다 열방(列邦)을 가슴에 품고 있다. 성도들도 여름만 되면 세계 각국으로 정체불명의 비전트립을 떠난다. 그러나 광장에 참여한다는 것은 닫힌회로 같은 자아를 홍보하고 확장하는 것이 아니라 자기를 개방하는 것이다.

광장의 기독교

광장(public square)은 시장, 관공서, 신전 등이 밀집한 도시의 물자와 사람과 사상이 교류되는 곳이다. 다양한 상품이 전시되고 이념이 소개되어 서로 경쟁하는 곳이다. 비교, 품평, 선택, 비판이 가능한 곳이 바로 광장이다. 요즘 표현으로는 공론장(公論場, public sphere)이다.

　　기독교는 본래 광장의 종교다. 기독교는 사람들을 신비적 황홀경으로 끌어들이는 밀교(密敎)나 추종자들을 이끌고 광야와 산속으로 들어가는 은자(隱者)의 종교가 아니다. 예수님은 사두개파, 바리새파, 에세네파 등의 기성 종교가 세력을 굳히고 있던 유대 사회 한복판에 등장하여 메시아의 다스림을 선포하셨다. 그분은 기존 질서에 과감히 도전장을 던지셨고 그들에 의해 죽음에 넘겨지셨다. 바울은 소크라테스가 사형 선고를 받았던 아테네의 아레오바고(Areopagos) 언덕 광장에서 에피쿠로스 학파, 스토아 학파 학자들과 논쟁하며 새로운 세계 종교의 시작을 알렸다. 이후 기독교는 그리스-로마의 고전 사상과의 대화와 타협 및 논쟁을 통해 진화함으로써 서구 문명의 기초가 되었다. 우리나라에 들어온 기독교 역시 유교적 정치철학을 비판하고, 불교 및 도교 신앙과 논쟁하며, 신흥 종교인 동학과 경쟁하면서 입지를 굳히고 성장했다. 그리스도인들은 기독교가 마음에 평화를 주고 자기 계발을 돕는 수준이 아니라 다른 이념과 사상을 굴복시키고 세상을 구원할 유일한 진리임을 말과 행동으로 증언했다.

"틈새의 신"

"틈새의 신"(God of the gaps)이라는 개념이 있다. 이는 무신론 자연과학자들이 기독교 신앙을 냉소적으로 비판할 때 사용하는 단어다. 그리스도인들은 과학이 설명할 수 없는 영역을 하나님의 개입으로 생각하는 경향이 있는데, 과학이 발달하면서 설명할 수 없는 영역이 줄어드니 신의 영역도 축소될 것이라는 조롱 섞인 주장이다. 예를 들어 과거에 전염병이 발생하면 이를 과학적으로 설명할 수 없었기 때문에(즉 과학적 설명에 틈새가 생겼으니) 신의 심판이라고 생각했었다. 그러나 전염병의 원인과 치료법이 밝혀진 현대에 와서는 신을 대신하여 의사나 제약회사 또는 방역 당국이 이를 제어한다. 전염병이 더 이상 신이 개입하는 영역이 아니게 된 것이다. 이런 식으로 천체물리학, 생명과학, 진화사회학 등의 분야에서 자연적 설명이 가능해짐으로써 초월적인 신을 불러들여야 할 영역이 점점 축소되어 제로로 수렴될 것으로 예상된다. 과학철학자들은 진화론이 생명의 기원 문제에 대해 설명할 수 없기 때문에 지적 설계자(intelligent designer)로서의 신을 가정하지만, 앞으로 과학이 더 발달하면 이 문제도 설명할 수 있는 날이 올 것이고, 그렇게 되면 기독교의 입지는 더욱 좁아질 것이라고 말한다.

틈새의 신 개념을 사용하여 기독교를 변호하려는 그리스도인들을 강하게 반대한 사람 가운데 독일 신학자 본회퍼(Dietrich Bonhoeffer)가 있다. 그는 『옥중서간』에서 우리가 사는 현대는 미신을 믿는 시대가 아니라 이미 성인(成人)이 된 과학적 세계이기 때문에, 우리의 부족함을 채우는 신을 믿어서는 안 된다고 했다. 그는 "우리가 인식하고 있는 것 안에서 하나님을 발견해야 하고, 우리가 인식하지 못하는 것에서 찾아서는 안 된다"고 썼다.[1] 이는 과학이 설명할 수 없는 기적에 기대서 하나님을 설명할 것이 아니라, 그 과학적 세계를 인정하면서 그 세계의 배후에서 의미를 부여하는 하나님을 찾아야 한다는 뜻이다.

본래 틈새의 신 개념은 자연과학과 기독교의 관계를 설명하기 위한 것인데, 이를 우리의 일반적인 신앙 문제에도 적용할 수 있다. 예컨대 최근에 한 대형 교회 목사는 "사람은 누구나 신을 찾고 싶어 하는 욕구가 있다.…힘들고 어려울 때마다 신을 찾는다.…코로나가 끝나면 사람들은 한국교회로 올 것이다. 1993년, LA에서 지진이 나서 주일날 사람들이 교회로 찾아왔다…"고 설교했다.[2] 큰 재난을 만나면 평소에 신을 찾지 않던 사람들도 마음이 약해져서 교회를 찾게 될 것이라는 말이다. 전형적인 틈새의 신 이론이다. 그러나 나는 그의 예측과 달리 코로나 시대가 지나고 나면 많은 사람이 교회를 찾지 않으리라고 생각한다. 코로나 시대에 교회의 이기적이고 시대착오적인 대응이 과학적 방역에 걸림돌이 되었음을 사람들이 기억할 것이기 때문이다.

게다가 이 설교와 같이 교회가 틈새의 신에 기댄다면 기독교가 설 자리는 점차 좁아질 것이다. 틈새를 메꾸기 위한 종교는 이미 성인(成人)이 된 세계에서 그 입지를 확보하지 못한다. 우리의 삶의 '틈새'를 메꾸기 위한 많은 사회적 장치가 고안되어 종전 같으면 위기일 법

---

1   본회퍼, 손규태 외 옮김, 『저항과 복종: 옥중서간』(서울: 대한기독교서회, 2010), 579.
2   소강석 목사, "코로나 끝나면 사람들 반드시 교회 올 것", 「기독일보」 2020년 8월 30일, https://www.christiandaily.co.kr/news/94224.

한 일도 이제는 쉽게 극복할 수 있게 되었기 때문이다. 의사, 변호사, 상담사, 은행, 보험, 요양병원, 상조업체를 비롯한 각종 공공 부조와 사회보장 제도가 발전했다. 본회퍼의 말대로 기독교가 소극적으로 죽음, 고난, 죄와 같은 인간의 한계 문제에 대해서만 대답을 주려고 하지 말고, "죽어가는 것이 아니라 삶 속에서, 고난이 아니라 건강과 능력 안에서, 죄가 아니라 행동에서" 적극적으로 세상에 참여해야 한다.[3] '선교적 교회'(missional church)의 주장처럼, 교회가 세상의 일에 참여하여 이를 해석하고 바로잡고 섬기는 것이 최대의 관심사가 되어야 한다. 이를 위해 세속화된 사회에서 기독교의 진리를 그들의 언어로 풀어내고, 그리스도인의 입장에서 공공의 영역에 참여하는, 이른바 '공공신학'이 우리 시대의 주된 신학이 되어야 한다.[4]

세상이 성인(成人)이 되었다는 말은 이 세상이 완전하다는 뜻이 아니다. 성인이 된 세상은 전체가 왜곡되고 부패하며 불완전한 세상이다. 기독교는 인간이 만든 문명의 부족한 틈새를 찾아 공략할 것이 아니라 가장 위대한 문명 그 자체가 모래 위에 건설된 성임을 보여주어야 한다. 코로나19는 우리가 만들어갈 세상이 유토피아가 아니라는 점을 깊이 각인시켰다. 정복된 줄 알았던 전염병이 언제든 다시 나타날 수 있음을 보여주었다. 세상이 완벽한 것처럼 보였지만, 수많은 사람이 음지에서 가난과 질병에 무방비 상태로 노출되어 있음이 드러났다. 우리 그리스도인들은 기존 체제에 정면으로 도전하여 그 체제의 문제점을 발

---

3   본회퍼, 『저항과 복종: 옥중서간』, 580.
4   선교적 교회론과 공공신학에 대해서는 다음을 참고하라. 장동민, 『포스트크리스텐덤 시대의 한국 기독교』(서울: 새물결플러스, 2019), 제5장 "포스트크리스텐덤 시대 한국 교회의 변화."

견하고, 그 체제하에서 고통당하는 사람과 함께하며, 새로운 질서를 상상해야 한다.

기독교는 우리 시대의 온갖 이념, 철학, 종교, 세계관이 전쟁을 벌이고 있는 진짜 광장으로 나와야 한다. 이들과의 치열한 논쟁을 통해 이런 사상들을 무장해제시키고, 가면을 벗기며, 그리스도의 발 앞에 무릎을 꿇도록 해야 한다. 그리고 그리스도만이 세상에 생명과 빛을 주는 진리임을 선포해야 한다. 이기심에 기초한 상업주의, 전통적 도덕을 무시하고 방종으로 치닫는 자유주의, 공동체와 연대(連帶)를 무시한 개인주의, 보수와 진보의 끊임없는 권력의지와 같은 것들을 지양하고 새로운 미래를 위한 가치를 발굴해내야 한다.

신학자들은 그들만의 학회를 만들어 자신들만의 언어로 논문을 발표하고, 때로 주례사 비평을 주고받으며, 때로는 실체도 없는 추상적 개념을 놓고 잡아먹을 듯 험악한 말로 서로를 정죄하는 일을 반복해서는 안 된다. 우리 사회가 가지고 있는 문제의 핵심으로 뛰어들어 민족사의 방향을 정립하고, 고통받는 이들의 편에서 대안을 제시하는 신학회들이 되기를 소망한다. 목회자들은 자기가 이룩한(혹은 물려받은) 세계 안에서 황제 노릇하면서 세상만사를 다 아는 양 아무 말 대잔치를 벌여서는 안 된다. 성도들이 사는 현실을 가장 가까이에서 만나고, 그들이 사는 세상의 문제를 이해하며, 이를 말씀으로 해석하기 위해 밤이 맞도록 몸부림치는 목회자가 되어야 한다. 모든 그리스도인 전문인들은 각자의 자리에서 자신이 하고 있는 일을 통해 어떻게 사람을 도우며 역사의 발전에 기여할 수 있는지를 숙고해야 한다. 예컨대 그리스도인 교사는 그리스도인으로서 자신의 정체성을 정립하고, 방법론적 무신론(methodological atheism)이 지배하는 공교육의 현장에서 학생들에게 무엇을 가르치며 어떻게 훈육해야 할지를 고민해야 한다.

　　　한국 기독교가 공적(公的) 영역에 진입하기 위한 발판이 없는 것은 아니다. 종립 학교나 대안 학교와 같은 교육 기관, 복지 기관, 신문사와 방송사, 기독교 NGO 등의 기독교 기관들이 있다. 이 기관들은 단지 복음 전도만을 위한 것이 아니라 기독교적 가치를 일반 시민들에게 알리고 공적 영역에 참여하기 위해 세워졌다. 그러나 문제는 이 기관들의 대다수가 둘 중 한편의 불완전한 극단에 머무르고 만다는 점이다. 즉 공공의 영역에 참여하는 것을 멈추든지 아니면 기독교적 가치를 상실한 채 공공의 영역으로 편입되든지 둘 중 하나다. 예를 들어 각 교단 신문의 경우, 교단의 입장을 대변하는 기관지의 역할을 할 뿐 공적 영역에 기여하는 바는 거의 없다고 보아도 무방하다. 심하면 그 교단에서 헤게모니를 잡고 있는 한 세력이나 개인을 대변하는 경우도 많다. 초중고 기독교계 종립 학교의 경우는 그 반대다. 공립 학교와 동일한 교육 과정을 운영하고 동일한 기준으로 교사와 학생을 선발하는 공교육 체제의 일부가 되었다. 몇몇 구호 단체나 남북 협력을 위한 NGO들이 기독교의 기반 위에서 공적 영역에 활발히 참여할 뿐이다.

광장을 지향하고 골방을 사모하라

한국 그리스도인들이 섬의 확장이 아닌 진정한 의미의 광장에 참여하기 위해 해야 할 일이 무엇일까? 우선 광장에 대해 알아야 한다. 광장의 언어를 배우고 문법을 익히며 생각을 교류하는 법을 배워야 한다. 세상이 어떻게 돌아가는지 알기 위해 방송을 듣고 신문과 시사 주간지 정도는 읽을 수 있어야 한다. 포스트 트루스 시대답게 요즘 언론은 정치적 입장에 따라 팩트를 취사선택하고 제멋대로 해석하기 때문에 나이브한 그리스도인들은 자칫 속기 십상이다. 그래서 복잡한 사안을 해석해줄 뉴 미디어를 선호하는데, 사실은 이게 더 큰 문제다. 동영상 사이트, 포털 서비스, SNS를 막론하고 사용자를 잡아두기 위한 알고리즘이 분열을 부추긴다.[5] 유저들의 자율성과 선택의 폭이 늘어난 만큼 분별을 위한 노력이 더욱 필요해졌다. 스마트폰을 들여다보기보다 인문학과 사회과학 서적을 가까이함으로써 미디어를 독해하고 비판하는 능력을 더욱 키워야 한다.

그리스도인이 광장에 참여하여 기독교적 가치를 펼치기 위해 두 번째로 해야 할 일은 바로 성경을 공부하는 것이다. 성경은 단지 한 개인이 구원을 얻고 경건하게 살아가는 법을 가르치는 책이 아니다. 믿기지 않겠지만, 성경은 이 세상의 모든 문제를 알고 대답을 주는 하나님의 말씀이다. 성경은 경제적 양극화, 성장과 분배, 차별과 분열, 성(性) 정치, 생명 윤리, 국제 정치와 평화, 사회의 변동, 남북 대화와 통일 등 우리 사회가 당면한 모든 문제에 대해 정통하며, 그 문제들에 대안을 제시해준다. 지금까지 시대마다 당면한 문제를 해결하기 위해 성경에서 얻은 영감의 기록이 곧 신학(神學)이고, 그 신학들이 쌓여서 교회의 역사를 이룬다. 성경을 곁에 두고 매일 공부하며, 통찰력 가득한 신학 서적의 도움을 받으시라.

그러나 위의 두 가지만으로는 충분하지 않다. 광장의 언어와

---

5   넷플릭스에서 상영되는 다큐멘터리, "소셜 딜레마"는 뉴 미디어가 사회의 양극화에 얼마나 큰 영향을 미치는지를 설득력 있게 보여준다.

논리를 배우고 분별력을 키우는 것이 필요하지만, 그것만으로는 안 된다. 성경과 신학을 배우는 것도 필수적인 일이긴 하지만, 그 분야의 학위를 받은 신학자들조차도 광장에 참여하기를 어려워하는 것을 보면, 이 역시 충분조건은 아닌 듯싶다.

　　　다소 엉뚱하게 들릴지 모르지만, 나는 골방으로 들어가는 것이 핵심적이고 필수적인 과정이라고 믿는다. 즉 기도의 골방에서 홀로 은밀하게 하나님과 교제하는 것이다. 골방에서 무슨 일이 일어나는가? 앞서 말한 두 가지, 곧 세상에서 일어나는 모든 일에 대한 지식, 정보와 성경의 가르침이 깊은 묵상을 통해 내 안에서 분석되고 종합된다. 문제의 본질이 무엇이고, 그 문제를 다루는 사람들의 마음에 무엇이 있으며, 그 문제에 대한 성경의 관점이 무엇인지, 그리고 그 문제를 위해 내가 무엇을 하면 좋을지가 마음에 떠오른다. 오랜 시간 깊이 묵상하고 고민하는 가운데 마치 어둠 속에 샛별이 떠오르는 것처럼 나의 마음에 또렷이 잡히는 것이 생긴다. 이 과정을 뒤집어 표현하자면, 내 안에 있는 하나님의 영이 당신이 기록한 성경 말씀을 통해 지금 일어나고 있는 일을 해석해주는 것이다. 성령의 뜻을 알기 위해 나를 내려놓고 간절히 구할 때 이런 일이 일어난다. 신앙인의 통속적 언어로 표현하자면 하나님의 음성을 듣는 것이다. 내가 주체가 되어 최대한 나의 편견을 내려놓고 하나님의 뜻을 구하는 것인지, 아니면 하나님께서 주체가 되어 당신의 뜻을 가르쳐주시는 것인지는 하나님만 아신다. 이는 부부가 자녀에 관한 문제를 놓고 깊이 대화하다 보면 어느 순간 일치된 답을 얻게 되는 과정과 유사하다. 바로 골방에서 하나님과의 깊은 교제를 통해 하나님과 내가 일치된 답에 도달하는 것이다.

　　　광장에서 하나님의 일하심을 드러낸, 성경의 모든 위인은 그 시작이 골방이었다. 두려움으로 가득한 나그네의 삶을 살던 아브라함은 하늘을 가득 메운 별들 아래서 하나님의 말씀을 듣고 신뢰함으로써 모든 민족의 아비가 되었다. 야곱은 얍복강가에서 씨름을 거시는 하나님을 만나 자신의 삶의 의미를 발견했고, 요셉은 이집트 노예생활 가운데서와 바로의 옥에서 코람 데오의 삶을 살았으며, 모세는 바위산 가시떨기에서 역사를 주관하시는 하나님의 부르심을 듣고 해방자가 되었다. 구약성경에서 하나님과 홀로 있는 시간을 가장 치열하게 보낸 한 사람을 들라면 바로 다윗이다. 그가 지은 시편이 모두 하나님 앞에 단독자로 선 한 사람, 보이지 않는 하나님의 구원을 의지하며 자신을 둘러싼 환경을 헤쳐나갔던 한 실존의 고백이다. 엘리야, 호세아, 예레미야, 에스겔 등 제국의 복잡한 정치 현실에 뛰어든 예언자들은 역사의 의미를 알기 위해 심연과 같은 고뇌의 밤을 지새워야 했다. 마침내 우리 주님은 한적한 곳에서의 기도로 그의 공생애를 보내셨고, 겟세마네 동산에서의 처절한 기도를 통해 인류 구원의 역사를 완성하셨다. 성경의 위인 중 죄악으로 가득 찬 세상 한복판에서 일하지 않은 사람이 없고, 홀로 하나님을 만나는 경험을 소홀히 한 사람도 없다. 그들은 골방에 들어가서 은밀한 가운데 보시는 하나님 한 분을 바랐다. 마치 젖먹이가 엄마의 품을 사모하는 것처럼, 여종이 주인의 입을 바라보는 것처럼 말이다. 그리고 거기서 모든 것이 시작되었다.

그건 오순절파(派)의 방식이 아니냐고, 결국 주관성에 빠지지 않겠느냐고 염려하는 분들이 있을 것이다. 개혁주의 신학자라면 좀 더 객관적인 성경 본문에 근거해야 하지 않겠느냐고, 혹은 지성적 진보주의자라면 우리 사회를 연구하고 분석하는 일에 더 열심을 내야 한다고 말할지 모른다.[6] 물론 이 모든 것이 필요하다. 세상과의 접촉과 성경 연구를 게을리하면서 하나님으로부터 직접계시를 받는 것을 추구하는 사람은 필시 자기 세계에 갇힌 독선적인 사람이 되기 쉽다. 그러나 나는 골방에서 하나님과 교제하는 것이 가장 중요하다고 주장하련다. 이 책의 부제(副題)인 '공공신학'(public theology)은 '공공'과 '신학'의 두 단어가 결합한 합성어다. 두 개념이 모두 중요하다. 공공성을 띠고 있는 기독교는 사회에서 일어나는 일에 참여해야 한다. 그러나 그렇다고 해서 복음이 이념과 동일시될 수는 없다. 영적이고 초월적이며 성경적이고 신학적인 대답을 가지고 공적 영역에 참여하자는 것이다. 골방의 기독교는 광장을 지향해야 하고, 광장의 기독교는 골방을 사모해야 한다. 이제부터 골방에서 일어나는 일들이 어떻게 광장과 연결되는지 구체적으로 설명하겠다.

첫째, 골방에서 얻은 통찰을 광장에서 펼친다

앞에서 우리가 믿는 하나님은 우리의 삶의 '틈새'를 메꾸시는 변호사나 상담사에 머무르는 분이 아니라는 것을 이야기했다. 그리스도의 제자

---

6   이 질문에 대한 자세한 대답을 원하면 다음을 참고하라. 장동민, 『포스트크리스텐덤 시대의 한국 기독교』(서울: 새물결플러스, 2019), 제4장 "성령은 성경의 해석자시다." 이 문제에 대해 나와 비슷한 대답을 내놓은 책을 소개한다. 크레이그 S. 키너, 송일 옮김, 『성령 해석학: 오순절 관점으로 성서 읽기』(서울: 새물결플러스, 2020). 이 책의 저자는 성경의 배경 연구나 비평적 연구로부터 큰 도움을 받을 수 있지만, 결국 성령의 도움으로 예수 그리스도의 마음을 아는 것이 성경을 제대로 아는 것이라고 주장한다 (111-118).

들은 적극적으로 하나님 나라를 이 땅에서 펼쳐야 한다. 그렇다면 우리가 이 땅에서 펼칠 하나님 나라의 구체적인 플랜은 무엇인가? 평화, 정의, 창조의 보존 등에 관한 추상적인 이야기를 하는 것만으로는 충분하지 않다.[7] 우리의 현실에서 구체적으로 그 뜻을 펼쳐야 한다. 그러나 그일은 절대 쉬운 게 아니다. 사실 하나님의 뜻이 무엇인지를 판단하기도 어렵다. 아무리 성경을 열심히 읽는다고 해도 성경이 기록된 시간적·공간적·세계관적 환경이 우리와 너무 다르기 때문에, 현실에 대한 직접적인 답을 성경으로부터 얻는 것은 불가능하다. 물론 우리 사회를 연구하고 대안을 제시하는 학자와 저술가들의 책을 읽는 것도 도움이 된다. 그러나 좀 미안한 말이지만 대다수의 저자는 자신이 무슨 말을 하는지 모른다. 특히 외국의 학설을 수입하여 확신을 가지고 소개하는 젊은 학자들에게 나의 영혼과 남은 삶을 맡기기에는 적실성과 진정성이 턱없이 부족하다.

나는 골방에서 하나님과의 교제를 통해 하나님 나라의 구체적인 모습에 관한 통찰을 얻는다고 믿는다. 다윗 왕의 예를 들어보자. 성경에는 다윗의 생애에 일어난 많은 사건이 기록되어 있는데, 나는 그중의 핵심이 다음 구절이라고 생각한다.

다윗이 온 이스라엘을 다스려 다윗이 모든 백성에게 정의와 공의를 행할새(삼하 8:15).

---

7   세계교회협의회(WCC)가 지향하는 사회 참여의 원칙들이다. 영어로는 Justice, Peace and Integration of Creation, 줄여서 JPIC라고 한다.

일반적으로 다윗을 생각할 때 떠오르는 장면들은 물맷돌로 골리앗을 때려눕히는 장면, 사울로부터의 피신과 승리, 요나단과의 우정, 그의 범죄와 회개, 그리고 압살롬의 반역 등일 것이다. 그런데 이 모든 사건의 한가운데 사무엘하 8:15의 짧은 구절이 있다. 다윗이 정의의 왕(王)이라는 사실은 그의 파란만장한 생애의 요약이고, 그가 남긴 유산이다. 후일 예언자들이 메시아의 표상으로서 다윗을 그릴 때, 그는 정의의 왕이었다(사 11:1-5; 렘 23:5, 6; 겔 34:23, 24).

다윗은 어떻게 해서 정의의 왕이 되었을까? 어디서 정의의 개념을 배웠을까? 물론 토라(Torah)로부터 배웠을 것이다. 어렸을 적 베들레헴의 지역 사제들로부터 들었던 토라의 이야기가 그의 마음에 새겨졌을 것이고, 토라의 계율이 몸에 배었을 것이다. 다윗은 왕위에 오른 이후에도 토라를 곁에 두고 틈틈이 읽고 배우고 묵상했다(신 17:18-20). 그러나 토라의 법을 배워 그것에 친숙한 것과, 토라의 정신을 이해하고 그것을 따른다는 것은 별개의 일이다. 역사상의 무법자와 독재자들이 법이 없어서 정의를 파괴했는가? 오늘날 우리나라의 법조인을 비롯한 기득권 세력이 법을 몰라서 정의롭지 못한 것은 아니지 않은가? 오히려 '법 기술'을 사용하여 요리조리 다 빠져나가지 않는가?

다윗이 자신의 경험으로부터 정의의 소중함을 배웠으리라고 추측할 수도 있다. 그는 불의한 사울에게 쫓겨 수년 동안 광야와 토굴을 헤매면서 불의한 자가 지배하는 세상의 부조리에 대해 많이 생각했을 것이다. 영혼 없는 공직자들이 한마디 반대나 저항도 없이 사울의 수족이 되어 자신을 추격하는 것을 보면서 그는 왕궁에서 자신을 보좌할 사람들의 역할에 대해 생각했을 것이다. 세 치 혀를 놀려 왕의 질투심을 자극하는 모사들에 대해 전해 들으면서 그는 간신배와 충신을 구분하는 법을 배웠으리라. 있을 법한 이야기다. 그러나 불의한 권력자에 의해 억울한 일을 겪은 사람이 권력을 잡게 되면 정의를 시행하는 경우가 그렇게 흔하던가? 오히려 자신이 과거에 겪은 고생을 벌충이라도 하듯 사람들을 더 억압하지 않던가? 국가 기관에 의해 박해를 받았던 사람이 정권을 잡은 후 국가 기관을 장악하여 자신의 수족처럼 부리고, 언론의 속성을 잘 아는 사람이 언론과 타협하지 않던가? 노욕을 자극하는 간신배들의 속살거림에 일부러 속아주지 않던가?

다윗이 토라로부터 정의를 배운 것도, 경험에서 얻은 지혜와 간절함을 가지고 있었던 것도 사실일 것이다. 그러나 다윗을 정의의 왕으로 만든 진정한 요인은 다른 데 있다. 바로 하나님과의 깊은 교제다. 베들레헴 들판에서, 염소바위 굴속에서, 왕궁 침소 곁의 골방에서 말이다. 하나님과의 교제는 다윗이 토라의 지식과 자신의 경험을 엮어 역사 속에서 정의를 시행하게 만드는 원천이었다. 그는 거기서 자신이 당한 고난과 토라의 정의를 연결시킬 지혜를 얻었고, 왕국을 정의로운 질서로 재편할 용기를 얻었다. 거기서 타인이 당하는 아픔이 그 자신의 아픔으로 재현되었고, 그는 그들의 슬픔에 동조(同調)할 수 있었다. 무엇보다도 음모와 계략이 난무하는 궁중 생활에서 자신을 투명하게 들여다보는 단순함을 유지할 수 있었다.

둘째, 골방에서의 자기 성찰을 통해 합리성과 실천력을 얻는다

광장 즉 공론장(公論場)에 참여하여 경쟁에서 이기려면 무기가 필요한데, 그 첫째가 합리성이다. 합리성이 있어야 책을 읽고 독해할 수 있고,

팩트에 근거한 정당한 판단을 내릴 수 있으며, 상대를 설복시킬 수 있다. 합리성이 있어야 내가 믿는 기독교의 진리를 일반 사람들이 알아들을 수 있는 언어로 번역할 수 있다.

합리적 판단의 가장 큰 적은 무엇인가? 무지와 편견일까? 아니, 적은 외부에 있지 않다. 바로 내 안에서 나를 속이는 이성(理性)의 간계가 가장 큰 적이다. 보수 진보를 막론하고 우리가 일상적으로 대하는 지식인들의 공통적인 특징이 있다. 세상의 거의 모든 것을 비평하고 판단하지만, 자기 자신에 대한 비판은 쏙 빼놓는다는 점이다. 그들의 눈에 다른 사람의 눈에 있는 티끌은 보이지만, 자기 눈에 있는 대들보는 보이지 않는다. 그들은 자신의 죄를 가리고 이익을 극대화하기 위해 사실을 왜곡하고 논점을 흐린다. 자신의 죄와 욕심을 알면서도 왜곡된 주장을 한다면 이해관계의 충돌(conflict of interest)이고, 모르고 한다면 '합리화'라는 방어기제(defense mechanism)가 작동한 것이다. 대중은 이런 지식인의 간교한 말에 몰라서 속고, 알고도 속는다. 자기도 의식하지 못하는 사이에 계급적 동조(同調)가 일어나기도 하고, 알면서도 모르는 척 기꺼이 공범이 되기도 한다.

그러므로 합리적 판단과 설득을 위해 논리학, 수사학, 공론장의 규칙을 배우는 것과 더불어 내 안에서 나를 속이는 이성의 간계를 간파할 방법을 찾아야 한다. 합리성의 최고 목표는 바로 나 자신을 이해하는 것이다. 내 안에 스며들어와 나의 일부가 되어버린 은밀한 세속적 세계관을 분별해내는 것이 우선이다. 이성(理性)이라는 두꺼운 장벽 뒤에 숨어 있는 나의 본모습을 보기 위해서는 초월적 지혜와 초인적 용기가 필요하다. 바로 이를 위해 골방에서 하나님과의 만남이 필요하다. 골방에서 조용히 말씀을 묵상할 때 그 말씀이 좌우에 날이 선 칼이 되어 나의 영혼을 찌른다. 그 말씀 앞에서 권위의 가면을 벗고 이성의 화장을 지운 초라하고 얼룩진 나의 민낯이 보인다. 말씀으로 권력자를 비판하는 데도 용기가 필요하지만, 자신을 비판하는 데는 더욱 큰 용기가 필요하다. 초라하고 더러운 자아를 덮어주고 받아주시는 하나님의 은혜를 골방에서 체험할 때 자기를 직시할 용기를 얻는다.

그래서 골방에서 자신을 살피는 데 달인이 된 다윗은 이렇게 기도한다.

> 하나님이여, 나를 살피사 내 마음을 아시며 나를 시험하사 내 뜻을 아옵소서. 내게 무슨 악한 행위가 있나 보시고 나를 영원한 길로 인도하소서(시 139:23, 24).

'살피사'는 대단히 강한 표현이다. 이는 경찰이 용의자의 집을 압수 수색하듯 내 마음의 구석구석까지 죄의 증거를 찾아달라는 요청이다. 자신의 참모습을 스스로 알 수 없기에 마치 어려운 시험 문제를 내어 실력을 테스트해보는 것처럼 자신을 '시험'해달라는 간구다. 이처럼 자신의 참모습을 보는 것은 불가능에 가깝기에 전심전력으로 간구해야 한다.

그리스도인의 목표는 단지 공론장에서 상대를 설복시키는 것이 아니다. 합리성에 근거한 설득은 시작에 불과하고, 진정한 목표는 상대를 '회심'(conversion)에 이르도록 돕는 것이다. 사람들에게 이론적 항복을 받아내기도 어렵지만, 설사 이론적 항복을 얻어냈다 해도 기독교의 진리를 받아들이게 하는 것은 또 다른 문제다. 여기서 두 번째 무기가 필요한데, 바로 실천에서 나오는 힘이다. 기독교의 진리는 이론적 정합성을 가지고 있으면서 동시에 체험으로 증명되어야 하는 진리다. 정치(精緻)한 신학적 이론으로 무장한 신학자가 자신의 죄와 욕망을 극복할 수 없다면 그 신학 이론은 아무짝에도 쓸모없다. 백신 개발자가 우선 자기 몸에 백신을 주사하여 생체 실험을 하는 것처럼, 신학자는 먼저 자신의 삶으로 이론을 증명해야 한다. 또 자신의 이론으로 사람을 변화시킨 경험이 있어야 한다. 그것은 아무도 부정할 수 없는 확실한 변화, 더 이상 세간의 인정을 구할 필요가 없을 만한 영광의 열매여야 한다. 성취에서 나온 당당함과 자신감이 우리가 올라설 든든한 반석이고, 불확실성의 시대를 살아가는 사람들을 끌어당기는 힘이다. 초기 교회의 사도들은 예수님의 부활을 목격함으로써 확신을 얻었고, 이후의 성도들은 내 안에 살아 계시는 예수님과의 교제를 통해 확신을 얻었다. 이는 골방에서 이루어지는 일이다.

셋째, 광장에서 상처받은 영혼이 골방에서 치유된다

광장은 터프한 곳이다. 겉보기에는 국가 권력이나 시장 권력으로부터 자유롭게 팩트에 근거하여 합리적인 의견 교환과 사상 교류가 일어나는 곳처럼 보인다. 계급장 떼고 동등한 관계에서 대화하며 모든 사람이 쉽게 접근할 수 있는 곳처럼 보인다. 개방성, 관용, 다원성을 특징으로 하는 진정한 의미의 민주주의가 작동하는 곳처럼 보인다. 그러나 실제는 언제나 겉보기와 다른 법이다. 실제의 공론장은 전혀 그렇게 작동되지 않는다.

　　　예컨대 우리나라의 미디어 환경을 보라. 누구나 접근이 가능하도록 열려 있지도 않고, 합리적이지도 않으며, 의견 교환이 일어나지도 않는다. 신문사나 방송국이 국가 권력이나 시장 권력을 대변하여 선전 수단이 된 데서 더 나아가, 그 자체가 권력이 되어버렸다. 사주를 정점으로 하는 엘리트 집단의 요구에 따라 팩트가 마사지되고 관점이 왜곡된다. 과거에 용기 있는 지식인의 대명사였던 기자들은 거대한 기계의 볼트와 너트로 전락하고 말았다. 뇌물의 고리가 치밀하고 은밀하게 짜였고, 권력을 위해서라면 비리와 거짓도 마다하지 않는다. 이병헌, 조승우 주연의 영화 "내부자들"(2015년)에서 권력 기관과 언론의 유착을 위한 늙은이들의 혼음파티 장면을 보았을 때 토 나올 정도로 충격적이었다. '설마 대명천지에 이런 일이 실제로 일어나지는 않겠지. 원작자가 웹툰 작가라잖아'라고 생각했는데, 그게 다 현실 세계에서 일어나고 있음이 하나하나 밝혀지고 있다. 우리 사회를 구성하는 정계, 재계를 비롯한 수많은 '~계'(界)들, 그리고 그 핵심의 '~피아'들은 거의 예외 없이 이런 특징을 지니고 있다. 무섭고 슬프다. 촛불혁명으로 집권한 정부도 이것들을 개혁하기는 어렵다는 것이 불길한 예감을 넘어 현실로 다가온다.

우리나라의 경우 광장의 또 다른 특징은 이념에 따른 극단적 양극화다. 보수와 진보로 나뉘는 것은 어느 사회나 있는 일이고 어찌 보면 바람직한 현상이기도 하다. 그러나 우리의 경우 이념 대립은 결국 과거의 한국전쟁으로 귀착되며, 그래서 죽느냐 죽이느냐의 문제가 된다. 이런 극단적 정서가 배경으로 깔려 있는 데다, 여기에 양 이념을 대표하는 정치권의 사활이 걸려 있다. 게다가 속물주의와 권력욕과 막말은 상대에 대한 분노를 불러일으키며, 우리 문명의 첨단이라 할 유튜브의 알고리즘은 양극화를 기계적으로 돕는다. 한국의 기독교는 어떤가? 아아, 영광스러운 복음이 일개 이념과 동일시되어 그 이념에 종사하는 자들의 구호로 전락했다. 이쯤 되면 이 책을 읽으시는 분들은 저자가 보수 편인지 진보편인지를 묻고 싶으실 것이다. 자세한 것은 앞으로 이 책을 읽어가면서 차차 알게 될 테고, 단지 여기서는 이 책을 쓰는 이유가 바로 이런 물음 자체가 잘못된 것임을 보여주기 위함이라는 점을 미리 말해둔다.

이런 상황에서 그리스도인이 현실에 참여하면, 참여하는 순간 어느 쪽으로부터든 공격의 대상이 된다. 혹은 양쪽에서 다 공격받을 수도 있다. 필자도 두어 번 표적이 되어본 적이 있다. 처음에는 성의껏 응대하였으나, 점차 도가 심해져서 정신 건강을 위해 상대를 차단하고 말았다. 한번은 어떤 좌담회에 참여했는데, 입에 담지 못할 욕설로 도배된 댓글이 끝없이 달렸다. 따돌림받는 약자의 편에 서든지, 조직 내부에서 개혁을 이야기하든지, 다른 편의 입장을 들어보자고 하든지 간에, 기독교적 양심을 표현하면 반드시 육신과 영혼에 상처를 입게 되어 있다. 참여하지 않는 사람은 상처받을 일이 없지만, 참여하는 사람은 각오를 단단히 해야 한다. 별 것 아닌 상처에 자신이 세상에서 가장 큰 시련을 겪는 것처럼 생각하는 순교자 콤플렉스에 빠질 필요까진 없지만 말이다.

이 상처를 어디서 치유받을 수 있을까? 손해를 어디서 보상받을 수 있을까? 오락을 통해 고통을 잠시 잊을 수 있고, 가족과 함께 즐기는 기쁨의 시간을 통해 휴식을 얻을 수도 있다(전 9:9). 그러나 이 모든 기쁨은 일시적인 것일 뿐 궁극적인 치유는 하나님과의 영적 대화와 그분의 위로를 통해 얻는다. 다윗은 복잡한 궁중 생활에서 하나님과의 만남을 통해 평온을 얻었다.

실로 내가 내 영혼으로 고요하고 평온하게 하기를 젖 뗀 아이가 그의 어머니 품에 있음 같게 하였나니 내 영혼이 젖 뗀 아이와 같도다 (시 131:2).

상처받은 영혼의 치유는 단지 개인적 평온을 위한 것만이 아니다. 공적 삶에서 받은 상처를 치유하지 않으면 공적 영역에서 부작용을 낳기 마련이다. 광장에서 정의를 시행하기 위해 몇 차례 시도했으나 이루지 못하고 상처만 받게 되면, 그 사람은 의미 있는 일을 다시는 시도하지 않으려고 할 것이다. 내향적인 성향의 사람은 복지부동할 것이고, 외향적인 성향의 사람은 사익을 취하거나 사적인 복수를 위해 공적 신분을 이용할 것이다. 죄책감을 해결하지 못한 사람은 추진을 위한 동력을 갖지 못하거나 자신의 죄를 덮기 위해 진실을 왜곡할 가능성이 많다. 마음의 평화를 잃은 사람은 균형 잡힌 결정을 하지 못하고 감정에 휘둘려 일을 그르칠 것이다.

기도, 말씀 묵상, 시련

일찍이 16세기 종교개혁자 마르틴 루터는 바른 신학을 위해 세 가지가 필요하다고 말했다. 즉 기도, 말씀 묵상, 시련이다. 이것들은 비단 루터 시대의 신학자뿐만 아니라 우리 시대의 공론장에 참여하려는 모든 신앙인이 추구해야 할 덕목들이다. 한국교회가 이것들을 그동안 너무나도 잘해왔다고 생각할지도 모르겠다. 한국교회 성도들처럼 기도와 말씀 공부에 열심을 내는 성도들이 어디 있으며, 민족사의 시련 속에서 연단된 믿음을 가진 사람들이 또 어디 있단 말인가? 그러나 루터의 해설을 자세히 들어보면, 한국교회는 이 세 가지 점에서 모두 실패했다는 것을 알게 된다. 루터에 따르면, 기도(라틴어로는 *oratio*)는 자기 자신의 분별력과 이성에 대해 완전히 절망하고 골방에 들어가 겸손히 성령의 인도를 구하는 태도를 가리킨다. 이는 자신의 지성과 경험이 오류와 죄악으로 물들었기에 제대로 기능하지 못한다는 사실을 철저하게 인정하는 것이다. 말씀 묵상(*meditatio*)은 성경을 읽고 연구하여 하나님이 지금 나에게 들려주시는 음성을 듣는 것이다. 이는 성경을 읽는 사람이 말씀을 분석하고 해석하는 것이 아니라, 살아 있는 말씀이 방망이가 되어 그의 영혼이 산산이 부서지는 경험을 의미한다.

시련(*tentatio*, 독일어 Anfechtung)은 '고난', '시험', '유혹', '번민' 등으로 번역될 수 있는 단어다. 바른 신학과 시련이 무슨 관계가 있는가? "고난당한 것이 내게 유익이라. 이로 말미암아 내가 주의 율례들을 배우게 되었나이다"(시 119:71)라는 말씀처럼, 시련은 고난 속에서 하나님의 말씀의 깊이를 체험한다는 뜻도 있다. 혹은 그 반대의 방향도 가능하다. 즉 하나님의 말씀 때문에 시험당하고 번민에 휩싸이는 경우다. 예언자 예레미야는 하나님으로부터 말씀을 받은 후 그것이 그에게 큰 시험거리가 되었다. "나의 고통이 계속하며 상처가 중하여 낫지 아니함은 어찌 됨이니이까? 주께서는 내게 대하여 물이 말라서 속이는 시내 같으시리이까?"(렘 15:18) 목마른 사람이 기억을 더듬으며 죽을 고생 끝에 시내에 도착했는데, 그 시내는 건천(乾川)이었고 바로 얼마 전에 물이 말랐다. 예레미야는 그동안 신뢰했던 하나님이 희망 고문으로 자신을 속이는 것 같다고 느꼈다. 하나님에 대한 깊은 회의에 빠진 것이다.

깊이 생각하는 성도들이라면 하나님께 비슷한 감정을 느낄 것이다. 성경에 따르면 하나님은 세상을 정의로 다스리신다. 그러나 하루가 멀다 하고 택배기사가 죽어 나가고, 월세 낼 돈이 없어 가게를 접고, 일자리 없는 젊은이들이 방황하는 세상에서, 다른 한편에서는 상속세 10조 원을 내게 해야 하는지 깎아주어야 하는지 논의하는 모습을 보며, 정말 하나님이 세상을 다스리시는지를 의심하게 된다. 성경에 따르면 교회는 사회적 차이를 초월한 보편적 공동체여야 하는데, 우리의 교회가 비슷비슷한 사람들끼리 모인 중산층 사교 클럽으로 전락한 것을 보면서 번민할 수밖에 없다. 성경에 따르면 예수를 믿으면 이웃에게 선(善)을 행한다고 하는데, 예수 믿는 사람들이 코로나와 가짜 뉴스 확산의 진원지가 된 것을 보면서 "네 하나님이 어디 있느냐?"라는 안팎의 물음이 칼이 되어 내 심령을 찌른다.

　　골방에서 기도와 말씀 묵상과 시련이 일상화된 그리스도인이 광장에 참여하여 주도적인 역할을 했으면 좋겠다. 인터넷 기사와 종편 논객과 막말 유튜버가 우리 영혼의 인도자가 될 수는 없지 않은가? 앞에서는 국민을 위하는 척하지만 뒤로는 자기 살 궁리하는 정치인이나, 조직의 이익 앞에서는 철저한 집단 이기주의에 빠지는 전문가 집단도 아니다. 자신이 어리석은 백성의 메시아라고 착각하는 진보적 지식인이나, 정연한 논리로 외국 학설을 소개하는 젊은 학자나, 기독교의 진리를 일목요연하게 정리한 신학자도 신뢰할 수 없기는 매한가지다. 복잡한 사람들의 세상살이와 심오한 하나님의 진리를 어찌 인간의 1,500cc 뇌 속에 다 넣을 수 있을까? 자신의 지성을 철저히 부인하고, 성령과 성경의 인도에 따르기를 간절히 원하는 목회자와 전문가들과 성도들이 희망이다.

　　2020년 1월 20일 국내에서 첫 코로나19 확진자가 발생한 후 1년이 훌쩍 지났다. 코로나19 팬데믹 중에도 많은 일이 있었다. 2020년 2월 20일 영화 "기생충"의 아카데미상 4관왕 수상 소식에 대한민국이 축제 분위기에 휩싸였는데, 그 기쁨은 코로나19 확산으로 한 주간도 채 가지 못했다. 2019년 가을을 뜨겁게 달구었던 '조국 대전'으로부터 시작된 검찰 개혁을 둘러싼 공방은 1년이 훨씬 지난 지금까지 계속되고 있으며, 언론 개혁, 법원 개혁으로까지 전선이 확대되어 시간이 꽤 걸릴 모양이다. 4.15 총선에서 민주당이 압승했고 야당은 극한 대립으로 일관하고 있어, 나라가 두 동강이 났다. 미국 대선에서 트럼프가 패했으나 미국 역시 분열되었고, 한반도 평화 프로세스는 한 발짝도 앞으로 나가지 못하고 있다. K-방역의 성공으로 우리가 단군 이래 전 세계의 주목과 칭찬을 받고 있지만, 3차에 걸친 대유행으로 국가의 경제는 마비 상태고 저소득층의 고통은 임계점을 넘고 있다.

한국교회는 무기력에 빠져 있다. 온라인 예배를 둘러싸고 1년 내내 비생산적 논쟁이 계속되었고, 사회주의 정부가 교회를 박해한다고 믿는 사람들이 많다. 3월 신천지 사태 때는 하나님이 신천지를 뿌리 뽑나보다고 좋아하더니, 곧이어 교회들이 코로나 확산의 주범으로 지목되었다. 본래 정치적 보수의 색채가 강한 한국교회는 전광훈 목사를 둘러싼 반정부 운동과 코로나19 사태 등이 뒤얽혀 마침내 코로나와 가짜 뉴스의 온상이라는 지탄과 혐오의 대상이 되었다. 미래 교회의 전망은 아주 어둡다. 교회들은 매 주일 변화되는 방역 상황에 예배의 여부를 결정하고 온라인 예배를 준비하는 것만 해도 벅찬 상황이다. 작은 교회들은 교회 문을 다시 열 수 있을까 걱정이고, 중대형 교회들은 모임의 숫자와 헌금이 반감되었다. 다음 세대를 위한 교회학교는 전망이 더 암담하고, 해외 선교사들은 지원이 끊겨 갈 길을 잃었다. 각 교단의 총회는 코로나19가 가져온 변화에 답을 주지 못한 채 우왕좌왕하면서, 기왕 해오던 대로 교권을 두고 다툰다.

이런 상황에서 지금의 한국교회가 광장에 참여하여 기독교적 가치로 사람들을 설득하는 것이 가능할까? 비과학적인 음모론과 냉전

체제의 프레임에 스스로를 가두는 닫힌 기독교가 광장에 참여하려는 의지가 있기는 한가? 코로나와 가짜 뉴스 확산의 주범으로 몰려 증오와 혐오의 대상이 되어버린 기독교에게 광장에 참여할 자리가 주어질까? 향후 한국교회는 극우 세력을 끊어내지 못하고, 쇠락의 책임을 서로에게 돌리다가 껍데기만 남게 될 것 같은 불길한 예감이 든다.

다른 사람들도 그랬겠지만 나도 매우 우울한 1년을 보냈다. 코로나19 환경에 맞는 채플과 수업을 준비하느라 고생한 것은 차라리 보람이 있었다. 나는 지난 2019년 『포스트크리스텐덤 시대의 한국 기독교』라는 책을 썼는데, 우리 기독교를 진단하고 미래를 내다보는 내용이었다. 당연히 좋은 전망은 없고 앞으로 더욱 어려워질 것임을 예고했다. 10년에 걸쳐서 일어날 일을 코로나가 1, 2년으로 단축시켜놓은 것 같아 더욱 고통스러웠다. 예상되었던 전략이 현실로 다가올 때 '거봐라, 내가 뭐라고 했니? 내 말이 맞지?'라는 마음 대신, '올 것이 왔구나!' 하는 생각이 들면서 더욱 위축되고 다운되었다. 부교역자로 사역하던 신학대학원 제자 여러 명이 구조조정 대상이 되어 교회를 사임했다는 소식을 전해왔다. 잘 아는 선교사님들이 하던 프로젝트를 접어야 했고, 지원이 끊겨 영구 귀국한 분들도 있다. 신학대학원은 입학생이 줄어 미달 사태가 났다. 어디 한 군데서도 속 시원한 소식이 들리지 않는다. 그 많던 그리스도인은 다 어디 갔나 싶다.

그러나 아무리 극악한 상황에서도 있는 자리에서 최선을 다할 수는 있다. 폐허가 된 도성에서 입술을 땅의 티끌에 대고 엎드릴 수 있고, 포로지에서도 예루살렘을 향한 창을 열고 기도할 수 있다. 하나님께서는 절망의 애가를 부르며 낙심한 예언자에게 새로운 세계를 보여주시는 분이다. 성전 문지방에서 흘러내린 물이 죽음의 광야로 흘러가 초목을 울창하게 하고, 죽음의 바다에 도달하여 물고기가 뛰어노는 환상을 보게 하신다. 파괴된 도성이 다시 우뚝 서고 만민이 그리로 몰려드는 꿈을 꾸게 하신다.

이 책은 절망적인 1년을 보내면서 나의 골방에서의 애가와 탄식과 기도와 환상을 기록한 책이다. 아무쪼록 이 작은 책이 우리의 현재를 해석하고 미래를 소망하는 데 미약하나마 도움이 되기를 기도한다.

2021년 4월
장동민

이제는 그리스도인들이 답할 때:
영화 "기생충"을 본 한 그리스도인의 감상

연극적 감수성

영화 "기생충"의 아카데미 작품상 소식에 눈물이 왈칵 쏟아질 정도로
기뻤다. 나이가 들면서 국뽕 끼가 심해졌나, 아니면 어렸을 적 선망해
마지않던 '아카데미 작품상'이라는 무게감 때문이었을까? 무엇보다도
"기생충"이 우리 사회에 던지는 메시지의 적확(的確)함과 치밀한 표현
력에 감동을 받았던 터였기 때문일 것이다. 완벽함이 주는 아름다움을
오랜만에 느꼈다.

　　　"기생충"에 대한 찬사는 들을 만큼 들었을 테니 이 정도에서
접기로 하고, 한 가지 아쉬운 점을 말하고 싶다. '봉테일'이라는 별명답
게 감독의 수상 소감들도 모두 완벽했다. 모르긴 몰라도 다 계획이 있었
을 것이다. 그러나 안타깝게도 수상 소감 어디에서도 그 영화의 주제인
경제적 불평등이나 사회적 약자에 대한 이야기는 없었다. 그는 우리 체

제의 문제점을 적나라하게 까발린 대가로, 바로 그 체제의 정점에 올랐다. 반지하에 사는 사람들은 계속 반지하에 남고, 봉 감독은 손 닿을 수 없는 위치에 올라 대중의 '리스펙'을 받게 되었다.[1]

수상 이후 여러 논평을 들어보아도 현실 변화를 위한 진지한 논의는 찾아보기 어렵다. 감독의 천재성과 노력, 배우와 스텝들의 열정, 한국 영화 101년 역사의 영광, 한국 문화에 대한 자부심, 4.15 총선에서의 유불리 등이 입담의 주제다. 이는 영화가 제기한 문제의식과는 동떨어진 내용들이고, 심지어 이 평론들은 영화가 비판하는 기존 질서의 가치를 전제로 하고 있는 것들이다. 감독은 스크린에서 우리 사회의 문제를 폭로하고, 관객은 현실 세계와 동떨어진 영화관에서 이를 소비하며, 이를 통해 영화 '산업'이 융성해진다. (투자자 대표인 CJ그룹 부회장이 작품상 수상 소감을 말한 것은 상징적이다.) 흥미로운 분석 한 가지는 미국 주도의 영화제인 아카데미에서 아시아인이 상을 휩쓴 것은 트럼프로 상징되는 천박한 자본주의와 국가주의에 대한 할리우드의 최소한의 저항이라는 것이다. 그러나 저항은 딱 거기까지다.

미국 심리학자 윌리엄 제임스의 "연극적 감수성"이라는 개념

---

1   김금숙 작가의 만화 '풀'이 미국 '만화계의 오스카상'으로 불리는 하비상 2020년 '최고의 국제도서' 부문에 선정됐다. 이 만화는 2016 대한민국창작만화공모전 최우수상 작품으로 선정된 이래, 2019년 미국 뉴욕타임스 최고의 만화, 영국 가디언지 최고의 그래픽노블, 프랑스 휴머니티 만화상 심사위원 특별상 등을 받았다. 영어와 프랑스어, 이탈리아어, 일본어, 아랍어, 포르투갈어 등 12개 언어로 출간되었다. 김금숙 작가의 축하연 수상 소감은 자신의 성취보다 자기 작품의 소재가 된 억압받는 여성을 언급했다는 면에서 봉 감독과 대조적이다. 그는 "많은 위험을 감수하고 자신이 겪은 끔찍한 일을 세상에 공개한 이옥선 할머니와 같은 여성들의 용기에 경의를 표하며, 그들의 삶의 의지가 우리가 인류를 믿는 데 도움 될 것"이라고 수상 소감을 말했다("'만화계 오스카상' 美 하비상 위안부 그린 김금숙 '풀' 수상", 「서울신문」, 2020년 10월 13일). https://www.seoul.co.kr/news/newsView.php?id=20201013025024&wlog_tag3=daum.

이 있다. 이는 허구 세계의 대상에게는 애정과 동정심을 가지지만 막상 현실에서 마주 대하는 불쌍한 사람들에게는 무관심한 심리를 일컫는 말이다. 예컨대 연극을 보면서 가난한 주인공의 불운에 대해 눈물을 흘리는 귀부인이 자신의 마부는 추위에 떨든 말든 바깥에서 기다리라고 하는 감수성이다.

거대한 속임수

경제적 불평등으로 인한 양극화라는 우리 시대의 핵심 문제에 대해 영화 외의 다른 매체들의 운명도 엇비슷하다. 저서의 경우를 보자. 2014년 프랑스 경제학자 토마 피케티의 『21세기 자본』이 우리말로 번역되면서 세간의 관심이 집중되었다. 영문판은 50만 권이 팔렸다고 하고 우리말 책도 수만 권은 족히 팔렸을 텐데, 완독률이 가장 낮다는 평판답게 (나를 포함하여) 끝까지 읽은 사람은 많지 않은 듯싶다. 위대한 학자가 세계 문제에 대한 획기적인 이론과 해결책을 내놓으면, 수십 명의 명망 있는 학자가 달려들어 각자 자기 입장에서 분석하고 칭찬하고 비교하고 비평하다가 시들해져 폐기되는 것이 학계의 관행이다.

　　　토마 피케티를 필두로 우리 시대의 문제를 분석하고 해결책을 제시하는 몇 권의 책이 번역 출간되었다. 클린턴 대통령 시절 노동부 장관으로서 상위 1퍼센트 부자의 탐욕을 다룬 『로버트 라이시의 자본주의를 구하라』(2016년)나, 중산층 붕괴를 분석한 하버드 대학교의 로버트 퍼트넘이 쓴 『우리 아이들』(2017년), 자본주의의 불합리와 모순을 지적한 슬라보예 지젝의 『자본주의에 희망은 있는가』(2017년), 중상류층의 위선을 고발한 리처드 리브스의 『20 VS 80의 사회』(2019년), 그리고 가장 최근에 나온 마이클 샌델의 『공정하다는 착각』(2020년) 등이 비슷한 문제의식을 가지고 쓰인 저서들이다. 재미있는 것은 불평등 해소에는 관심을 일도 보이지 않던 보수적 매체들도 이 저서들을 앞다투어 소개한다는 점이다. 아마도 이런 책들을 읽을 정도의 지식인들이라면, 이 책들이 제시하는 해법을 행동으로 옮길 정도로 무모하지는 않으리라는 확신이 있기 때문이리라.

　　　책은 사람을 계몽시키는데, 계몽되려면 사태를 객관적으로 바라보아야 하고, 객관적으로 사태를 보는 사람은 무모하게 뛰어들지 않는다. 책은 문제를 제기하고 해결책을 제시하지만, 그 해결책을 실행할 동력을 제공하지는 못한다. 책을 쓰는 사람도 이를 읽는 사람도 이 사실을 잘 안다. 거대한 속임수다! 너무 심하게 말했다면 용서하시라. 아니면 행동할 능력과 의지가 없는 사람이 책을 쓰고 읽는다고 하는 편이 맞을까?

이제는 그리스도인들이 대답해야 할 때

마르크스주의의 실험은 실패로 판명되었지만, 마르크스의 묘비에 새겨져 있다는 다음과 같은 명언은 우리의 가슴에 여전히 남아 있다. "지금까지 철학자들은 세상을 여러 가지 방식으로 해석했을 뿐이다. 그러나 중요한 것은 세상을 변화시키는 것이다." 해석과 변화, 이론과 실천, 가르침과 삶은 어느 것이 먼저인지 모를 정도로 한데 얽혀 있다. 먼저 이론이 정립되면 그 이론에 설득된 사람들이 이를 실천으로 옮긴다는 생각은 근대적 이성주의자의 착각이다. 객관적인 체하면서 실천 없는 이론을 늘어놓는 사람은 이론과 실천을 분리하는 그만의 실천을 하고 있는 셈이다. 이 점에서 기독교는 마르크스주의를 닮았다. 아니 마르크스주의가 기독교의 아류다.

성경의 예를 한 가지 들어보자. 예수님과 제자들이 길을 걷다가 날 때부터 앞을 못 보는 맹인을 만났다. 제자들이 물었다. "랍비여, 이 사람이 맹인으로 난 것이 누구의 죄로 인함이니이까? 자기니이까? 그의 부모니이까?"(요 9:2) 제자들의 질문이 얕은 호기심에서 나온 것인지, 아니면 세상의 불평등에 관한 깊은 고민에서 나온 것인지는 알 수 없다. 하지만 분명히 맹인의 입장에서는 제자들의 말이 대단히 폭력적으로 들렸을 것이다. 맹인도 엄연히 들을 귀가 있는 사람인데, 마치 그가 존재하지 않는 것처럼 그의 장애에 대해, 그의 죄에 대해, 심지어 그의 부모의 죄에 대해서까지 논하고 있는 것이다. 제자들은 안 그래도 고통받는 사람에게 종교적 죄책감까지 얹어주는 무례를 범하고 있다.

기왕 폭력과 무례에 관한 이야기가 나왔으니, 영화 "기생충"의 중요한 상징 가운데 하나인 '냄새' 문제를 생각해보자. 나는 냄새에 관한 장면을 보면서 두 가지 생각이 교차했다. '와, 봉 감독님 참 날카롭네. 마치 문제를 핀셋으로 콕 집어 올리는 것 같구먼. 그런데 좀 얍삽하다. 냄새 나는 사람들, 의문의 일 패를 당했군. 이제 그들은 고개를 들고 다니기 어렵겠는걸.' 나도 그런 경험이 한 번 있었다. 언젠가 설교 중 내가 경험한 특정 국가 외국인의 냄새를 언급한 적이 있었다. 설교 후 아무도 뭐라고 말하지는 않았지만, 내가 미국에 살 때 김치 냄새, 마늘 냄새로 위축되었던 경험을 상기하면서, '아차!' 하는 자책감으로 얼굴이 화끈거렸다. 이후 외국인의 냄새를 언급한 적은 설교에서도 사석에서도 없었다. (이 글에서도 쓸까 말까 하다가 기왕 이야기가 나온 김에 언급하는 것이다.) 냄새에 대해 아무런 거리낌이 없는 중산층은 봉 감독의 날카로운 시각을 칭찬할 수 있지만, 정작 냄새가 몸에 밴 사람들은 더욱 부끄러워졌다. 이제 그가 말한 냄새는 '구별 짓기'(부르디외)의 한 기준으로 우리의 머릿속에 영구히 각인되어버렸다.

다시 요한복음의 맹인 이야기로 돌아가자. 예수님은 이 맹인이 들었을 것을 염려하셨는지 급하게 대답하셨다. "이 사람이나 그 부모의 죄로 인한 것이 아니라 그에게서 하나님이 하시는 일을 나타내고자 하심이라"(요 9:3). 예수님은 죄와 질병의 관계에 대한 논리적인 대답을 한 아름 가지고 계셨을 것이다. 그러나 죄와 질병의 이론을 설명하기에 앞서 예수님은 이 맹인에 대해 긍휼한 마음을 품으셨다. 제자들은 그를 보이지 않는 투명 인간, 쓸모없는 잉여 인간으로 대했지만, 예수님은 하나님이 그를 통해 일하시는, 소중한 하나님의 사람으로 보셨다.

이게 기독교다. "기생충"은 질문을 던짐으로써 자신의 사명을 다했고, 이제는 우리 그리스도인들이 대답해야 할 차례다. 피케티, 라이시, 퍼트넘, 지젝, 리브스, 샌델은 진단과 처방을 내렸고, 이제 그리스도인들이 실천해야 할 차례다. 우리의 스승이신 예수님은 그 대답을 몸소 보여주셨고, 예수님이 세우신 교회는 그분의 길을 묵묵히 걸어왔다. 나는 우리 시대의 근본적 문제인 경제적 불평등을 고칠 동력을 제공하는 분이 예수님임을 확신한다. 현재 한국교회가 이 문제에 대한 깊은 관심을 가지고 변화를 위해 온 힘을 기울여야 한다고 믿는다.

그렇다면 어떤 방식으로 경제적 불평등이라는 문제에 접근하고 구체적으로 어떻게 해야 할까? 지금의 한국교회, 즉 신뢰도가 바닥을 치고 제 몸 하나도 감당하지 못하는 한국교회가 이 일을 할 수 있다고 진정으로 믿을 수 있을까?

"선(線)을 넘는 사람"

계층 간 문제를 폭로하는 영화나 저항과 반란을 다룬 영화들은 무수히 많지만, "기생충"이 특별한 이유는 그런 사회를 살아가는 사람들의 행동과 심리를 치밀하게 묘사했다는 데 있다. 영화 "기생충"의 대사 가운데 우리 사회를 살아가는 사람들의 심리를 가장 잘 표현하는 말이 있다. "선을 넘는 사람을, 내가 제일 싫어하는데…"라는 박 사장(이선균)의 대사다. 한국인에게 '선'(線)은 매우 특별한 은유다. 선에는 세로줄과 가로줄이 있다. 세로줄은 위로 올라가기 위해 잡아야 할 줄이다. 회사에서는 '라인'을 잘 타야 하고, 내 힘으로 해결하기 어려운 일을 위해 '선을 대야' 한다. 어느 조직이나 눈에 보이지 않는 '연줄' 혹은 '비선'(秘線)이 있기 마련인데, 모르고 썩은 동아줄을 잡았다가는 끝없이 추락한다.

가로줄은 나 혹은 내가 속한 집단과 타인(주로 낮은 사람들)을 구분하는 선이다. 보이지 않는 선을 기준으로 차별과 배제가 이루어진다. 이 선은 들어갈 문을 찾을 수 없는 '성'(城, 카프카)이고, 하루아침에 길러질 수 없는 취향인 '아비투스'(부르디외)다. 지하 6피트 지상 30피트의 철제 장벽(트럼프)도, '1인치의 장벽'(봉준호)도, 아무나 넘어오지 못하도록 하기 위해 고안된 것들이다.

우리 사회의 전통적 가로줄은 출신 지역, 학력, 성별 등이었는데, 이것들은 오늘날까지도 유효하다. 후진 것을 싫어하는 젊은이들도 이런 후진 구별을 극복하지 못했다. 김혜수의 "나 이대 나온 여자야"

는 영화 속에서만 존재하는 말이 아니고, 같은 연고대라도 어느 캠퍼스냐를 따진다. 강남에 살게 되면 '입성'(入城)한 것이고, 지방으로 가면 낙향(落鄕)한 것이다. 웃돈 주고서라도 50번 대의 강남 자동차 번호판을 달려고 한다. 새로운 풍속도도 있다. 산후조리원 동기, 대치동 과외, 서울대 실험실, 로펌 인턴, 편법 증여 등을 통한 노골적인 '꿈 사재기'(dream hoarding)도 있고,[2] 골프 회원권, 에스테틱 회원권, 리미티드 에디션 등의 은근한 문화적 선 긋기도 있다. 아 참, 소망교회, 사랑의교회 교인이라는 교회 인맥도 무시 못 할 요소다.

'선 긋기'는 불평등 사회를 살아가는 사람들의 마음에 새겨진 '마음의 습관'이기도 하고, 불평등을 고착시키고 심화시키는 원인이 되기도 한다. 그러니 사회적 불평등의 문제를 해결하려면 우리 마음속에 있는 문제부터 풀어나가야 한다. 나는 기독교 복음에 이 문제를 풀 유일한 답이 있다고 믿는다.

---

2   리처드 리브스, 김승진 역, 『20 VS 80의 사회』(서울: 민음사, 2019) 참고. 이 책의 원제는 "Dream Hoarders"(꿈 사재기)이고, 부제는 "미국 중상류층은 어떻게 다른 사람들을 먼지 구덩이에 버려두고 있나? 이것이 왜 문제이고 무엇을 해야 하나?"다. 일반적으로 부의 불평등을 이야기할 때 상위 1퍼센트 사람들의 자산과 소득 독식에 대해 분개하는데, 리브스는 20퍼센트의 중상류층의 위선을 비판하며, 이들이 변화되어야 부의 불균형을 바꿀 수 있다고 말한다. 중상류층은 교육, 대입, 취업 기회 등의 메커니즘을 통해 모두에게 골고루 돌아가야 할 미래의 꿈을 사재기함으로써 불평등을 강화한다. 우리나라에서 지금 문제가 되는 '아빠 찬스', '엄마 찬스'와 같은 것들이 정확히 꿈 사재기의 방식들이다.

선 긋기의 달인, 기독교?

기독교 복음에 사회적 불평등을 해소할 답이 있다고? 믿음이 좋은 분들은 '아멘! 역시 기독교가 우리 사회의 모든 문제에 대한 답이야'라면서 머리를 끄덕일 것이다. 그러나 좀 사려가 깊은 분들은 '그게 도대체 무슨 뜬금없는 이야기인가? 교회가 우리 사회의 문제를 해결하는 것은 고사하고 해악이나 끼치지 말고 가만히 있으면 좋겠다'면서 코웃음을 칠 것이다. 교회야말로 앞에서 말했던 대중문화계나 학계보다 훨씬 더 자기만의 세계에 갇혀 있지 않은가? 해방 후 한국교회는 산업화의 척후병으로서 자본주의라는 형질을 획득했는데, 도대체 어떻게 기독교가 경제적 불평등의 문제를 해결한단 말인가? 우리 주변에서 흔히 보는 그리스도인들은 자유 시장 경제와 기독교 복음을 동일시하여, 경제 민주화라든가 공정한 분배에 대해 이야기하면 이상한 눈으로 쳐다보는 사람들 아닌가? 신앙의 이름으로 포장된 확증 편향에 사로잡혀 있는 사람들이 유튜브의 닫힌회로 안에서 정보를 유통하는데 누가 그 견고한 순환의 굴레를 깨뜨릴 수 있는가? 한국교회야말로 배제와 차별을 일삼는 선 긋기의 달인이 아니던가?

아프지만 옳은 지적이다. 그러나 나에게는 한 가지 믿음이 있다. 한국교회가 잘못된 것이지 원래 성경은 그렇지 않다는 믿음이다. 교회는 잘못되었지만 예수님은 잘못되지 않았다. 나는 한국교회의 문제가 대부분 성경을 제대로 이해하지 못한 데서 기인한 것이며, 따라서 해답을 얻으려면 우리의 머릿속에 자리 잡은 편견과 선이해를 버리고 성경을 읽는 습관을 길러야 한다고 생각한다.

빌립보시(市)의 점치는 노비

우리가 잘 아는 성경의 한 장면, 즉 바울이 빌립보에서 전도하다가 귀신에 사로잡힌 노비를 고쳐주는 사도행전 16장을 잠시 들여다보자. 2천년 전 로마의 속주 빌립보에 신 내림을 받아 점을 잘 치는 용한 무녀(巫女)가 있었다. 그의 신분은 노예였는데, "그 주인들에게 큰 이익을 주는 자"(16절)였다. 여기 '주인들'이 복수형인 것에 주목하라. 한 주인이 여러 노예를 거느리는 것은 늘 있는 일이지만, 한 노예에게 주인이 여럿인 경우는 드물다. 아마도 돈이 급했던 주인이 이 노비의 지분을 나누어 팔았나 보다.

　　　이 무녀는 바울이 하나님의 종인 것을 알아보고, 바울 일행을 따라다니면서 큰소리로 외쳤다. "이 사람들은 지극히 높은 하나님의 종으로서 구원의 길을 너희에게 전하는 자라"(17절). 여러 날 동안 같은 일이 반복되었다. 내가 만일 바울이었다면 어떤 생각이 들었을까? '와우, 날 알아보다니 정말 귀신 같군. 이 도시에서 제일 용한 무당이 전도를 대신 해주니 나는 가만히 있어도 되겠네. 이제 곧 빌립보시에 하나님의 큰 역사가 일어나겠군' 하고 생각했을지도 모르겠다. 그러나 나의 예상과 달리 바울은 "심히 괴로워"했다고 한다(18절). 이 부분이 턱 걸린다. 나 같으면 은근히 즐겼을 텐데, 바울은 왜 심히 괴로워했을까? 만일 이 물음에 대한 대답이 즉시 떠오르지 않는다면, 여러분도 이미 많이 타락한 것이다. 바울은 이 노비를 불쌍히 여긴 것이다! 그 노비의 몸은 주인들에게 속해 있었고 영혼은 귀신에 끌려 다녔다. 그는 주인들에게 황금알을 낳는 거위였고, 바울에게는 명성을 높여줄 수 있는 존재였을지 모른다. 그러나 바울은 이 노비를 수단이 아닌 존엄한 인격으로 보았다.

시대와 지역과 사회마다 차별의 대상이 다르다. 바울이 살던 시대의 대표적 차별 요인 세 가지를 들자면, 인종, 사회적 신분, 성에 따른 차별이다. 바울이 갈라디아서에서 그리스도 안에서의 하나 됨을 말하면서 "너희는 유대인이나 헬라인이나 종이나 자유인이나 남자나 여자나 다 그리스도 예수 안에서 하나이니라"(갈 3:28)고 말한 것은 우연이 아니다. 이 노비는 세 가지 차별 요인의 목록에서 모두 최하위에 자리 잡은 소수자 중의 소수자였다. 이방인-여자-노예, 게다가 귀신까지 들렸다. 만일 바울이 이 여인의 문제를 제대로 해결한다면 세상의 모든 차별과 불평등의 문제를 해결한 것이나 마찬가지다. 그리고 알다시피 그는 성공했다.

그리스도의 마음: 겸손-빚진 자의 심정-나눔-평등

바울이 이 여인을 불쌍히 여긴 것은 값싼 동정심이나 율법적 의무감에서 나온 것이 아니었다. 이는 그의 사고와 의지, 감정과 가치관 등 자신의 전 존재를 동반한 행위였다. 한마디로 그는 "그리스도의 마음"을 가졌다(빌 2:5). 바울에게는 부유한 무역상이나 귀신 들린 노비나 모두 그리스도의 피값으로 산 형제자매였다. 그에게는 복음 전도의 대성취보다 이름 없는 노예의 영혼을 속박으로부터 해방시키는 일이 더 소중했다. 아니, 그는 매인 영혼을 풀어주는 것, 그러다가 박해를 받는 것이 곧 복음의 성취라고 믿었다.

바울은 어떻게 이런 그리스도의 마음을 가지게 되었을까? 어렸을 적부터 들었던 토라의 가르침이 몸에 밴 것일까? 스토아 학파의

코스모폴리타니즘의 영향을 받았을까? 이것들은 틀림없이 바울 사고의 틀을 형성하는 데 도움을 준 사상적 환경이었을 것이다.[3] 그러나 이론적 틀이 형성되는 것과 전 존재를 들어 그렇게 살아내는 것은 영 다른 일이다. 이는 마치 로맨스 소설에서 사랑을 배워 아는 것과 사랑에 빠지는 것의 차이와 같다.

　　바울이 그리스도의 마음으로 사람들을 보게 된 변화의 시작점은 하나님 안에서의 자기 발견이다. 그리스도께서 빛으로 찾아오신 후 바울은 자신의 실상을 알았다. 아니, 마음 깊이에서는 알고 있었지만 차마 인정하지 못했던 사실을 받아들일 용기가 생긴 것일지도 모른다. 그는 자신이 구제 불능의 비참한 죄인임을 철저하게 깨달았고, 동시에 거저 주시는 은혜의 풍성함을 맛보았다. 그동안 자랑스럽게 생각하던 것들, 그래서 그것 때문에 다른 사람에 대해 우월감을 느꼈던 것들이 얼마나 허망한지를 밝히 알았다. 유대인의 혈통, 종교적 완전함, 로마의 시민권, 다소(Tarsus)에서 배운 헬라의 학문 등은 좋게 말하면 허망한 것이고, 좀 과장하자면 토사물처럼 역겨운 것일 뿐이었다.

　　하나님 안에서 자신의 실상을 알게 된 사람이 맨 처음에 품는 마음의 자세는 겸손(謙遜)이다. 그리스도인의 겸손은 태생적 유약함에서 나오는 것도 아니고, 짐짓 자세를 낮추고 말을 더듬는 처세술도 아니며, 본성을 다스리려고 이를 악문 극기의 결과도 아니다. 그것은 자신의 실제 모습을 알게 된 사람이 품게 되는 자연스러운 태도다.

　　겸손한 사람은 당연히 다른 사람을 멸시하거나 차별하지 않는

3　　바울의 사상적 배경에 대해서는 톰 라이트, 박규태 역, 『바울 평전』(파주: 비아토르, 2020), 제1장을 보라.

다. 그는 외적인 것으로 자신을 규정하지 않는 것처럼 다른 사람도 그렇게 규정하지 않는다. 그리고 그는 사람들의 영혼을 들여다보는 눈이 열려 있다. 동시에 그는 사람들이 자신이 받은 영적·물질적 혜택을 받지 못한 데 대해 미안한 마음을 가지기 마련이다. 유대인이나 헬라인이나 차이가 없는데 어째서 유대인은 큰 혜택을 받았을까? 왜 누구는 두꺼운 마스크를 쓰고 쉬는 날 없이 택배 일을 하는데 누구는 예쁜 옷 입고 교회에 나가나? 같은 하늘을 이고 사는 사람들인데 나는 어쩌다가 남한에 태어나 자유와 풍요를 누리게 되었을까? 이전에 우월감을 느끼게 해주었던 것들이 이제는 미안해야 할 조건으로 여겨진다. 혜택을 받지 못한 사람들에게 빚을 진 것 같다. 거저 받은 것을 나누어야 한다는 불편한 마음이 묵직하게 자리 잡는다.

　　나눌 수 있는 것 가운데는 재물도 있다. 긴요하면서도 단순한 나눔이다. 그런데 재물을 주다 보면 나도 모르는 사이에 주는 자와 받는 자 사이에 높낮이가 생기는 것을 알게 된다. 주는 사람은 자신을 우월하게 생각하고 받는 사람은 비굴하기 마련이다. 평등하지 않은 사이에서는 결코 사랑이 싹틀 수 없다. 사랑의 교제를 가로막는 선(線)이 생기는 것이다. 그래서 진정으로 형제를 사랑하는 사람이라면 제도적 평등을 추구하기 마련이다. 내가 직접 형제에게 재물을 건네는 것보다 형제가 경제적으로 자립해서 동등한 지위에서 교제를 나누는 것이 더 편안하다. 보편적 복지 제도보다 내가 가난한 형제를 직접 구제하는 것이 더 기분 좋은 사람은, 자신이 베푸는 자선이 진정한 사랑인지 아니면 자기 과시욕이 포함된 것인지를 깊이 생각해보아야 한다. 사랑은 평등의 기반 위에서 싹트고, 평등은 사랑하는 사람에게 주는 최고의 선물이다.

경제적 불평등의 해결을 위한 기독교의 자산

경제적 불평등을 해결하기 위한 기독교의 자산을 요약해보자. 첫째, 겸손 즉 내가 은혜받은 죄인임을 아는 것이다. 둘째, 아무런 자랑도 차별도 없이 사람을 사랑하는 것이다. 셋째, 사랑을 이루기 위해 정의롭고 평등한 사회를 꿈꾸는 것이다. 인권 운동가들은 세 번째 대의에 헌신한 사람들이고, 인류애로 가득 찬 도덕가들은 두 번째를 강조한다. 그러나 첫째의 깨달음이 없으면 둘째와 셋째의 대의는 무너지기 쉽다. '강남 좌파'가 위선적이라고 비판받는 것이나(나는 이 비판이 반드시 공평하다고 생각하지는 않지만), 성공한 진보적 정치가들이 잠시 후에 청산의 대상이 되어버리는 이유는 자신을 우월한 위치에 올려놓고 다른 사람을 판단하며 가르치려고 드는 오만 때문이다.

그렇다면 그리스도인은 바로 첫 번째 진리, 가장 위대한 진리를 발견한 사람들이다. 나는 기독교의 가르침의 위대성이 바로 첫 번째에 있다고 믿는다. 하나님을 알면 알수록 그분 앞에서 늘 겸비하게 애통하는 마음을 갖는다. 이웃에게 큰 이익을 끼치거나 위대한 정치적 업적을 이루어도 자신의 이름이 남는 것을 원하지 않는다. 같은 죄인인데 내가 더 많이 가진 것 같아 미안한 마음뿐이다. 가장 위대한 기도는 '예수기도'(Jesus Prayer)라고 불리는, "하나님의 아들 예수여, 이 죄인을 불쌍히 여기소서"다. 가난한 사람은 게을러서 그렇게 되었다고 진심으로 생각하는 사람은 자신이 정말 복음을 알고나 있는 것인지 심각하게 고민해보아야 한다. 기독교 복음 위에 인권과 정의와 평등이 서 있는 것이다.

그러나 슬프게도 한국 기독교는 첫 번째 진리에 대해 알고는 있지만, 거기서 한 걸음 더 나아가지 못한 채 머물러 있다. 자신들이 이론 성취를 자랑하고, 사회적 약자를 무시하고 타자(他者)를 거부하며, 정의, 평등, 평화에 대한 전망이 없다. 중요한 것은 이 세 가지 진리가 서로 연결되어 있다는 사실이다. 둘째와 셋째를 아무리 잘해도 첫 번째 진리를 알지 못하면 우리 사회에 진정한 소망을 줄 수 없고, 반대로 둘째와 셋째로 나아가지 못하면 첫 번째 진리를 깨달았다는 주장마저 의심할 수밖에 없다. 오늘날 많은 그리스도인이 보수적 이념과 기독교를 동일시하여 정치적 상대를 악으로 규정하는 것은 큰 문제다. 이는 보수적이념 자체가 한계가 있기 때문이지만, 상대를 규탄하는 고함에 자신도 죄인이라는 사실이 묻혀버리는 것은 더 큰 문제다. 어쩌면 자신의 죄를 잊기 위해 일부러 더 크게 고함을 치는지도 모르겠지만 말이다.

내가 "기생충"이 제기한 물음에 기독교가 답할 수 있다고 말한 이유를 이해하시겠는가? 우리는 성경이 가르치는 진정한 기독교로 돌아가야 한다. 광장에 나와서 외치기 전에 골방에 들어가 자신을 살피자. 불행을 당한 사람들을 긍휼히 여기되 그들과 나 사이에 선을 긋지 말자. 다른 사람들이 나의 경계를 침범할 때, 자신의 안전을 위해 경계가 필요하지만, 마음 깊은 곳으로부터는 그들을 환대해야 한다. 나도 언제든지 선 밖으로 밀려날 수 있음을 알고, 혹시 선 밖으로 밀려났을 때 이를 담담히 받아들일 수 있어야 한다. 자발적인 자선(慈善)으로는 우리 시대의 불평등 문제를 해소할 수 없다. 기독교적 깨달음이 법적·제도적 경제 정의로 구현되도록 모든 노력을 기울여야 한다. 모든 선과 경계와 장벽과 국경이 무력화되는 종말의 때를 소망하면서 말이다.

코로나19는 하나님의 심판인가?

"네 잘못이 아냐"(It's not your fault)

재난이 닥칠 때 보통의 그리스도인들은 이게 하나님의 심판이라는 것을 직감적으로 느낀다. 자동차 접촉 사고를 낸다든가 자녀가 감기에 걸린다든가 하는 사소한 어려움에도 혹시 하나님이 나에게 벌주는 것이 아닌가 하고 자기를 돌아보곤 한다. 그러나 코로나19와 같은 세계적 대재앙 앞에서는 이를 하나님의 심판이라고 말하기 꺼려진다. 우선 '심판'이라는 말 자체가 거부감을 불러일으킨다. 코로나 때문에 사람들이 죽고 실직을 당하고 경제가 어렵게 되었는데, 위로와 용기를 주지는 못할망정 심판이라니. 더구나 "네 탓이 아냐"(It's not your fault)[1], "칭찬은 고래

---

[1] 이 표현은 맷 데이먼(윌 헌팅 역)과 로빈 윌리엄스(숀 맥과이어 역)가 주연으로 나온 영화 "굿 윌 헌팅"(1997년)의 클라이맥스에 등장하는 대사다. 수학 천재인 윌은 과거의 상처로 마음을 열지 못했는데, 숀을 만나 결국 감정의 폭발을 경험하며 흐느낀다.

도 춤추게 한다", "고객의 말은 무조건 옳다" 등과 같은 말에 익숙해진 사람들에게 말이다.

　　게다가 하나님의 심판이라고? 보이지 않는 신(神)의 심판을 빙자하여 자기가 미워하는 사람에게 죄를 뒤집어씌우려는 미신적인 종교가들의 뻔한 술책 아닌가? 아니면 종교적 두려움을 이용해 교세를 늘이려는 공포 마케팅이든지 말이다. 코로나 사태가 일어난 지 얼마 안 되어 몇몇 대형 교회 목사들이 코로나가 중국의 기독교 박해에 대한 하나님의 심판이라고 말했다가 여론의 뭇매를 맞은 적이 있다. 수원의 어느 교회 목사도 그렇게 설교했는데 다음 주일에 그 교회에서 확진자가 나오는 바람에 사과해야 했다. 문득 20만 명이 사망했던 2004년 인도네시아 쓰나미 때, 어느 목사가 주일에 교회에 가지 않은 사람들을 벌주기 위한 심판이라고 말해서 공공의 적이 되었던 일이 생각난다.

　　알베르 카뮈의 소설 『페스트』에서도 파늘루 신부(神父)가 페스트 창궐이 하나님의 심판이므로 회개하라고 설교하는 장면이 나온다. 그러나 그 역시 어린아이가 고통 속에서 죽어가는 모습을 목격하고는 하나님의 심판을 함부로 말할 수 없다는 것을 깨닫고, 두 번째 설교에서는 하나님의 뜻을 인간이 쉽게 판단할 수 없다고 말했다. 카뮈는 『페스트』를 통해, 대재난의 시대에 알 수도 없고 설명할 수도 없는 신(神)을 끌어들이는 것이 얼마나 무의미한 것인지를 보여주려고 했다. 대신 고통당하는 인류를 위한 개인들의 희생적 결단과 연대, 그리고 과학에 대한 신뢰를 대답으로 제시한다. 카뮈의 제안이 21세기 대한민국에

손이 윌을 끌어안고 "윌, 네 잘못이 아니야"라고 말함으로써 윌은 과거와 결별하고 새로운 삶을 살 수 있게 된다.

서 꽃을 피워 지금 우리 사회의 대다수 사람은 과학적 방역과 공동체 의식의 결합이 대재난을 이겨내는 길이라고 믿는다.

신학자들도 대체로 이 방향을 취한다. 신약학자 N. T. 라이트가 코로나 사태와 관련한 인터뷰를 한 적이 있다. 질문자가 선하신 창조주 하나님께서 왜 이런 팬데믹을 허락하셨느냐고 물으며 이에 대한 성경적·신학적 대답을 들려달라고 했다. 라이트는 하나님의 심판에 관한 언급은 한마디도 하지 않았다. 대신 예수님께서 죽은 나사로의 무덤 앞에서 눈물을 흘린 사건을 예로 들면서 하나님께서 인간의 고통을 아시고 우리와 함께 그 고통을 이기길 원하신다고 답했다. 그리고 우리 안에 계신 하나님의 영인 성령께서 만물의 고통 때문에 탄식하는 것처럼 우리도 그의 탄식에 동참해야 한다고 말했다. 그가 볼 때 코로나19 사태를 하나님의 심판으로 단정하는 것은 주제넘은(presumptuous) 행동이다.[2]

심판하시는 하나님

그러나 나는 비난을 각오하고 담대히 말하련다. 코로나19는 하나님의 심판이다! 모든 그리스도인은 직감적으로 알고 있다. 만일 세상을 다스리는 신(神)이 실재하고, 그가 선과 악을 판단하는 분이라면, 이 세상을 심판하고 벌을 내리는 것이 당연한 일이다. 이해가 안 가도 할 수 없고 거부감이 들어도 할 수 없다. 거부감이 들지 않는 가르침만을 믿을 수는

---

2 "Tom Wright on being a Christian during Coronavirus," https://youtu.be/tUTD0S9YVuU.

없는 일 아닌가? 하나님은 자동차 접촉 사고나 자녀의 사고 등을 통해 나의 죄를 심판하시기도 하고, 더 큰 사회적 재난을 통해 세상을 심판하시기도 한다. 물론 하나님의 심판의 결말은 인류의 구원이겠지만, 하나님의 심판이 없다면 그의 구원도 무의미하게 된다.

성경은 심판하시는 하나님에 관한 언급으로 가득하다. 하나님은 아담과 하와를 에덴동산에서 쫓아내셨고, 출애굽 당시 이집트의 왕과 신들을 벌하셨으며, 가나안의 일곱 족속을 심판하셨고, 죄를 지은 이스라엘을 마침내 포로로 잡혀가게 하셨다. 특별히 전염병은 하나님의 징벌의 도구로 자주 사용되었다. 구약에 이어 신약에서도 마찬가지다. 그는 교만한 자, 권세 있는 자, 부자를 내리치고 비천한 자를 높이시는 분이며(눅 1:51-53), 참새 한 마리가 땅에 떨어지는 것도 주관하시는 분이다(눅 12:6). 예수님께서도 이스라엘 백성이 회개하지 않으면 망할 것임을 여러 차례 경고하셨고(눅 13:1-5), 예루살렘이 그 죄악으로 멸망할 것을 예견하시고 눈물을 흘리셨다(눅 19:41). 사도행전도 하나님의 심판을 받은 사람들의 이야기로 가득하다. 예수님을 판 가룟 유다, 성령을 속인 아나니아와 삽비라, 사마리아의 무당 시몬, 그리고 사도들을 박해한 헤롯 아그립바 1세 등. 인류의 최종적 구원은 원수 마귀와 적그리스도를 심판함으로써 완성된다.

어떤 이들은 그리스도께서 하나님의 심판을 자신의 몸에 다 받으셨기 때문에 이제는 심판이 없다고 말하기도 한다. "하나님이 그 아들을 세상에 보내신 것은 세상을 심판하려 하심이 아니요, 그로 말미암아 세상이 구원을 받게 하려 하심이라"(요 3:17)는 말씀에 근거하여 말이다. 그러나 요한복음은 더 많은 부분에서 심판하시는 하나님을 이야기한다. 요한복음 3:17은 심판이 아예 없어졌다는 말이 아니라, 그리스도를 통해 하나님의 심판으로부터 구원을 얻게 되었음을 강조하는 말씀이다. 그리스도의 십자가 죽음은 세상에 대한 하나님의 심판과 그리스도를 통한 구원을 동시에 보여주는 사건이다.

　　　코로나19가 하나님의 심판이 아니라고 말하는 사람들은 이것이 인간의 잘못과 실수로 빚어진 재난일 뿐, 신(神)의 개입이 없이도 이를 얼마든지 설명할 수 있다고 한다. 그러니 안 그래도 심란한데 신까지 끌어들이지 말자고 한다. 그러나 하나님의 심판은 언제나 자연재해(지진, 한발, 홍수, 메뚜기 등)나 재판(裁判), 사고, 전쟁과 같은 인간 행위를 매개로 하여 이루어진다. 예컨대 일반 역사가들은 이스라엘의 바빌로니아 유수를 바빌로니아의 제국주의적인 침략 야욕과 이스라엘의 지정학적 위치에서 찾으려고 할 것이다. 그러나 성경에 따르면 하나님은 죄를 지은 이스라엘을 징벌하는 몽둥이로서 바빌로니아 제국을 사용하셨다. 믿음의 눈을 가진 사람들은 자연적으로 이루어지는 사건들 속에서 하나님의 진노를 발견한다.

　　　하나님은 나와 내밀한 대화를 나눌 만큼 격의 없고 친밀한 친구셨다가 갑자기 도무지 알 수 없는 타자(他者)로 돌변하기도 하신다. 그는 나에게 좋은 것을 주시는 아빠와 같은 분이셨는데 돌연 모든 것을 빼앗는 대적이 되곤 하신다. 그는 나와 가장 가까이 계시다가 어느 순간 앞뒤 좌우를 보아도 찾을 수 없도록 숨어버리신다. 한편으로는 우리의 둥지를 안전하게 보호하시고, 다른 한편으로는 우리의 편안한 둥지를 흐트러뜨려 편히 쉬지 못하게 하신다. 그는 당신의 아들을 보내기까지 세상을 사랑하시는 분인 동시에 불과 같은 맹렬한 분노를 품고 계시는 무서운 심판자시다. 그의 한쪽 손은 모든 죄인을 받아주는 못 박힌 손이고, 그의 다른 손은 세계를 진멸하기 위한 역병(疫病)을 들고 있는 손이다.

사실 나는 코로나19가 하나님의 심판이 아니라고 생각하는 사람들을 이해하기 어렵다. 우리가 사는 세계가 정말 하나님의 심판을 받지 않을 만큼 정의로운 세상이라고 생각하는가? 고픈 배를 움켜쥐고 잠자리에 드는 사람들의 신음이, 차별과 박해와 압제로 억울함을 호소하는 부르짖음이 하늘에 닿아 있지 않은가? 정재계는 물론이고 검찰, 언론, 학자, 종교인 엘리트들이 결탁하여 약한 자들을 수탈하고 억압하는 강고한 시스템을 누가 무너뜨릴 수 있는가? 인간의 힘으로 전쟁과 굶주림과 질병을 극복했다고 호언장담하며 미사일과 주식시장과 4차 산업혁명과 바이오텍의 바벨탑을 쌓는 인류의 오만함이 극에 달해 있지 않은가? 이런 세상이 심판받지 않는다면 그게 더 이상한 일일 것 같지 않은가?

심판은 하나님의 집에서 시작된다

하나님이 심판자라고 할 때 우리가 주의해야 할 점이 몇 가지 있다. **첫째, 하나님의 심판은 우선적으로 택한 백성들을 향해 있다.** 우리는 하나님이 심판자라고 말할 때 본능적으로 심판의 대상을 외부에서 찾는 습관이 있다. 그러나 이는 잘못된 태도다. 우리는 하나님이 성도의 편이고, 성도가 어려움을 겪을 때 기적을 베풀어 박해자를 심판하신다고 생각한다. 물론 그는 택한 백성을 사랑하시는 분이시다. 그러나 하나님은 당신의 거룩함을 보여주시기 위해 백성을 택하셨기 때문에 거룩함을 침해하는 당신의 백성을 먼저 심판하신다.

한국에도 잘 알려진 개혁신학자 존 파이퍼는 『코로나 바이러스와 그리스도』(*Coronavirus and Christ*)라는 책에서 개혁주의자답게 코로나19 사태가 하나님의 심판이라고 담대하고 분명히 선언했다. 파이퍼는 그 책을 설명하는 영상에서 누가복음 13:1-5을 해석하면서, 인간은 하나님의 심판에 대해 회개해야 한다고 올바로 말했다. 그러다가 갑자기 목소리를 높여 그 심판의 대상은 중국 당국이며, 심판의 이유는 그들이 그리스도인을 박해했기 때문이라고 했다.[3] 그 영상이 포스팅 된 때는 2020년 3월 15일이었는데 중국의 확진자 숫자가 최고에 달했을 시기였다. 그러나 이후 중국은 완만한 커브를 그리면서 누그러졌고, 미국은 확진자 숫자가 급격히 늘어 전 세계에서 가장 많은 확진자 수를 기록했다. 파이퍼는 이제 미국이 심판을 받고 있다고 말해야 하지 않을까? 아이러니한 것은 파이퍼가 증거 구절로 든 누가복음 13:1-5이야말로, 예수님이 회개의 대상으로 다른 사람을 지목할 것이 아니라 자신을 돌아보아야 함을 말씀하신 구절이다. 즉 실로암 망대가 무너져 18명이 사망하고 빌라도가 갈릴리 사람을 죽여 제물로 삼은 사건이 단지 그들에 대한 심판이 아니라 모든 이스라엘에 대한 심판의 본보기라는 것이다. 예수님은 "너희도 만일 회개하지 아니하면 다 이와 같이 망하리라"(눅 13:5)는 말씀으로 끝을 맺으신다.

하나님이 우리 편이어야 하는 것이 아니라 우리가 하나님 편에 서야 한다. 하나님은 이집트를 비롯한 인근 나라들로부터 이스라엘을 지키고 번성케 하는 이스라엘의 부족 신(神)이 아니다. 그는 온 세상을 정의롭게 통치하시는 분이며, 그가 이스라엘을 택하신 이유는 이스

---

3   "John Piper On The Coronavirus-A Loving Judgement From God," https://youtu.be/05hSo5zWu7c.

라엘을 통해 당신의 정의로운 통치를 보여주시려 함이다. 그래서 그는 이방 부족들을 심판하는 것보다 더 엄격한 잣대를 가지고 그의 백성을 다스리신다. 다윗이 저지른 것과 같은 권력 남용의 죄를 지은 독재자가 주변 나라들에 많았겠지만 하나님께서 다윗을 특별히 무섭게 다루신 것은 그와 그의 왕국에 거신 기대가 컸기 때문이다.

에스겔 9장은 이런 하나님의 다스림을 잘 보여주는 그림이다. 에스겔은 환상 가운데서, 먹과 붓을 들고 예루살렘 성을 순찰하는 무서운 천사를 보았다. 그 천사는 예루살렘에서 일어나는 악한 일 때문에 탄식하고 우는 사람의 이마에 표시한 후, 표시가 없는 사람은 칼로 쳐서 죽였다. 그런데 그 살육의 출발지가 바로 예루살렘 성전이다. 성전에서 예배하는 장로들부터 이마에 표시하기 시작했고, 여기서부터 피의 숙청이 시작되었다. 후일 베드로는 에스겔서를 기억하면서 "하나님의 집에서 심판을 시작할 때가 되었나니"(벧전 4:17)라고 썼다.

하나님의 심판을 믿는 성도들은 심판의 대상을 외부에서 찾기를 멈추어야 한다. 중국, 신천지, 해외 입국 유학생, 동성애자, 정부 등등, 희생양을 찾아 차별과 혐오를 쏟아붓는 미성숙한 행태를 그치자. 그렇게 함으로써 정치적·경제적 이득을 취하려는 자들의 선동에 넘어가지 말자. 하나님의 심판의 대상은 한국교회고, 그 교회의 일부인 나다.

당신의 백성을 치시는 하나님의 손길을 무겁게 받아들이면서 그 진노를 자기 몸에 담당하려는 사람들을 통해 구원의 여명이 밝아오기 시작한다. 전염병을 옮기는 천사를 본 다윗의 기도를 보라. "주의 손으로 나와 내 아버지의 집을 치시고 주의 백성에게 재앙을 내리지 마옵소서"(대상 21:17). 폭풍 속에서 외친 요나의 고백도 들어보라. "나를 들어 바다에 던지라. 그리하면 바다가 너희를 위하여 잔잔하리라. 너희가

이 큰 폭풍을 만난 것이 나 때문인 줄을 내가 아노라"(욘 1:12).

심판의 복잡성

자연재해나 인재(人災)를 하나님의 심판이라고 말할 수 없다는 주장의 두 번째 이유는 그 재해들이 선인과 악인을 가리지 않고 임한다는 데 있다. 출애굽 당시에 행해졌던 열 가지 재앙처럼 히브리인을 피해 이집트인들에게만 재앙이 임한다면, 혹은 사도행전 12장의 헤롯 아그립바 1세에게처럼 재앙이 즉각적이고 직접적으로 임한다면, 누구나 그 재앙이 하나님의 징벌임을 쉽게 받아들일 수 있을 것이다. 그러나 대부분의 심판은 선인과 악인을 구분하지 않는다. 코로나19는 계층과 인종과 종교와 남녀를 가리지 않고 모두에게 골고루 전염된다. 진정한 의미의 '**팬**데믹'(pandemic)이다. 도가(道家)에서 말하는 '천지불인'(天地不仁), 즉 자연에서 일어나는 일은 인간의 기준으로 좋고 나쁨을 규정할 수 없다는 사상이 더 그럴듯하게 다가온다.

여기에 성경적 심판의 두 번째 특징이 있다. 즉 **하나님의 심판은 여러 차원을 가진 복잡한 것이다.** 재앙은 선인과 악인을 가리지 않고 무심하게 불특정 다수에게 임하는 것처럼 보이는데, 이는 심판자의 눈이 멀었기 때문이거나, 그 재앙이 아예 심판이 아니기 때문이 아니다. 하나님의 심판은 다양한 사람에게 각각 다른 의미를 지니는 복잡한 것이기 때문이다.

사회가 덜 복잡하고 지성이 덜 발달한 시대에 성경이 쓰였기 때문에 자연재해를 하나님의 심판이라고 말했다고 속단하지 말자. 성경은 그렇게 쉽게 볼 수 있는 책이 아니고, 성경의 저자들은 생각 없는 미개인이 아니다. 그들은 인간사에 일어나는 설명할 수 없는 재앙들에 대하여, 과연 그 배후에 심판하시는 하나님이 존재하는지, 그 사건이 하나님의 심판이 맞는지, 그 심판이 정의로운지에 대해서도 끊임없이 묻는다. 하나님의 심판에 대해 맨 처음으로 이의를 제기한 사람은 바로 아브라함이다. "주께서 이같이 하사 의인을 악인과 함께 죽이심은 부당하오며, 의인과 악인을 같이 하심도 부당하니이다. 세상을 심판하시는 이가 정의를 행하실 것이 아니니이까?"(창 18:25) 이는 소돔 성(城)을 불로 멸망시키면 그 안에 사는 의로운 사람도 함께 죽을 것을 염려한 항변이다. 무려 3천 8백 년 전 청동기 시대의 질문 치고는 너무 현대적이지 않은가? 또 다른 예를 보자. 엘리야 시대에 3년 6개월의 한발은 악한 왕과 왕비에게만 임한 것이 아니었다. 재난의 시기에 가난한 사람들이 배나 고통을 받는 법, 죄 없는 백성이 목마름 속에서 죽어갔다. 비가 오지 않을 것이라는 자신의 저주가 이루어져 가난한 백성이 맥없이 죽어가는 것을 보는 엘리야의 절박함이 어떠했을까? 바빌로니아의 침공으로 악한 왕조와 더럽혀진 성전에 심판이 임할 때 영문도 모른 채 죽어야 했던 유아들과 그 어미들의 원한은 누가 풀어줄 수 있을까? 성경은 이런 질문들이 제기될 것을 잘 알고 있었다. 아니 그런 질문들을 성경 인물들의 입을 빌려 거침없이 제기하고 있다.

　　하나님의 심판을 거론할 때 성경은 칼로 무 자르듯 명백하고 단순한 대답을 주지 않는다. 세상은 선인과 악인이 뒤섞여 있는 곳이며, 심판의 때에 순진한 사람들도 함께 고통을 받을 수밖에 없음을 성경의 저자들은 잘 알고 있었다. 그렇다면 이 복잡한 실타래를 풀어내어 죄 없는 사람에게 닥치는 재난의 의미를 설명해줄 현자(賢者)가 있는가? 하나님께 대한 신뢰를 거의 잃어버릴 수밖에 없는 상황에서 믿음을 놓치지 않도록 도와줄 인도자가 있는가? 이 모순의 역사를 이끌고 가는 하나님이 선의를 가진 전능자임을 변호해줄 사람이 있는가?

오, 성경을 기록한 사람들이 바로 우리를 돕는 이들이다! 의미를 찾을 수 없을 것 같은 혼돈스러운 심판의 한가운데서 함께 고통하며 역사의 의미를 찾아가는 예언자들, 광맥을 찾아 지하를 헤매는 광부들처럼 고뇌의 심연 속에서 신의 실존을 추구하는 지혜문학가들, 짐승 같은 권력자와 거짓의 영이 결탁한 바빌로니아에 발을 딛고 있지만 삼층의 하늘에서 일어나는 비밀을 영으로 들여다보는 묵시문학가들이 바로 그들이다. 그리고 그 누구보다도 예수님께서 우리를 도우신다. 그분은 사랑과 질투의 하나님을 몸으로 보여주시고, 죽음의 세력 앞에서 동정의 눈물을 흘리시며, 희생을 결단하는 통곡의 제사를 올리시고, 자신의 몸에 심판을 쏟아부어 악의 실체를 드러내시고 구원의 길을 보여주신 우리의 구주시다.

그 예수님께서 승천하신 후 보혜사 성령을 보내주셨다. 성령은 성경을 기록한 사람들의 영에 빛을 비춰주셨고 특히 예수님께 충만히 임하셨다. 우리가 그 저자들이 기록한 성경을 읽을 때, 예수 그리스도의 마음을 달라고 간구할 때, 성령은 다시금 우리를 진리 가운데로 인도하신다. 이는 혼돈의 세상에서 길을 잃지 않도록 분별력과 용기를 주시는 가르침이다. 성령의 도움으로 우리는 코로나19를 통해 우리에게 임한 심판의 다차원적 의미와, 무엇보다도 나에게 주시는 의미를 깨닫게 된다. 그는 우리 영 안에서 고통스럽게 신음하시며, 우리는 그의 신음소리에 동참한다. 그는 나와 우리 교회로 하여금 하나님이 주시는 형벌과 징계와 통찰력과 지혜와 인도와 위로와 안식을 경험하게 하신다.

심판은 숨은 것을 드러낸다

세 번째 하나님의 심판의 성격을 생각해보자. 심판은 과거의 잘못에 대한 징벌을 목적으로 내려지지만, 우리의 숨겨진 치부를 드러내려는 목적도 있다. 몸에 병균이 침투하면 몸의 가장 약한 곳이 고통을 받으며, 예고도 없이 갑자기 시험을 치면 학과의 가장 부족한 부분이 어디인지 드러난다. 하나님의 심판이 임하면 그 사회에서 타락하고 고통받는 영역이 어디인지 밝혀진다. 예컨대 다윗의 범죄로 인한 심판은 다윗과 그의 가문에 대한 징벌이었지만, 이 심판을 통해 다윗 왕국의 실체가 적나라하게 드러났다. 정실에 의한 통치, 정치 세력들 간의 권력 투쟁, 백성의 아픔을 돌보지 않는 고관들, 간신배들의 말의 성찬, 왕의 눈에 들기 위해 경쟁하는 종교인들, 해묵은 지역감정, 후계 구도를 둘러싼 암투 등등….

코로나19 사태를 통해 뜻밖에 대한민국이 선진국임이 드러났다. 어렸을 적부터 "이게 나라냐?", "국가가 나에게 해준 게 뭐가 있어?" 등의 자조 섞인 고정관념에 사로잡혀 서구 선진국을 선망하던 우리 나이 세대는 지금 국뽕에 흠뻑 취해 있는 중이다. 우리가 어떻게 방역에 성공할 수 있었는지를 분석하는 기사를 읽는 즐거움이 쏠쏠하다. 눈에 보이는 과학적 성과물과 보이지 않는 사회적 자본(social capital)이 결합되어 일어난 결과다. 의료진의 영웅적 헌신, 검사 키트의 신속한 개발, 위치 추적 기능이 있는 IT 기술, 방역 당국의 공격적인 검사에다 성숙한 시민 의식, 실력 있고 자긍심 높은 공무원들의 발 빠른 대처, 정통성을 가진 정부에 대한 신뢰, 모든 국민을 포괄하는 촘촘한 그물망, 사회를 하나로 묶어주는 국가주의 등이 더해졌다. 방역에 실패한 나라들은 대체로 이런 물리적 혹은 사회적 자본이 하나둘씩 결여되어 있다.

원래 비관주의자인 나는 우리나라 방역의 성공 기반이 생각만큼 탄탄하지는 않다고 생각한다. 우연히 여러 조건이 만나서 이렇게 된 것일 뿐, 앞으로 다가올 여러 가지 자연적·사회적 재난에 대해 코로나19처럼 잘 대응할 수 있을까 의심한다. K-방역의 성공 때문에 잠시 잊고 있었겠지만, 불과 얼마 전까지만 해도 우리는 대한민국을 '헬조선'이라고 불렀다. 출생률, 자살률, 행복지수, 청년 실업률 등 모든 주요 지표에서 대한민국은 OECD 국가 중 가장 살기 힘든 나라로 손꼽히는데, 이게 나아졌다는 징표는 없다. 코로나19를 극복한 이후 경제 성장률은 0퍼센트대로 수렴할 것이다. 지난 수년간 보수와 진보 양쪽 진영의 갈등이 심화되어, 각 진영에서 수백만 명의 사람이 모여 상대를 부정하는 집회를 열 만큼 국론이 분열되어 있다. 학교와 대학과 군대와 직장에서 집단 따돌림이 보편화되었고, 외국인과 한국 남자와 페미니스트와 노인에 대한 차별과 혐오가 불만 붙이면 활활 타오른다. 한반도 평화 프로세스는 언제 재개될지 모르고, 우리를 둘러싼 강대국들은 자국의 이익과 정권 유지를 위해서라면 무슨 일이든 할 준비가 되어 있는 것처럼 보인다.

나는 코로나 방역의 성공이, 하나님이 진노 중에서도 대한민국을 불쌍히 여겨 시간을 벌어주신 것이라고 믿는다. 지금은 승리를 자축할 때가 아니다. K-방역을 가능하게 했던 사회적 자본을 점검해보고, 그 자본을 우리 사회의 긴박한 문제를 위해 전용하고자 서둘러야 할 때다. 사회적 자본을 결여한 다른 나라들의 방역 실패를 타산지석으로 삼아 우리가 그런 사회로 전락하지 않도록 해야 한다.

다른 나라는 잘 몰라도 미국에서 몇 년 살아본 경험이 있으니 미국 사회의 예를 들어보자. 궁핍한 유학생 시절이라서 나는 위험을 무릅쓰고 여러 인종이 함께 사는 필라델피아 시내에서 살았다. 물론 내가 살았던 곳은 그렇게 험악한 곳은 아니었다. 필라델피아의 대표적 슬럼가인 사우스필리(South Philly)의 세컨스트릿(Second Street)에 가끔씩 갈 일이 있었다. 백 년이 넘은 낡은 로우하우스(수십 개의 집이 붙어 있는 연립주택), 바람에 뒹구는 쓰레기, 불결한 위생 상태, 여름이 되면 아프리카계 미국인들이 삼삼오오 모여 웃통을 벗은 채 담배를 피우고, 밤이 되면 랩뮤직을 크게 튼 컨버터블이 질주한다. 누가 사는지, 누가 마약을 하는지, 누가 총에 맞아 죽어 나가는지 아무도 모르고 상관하지도 않는다. 경찰조차도 들어갈 수 없는 곳이니 행정력이 미칠 리가 없다. 이런 슬럼가가 있는 대도시와 그런 대도시가 있는 나라에서는 결코 바이러스를 잡을 수 없다. 미국에서 코로나를 잡을 수 없다는 뉴스를 본 주변 사람들이 "아니 어떻게 미국이 저럴 수 있지?"라고 물으면, 미국을 좀 아는 나는 "미국이 그렇지 뭐"라고 대답한다.

우리나라도 코로나19 시대에 임금을 받지 못하고 직장을 잃은 사람들이 많이 있고, 열악한 환경에서 전염병에 노출된 클러스터들이 존재한다. 집단 감염이 일어난 구로구 콜센터나 젊은 신천지 교인들이 사는 임대 주택이 대표적이다. 중산층의 몰락이 가속화되면서 우리도 슬럼가가 생기지 말라는 보장이 없다. 극심한 빈부 차이는 가난한 사람뿐 아니라 부자의 생명도 위협한다. 따라서 방역 기술, 시민 의식, 사회적 자본을 가지고 코로나19로 드러난 우리 사회의 취약한 부분을 근본적으로 바꾸는 일에 착수해야 할 때다.

회개에 합당한 열매

포스트코로나 시대에 달라질, 그리고 달라져야 할 세상의 모습에 대해 세계적 석학들이 모두 한마디씩 한다. 발 빠른 방송사와 신문사에서는 특집 시리즈를 내보내고, 벌써 책을 발간하는 학자들도 있다. 각자 자신들이 세상을 보던 눈을 가지고 포스트코로나 시대를 예견하고 방향을 제시한다. 세계화와 국가주의, 과학과 미신, 신자유주의와 보편적 복지, 차별과 연대, 전체주의와 민주적 시민 의식, 개발과 생태주의 등, 우리 시대의 문제를 관통하는 주제들이 등장한다. 기독교에도 내놓을 대답이 있을까? 세계적 석학들의 제안에 편승할까? 혹은 그 제안들을 실천할 동력을 제공하는 것에 만족할까? 세계사의 중요한 변곡점에서 기독교만의 독특한 방향을 제시할 수 있을까?

나는 하나님께서 인류가 당면한 모든 문제에 대한 대답을 가지고 계시며, 그 원리들이 성경에 기록되어 있다고 믿는다. 우리는 성경적 원리를 가지고 상황을 이해하고, 세상과 대화해야 한다. 이런 시도를 '공공신학'(Public Theology)이라고 한다. 우리는 석학들의 대답 가운데 성경의 원리와 일치하는 것을 취하면서, 그 무신론적 기반을 비판할 역량을 키워야 한다. 한국교회, 아니 미국식 복음주의 교회가 이 일을 하지 못하는 것은 성경에 답이 없어서가 아니라 답을 찾으려는 노력을 하지 않아서일 뿐이다. 나는 아직도 목회자와 신학자들이 대면/비대면 예배 논쟁에 매몰되어, 세상의 변화를 보지 못하는 게 안타깝다. 세상에 관심이 없다는 말은 그 세상 속에서 생존을 위협받고 있는 성도들에 대한 관심이 없다는 의미이기도 하기에 더욱 안타깝다. 자, 이제 그리스도인들이 가지고 있는 자산이 얼마나 큰지를 생각해보자. 기회가 지나가기 전에 말이다. 하나님이 정해놓으신 날들이 손에서 술술 빠져나가는 것만 같다.

이 나이가 되면서 한 가지 깨달은 것이 있다. 세상의 많은 학자, 저술가, 논설위원, 진보적 평론가, 종편 패널, 보수 유튜버, 승려, 목사, 점쟁이들이 세상의 문제에 대해 논평할 때 한 가지 공통점이 있다는 것이다. 그것은 바로 자신의 잘못은 쏙 빼놓고 말한다는 것이다. 어쩌면 그들의 주장이 그들과 그들이 속한 집단의 잘못을 인정하지 않으려는 무의식적 방어기제의 표출이 아닌가 하는 의심이 들기까지 한다. 자신을 돌아보지 않는 이들의 말은 바람에 나는 겨와 같이 한없이 가볍기만 하다. 그들의 훈수에 나의 영혼과 삶을 맡길 수는 없는 노릇이다.

코로나19 사태가 우리의 악에 대한 하나님의 심판임을 믿는 성도들이 갖는 한 가지 이점이 있다. 바로 자신의 죄를 깊이 살피는 것으로부터 시작할 수 있다는 점이다. 코로나19의 심판이 나로부터 시작되었다는 것을 깨닫고 탄식하며 우는 것부터 시작하자. 영문도 모른 채 절망 가운데 신음하는 우리의 이웃을 보면서 정의의 하나님께 부르짖는 것부터 시작하자.

"죽은 자와 산 자 사이에 서서"— 우리 시대의 제사장

코로나19 사태로 전 세계가 고통당하고 있다. 죽음의 공포와 경제적 몰락의 두려움에 떨고 있다. 재난은 가난한 자들에게 더욱 가혹한 법, 영세한 자영업자들이 줄줄이 사업을 접고, 살아서 귀가하지 못하는 택배 노동자들이 속출한다. 서로를 향한 분노와 혐오로 인간성의 밑바닥이 드러난다. 이 와중에 플랫폼 기업들은 한몫 기회를 노리고, 정치인들은 무엇이 유리한지를 따지며, 언론은 공포를 극대화한다.

교회는 무얼 하고 있나? 코로나19 이후 교회의 거의 유일한 관심은 대면/비대면 예배다. 어찌 보면 당연한 것 같기도 하다. 일주일에 한 번 모여서 예배드리는 것이 교회에서 하는 가장 중요한 일인데 이를 못하게 되었으니 말이다. 초창기에 몇몇 교회에서 예배를 고집하다가 주변의 지탄을 받게 되면서 의견이 크게 둘로 나뉘었다. 소수의 강경한 목회자들은 예배가 인생의 목적이므로 목숨을 걸고서라도 주일을 지켜야 한다고 주장했고, 다수의 교회는 대면 예배를 잠시 멈추고 온라인 예

배로 대체했다. 이 둘 사이에 논쟁이 지겹도록 계속되고 있다. 2020년 광복절 무렵 사랑제일교회 부흥회와 광화문 집회 이후에는 정부의 기독교 탄압 논란으로 논점이 이동했다. 즉 진보 정권이 기독교를 중심으로 한 보수 세력을 박멸하기 위해 방역을 이용하고 있다는 것이다. 현정권이 보수적인 기독교에 대해 호의적이지 않다는 말은 어느 정도 맞겠으나, 그렇다고 방역을 통해 교회를 탄압한다는 주장은 일종의 음모론에 불과하다.

교회가 주일 예배에 관심을 가지는 것은 어쩔 수 없는 일이지만, 그것에만 관심을 두는 것은 잘못이다. 이는 교회론에 큰 문제가 있는 것이다. 교회는 세상을 섬기기 위해 세상으로 보냄을 받은 기관이지, 존재 그 자체가 목적이 아니다. 많은 성도가 주일에 모이는 것을 교회의 최종 목표로 삼다 보면, 교회의 본질을 잃을 위험이 있을 뿐 아니라 결국 교회의 성장도 멈추게 된다. 2020년 코로나 정국에서 교회들은 교회라는 종교 단체의 존립을 문제 삼았을 뿐, 우리 사회 전체를 향한 하나님의 뜻을 생각하는 데는 미치지 못했다.

교회가 세상을 섬기기 위해서는 두 가지를 해야 하는데, 하나는 세상에서 일어나고 있는 현실을 해석해주는 일이고, 다른 하나는 현실에서 고통받는 사람들을 돕는 일이다. 참새 한 마리가 땅에 떨어지는 것도 하나님의 허락이 있어야 한다면, 당연히 코로나19 사태의 배후에도 하나님의 손길이 있다. 코로나의 의미가 무엇인지를 우리가 먼저 깨닫고, 이를 사람들에게 해석해주어야 한다. 그리고 고통받는 현실로 뛰어들어 이를 이겨낼 수 있도록 사람들을 도와야 한다. 높으신 하나님의 뜻을 인간의 좁은 마음으로 파악할 수 없지만, 감사하게도 성경 말씀이 우리에게 주어져 있다. 성경을 살펴보고 우리에게 어떻게 적용할 수 있을지를 생각해보자.

장면 1: "죽은 자와 산 자 사이에 서서"

성경에는 전염병 창궐에 관한 이야기가 많이 있다. 그 가운데 대표적인 사건 두어 가지를 살펴보도록 하자. 우선 민수기 16장에 나오는 소위 "고라 자손의 반역" 사건이다. 이집트를 탈출한 이스라엘 백성이 광야에 있을 때, '고라'라는 레위인이 백성의 지도급 인사들 250명과 더불어 모세에 대항하여 반란을 일으켰다. 반란의 주모자들은 하나님의 징벌을 받아 땅이 갈라져 산 채로 음부에 떨어지고 말았다. 이를 목격한 백성들은 회개하기는커녕 모세를 더 심하게 원망했고, 하나님은 전염병을 보내 그들을 심판하셨다. 여기까지는 거역하는 이스라엘을 징벌하시는 하나님을 보여주는 익숙한 장면이다.

그 전염병은 감염 속도가 매우 빨라서 많은 사람이 갑자기 열이 오르고 얼굴이 검어지고 피를 토하며 죽기 시작했다. 모세는 그의 형인 대제사장 아론에게 명령을 내렸다. 향로에 제단 불을 담아 죽음의 현장으로 뛰어 들어가라는 이해하기 어려운 명령이었다. 성경은 아론이 "죽은 자와 산 자 사이에 섰을 때" 하나님이 진노를 멈추시고 전염병이 그쳤다고 기록한다(민 16:48).

"죽은 자와 산 자 사이에 섰을 때"가 무슨 뜻인가? 머릿속으로 그림을 그려보자. 해변의 모래같이 많은 사람이 사막 한가운데서 오아시스를 중심으로 야영을 하고 있다. 저 북쪽에서부터 전염병이 점차로 퍼지는데, 그 모습이 마치 검은 모래 태풍이 진영을 뒤덮는 것 같다. 그리고 그 배후에는 죽음의 천사가 무서운 모습으로 서 있다. 이미 앞쪽에서는 사람들이 죽어 비명과 통곡 소리가 들린다. 대제사장 아론은 눈을 들어 그 죽음의 천사를 보았다. 그는 천사가 더 이상 전진하지 못하도록 그 앞을 막아섰다. 그리고 천사에게 말했다. "오, 죽음의 천사여, 이 백성을 모두 죽이시렵니까? 그러려면 우선 저부터 밟고 지나가십시오." 그는 지금 온몸으로 이 죽음의 천사와 전염병을 막고 있는 것이다. 이게 바로 아론이 "죽은 자와 산 자 사이에 섰다"는 말씀의 뜻이다. 이런 아론의 모습에 하나님께서는 그 진노를 거두셨다. 죽음의 천사는 물러가고 전염병은 더 이상 이스라엘 백성을 괴롭히지 않았다.

장면 2: "주의 손으로 나와 내 아버지의 집을 치소서"

고라의 반역 사건으로부터 거의 5백 년이 지났다. 다윗 왕이 다스리는 통일왕국 시대였다. 또다시 전염병이 이스라엘을 휩쓸었다. 다윗 왕은 말년에 인구조사의 죄를 범했는데, 이는 하나님 대신 군사력과 경제력을 의지하는 교만에서 비롯된 것이었다. 하나님은 이번에도 전염병을 통해 오만한 다윗과 이스라엘 백성을 징벌하고자 하셨다.

　　　이번에도 죽음의 천사가 등장한다. 예루살렘을 멸망시키려는 죽음의 천사를 본 것은 다윗 왕이었다. 그 역시 아론처럼 천사를 가로막고 기도했다. "나는 범죄하였고 악을 행하였거니와, 이 양(羊) 무리는 무엇을 행하였나이까? 청하건대 주의 손으로 나와 내 아버지의 집을 치소서"(삼하 24:17). 다윗은 고라 사건 때의 대제사장 아론과 같은 심정이다. 그는 하나님이 자신을 백성의 목자로 세우셨기에 생명을 바쳐 양 떼를 지키는 것이 그의 의무라고 믿었다. 잠시 그 사실을 잊고 나태와 방종 가운데 살았는데, 위기의 순간 문득 자신의 사명을 깨달은 것이다. 다윗의 기도를 들으신 하나님은 이번에도 예루살렘을 멸망시키려던 손을 거두셨다. 이스라엘의 죄악을 징벌하기 위해 하나님께서는 죽음의 천사를 보내셨고, 대제사장 아론과 목자 다윗은 하나님과 백성 사이를 가로막고 용서를 구했다. 이 두 장면에서 공통적으로 묘사되는 하나님은 죄지은 백성을 공격하는 대적(對敵)이다.

장면 3: "나를 막는 사람이 있다면"

다윗 때로부터 다시 수백 년이 지났을 때 대적으로서의 하나님이 좀 더 선명하게 표현된다(겔 22:25-31). 바로 예언자 에스겔이 사용한 그림 언어를 통해서다. 다시 상상의 날개를 펼쳐보자. 이스라엘과 적군 사이에 전쟁이 벌어졌다. 성벽을 포위하고 있던 적군이 밤중에 공성전을 펼쳤다. 전투가 극심하여 예루살렘 성벽의 일부가 파손되었다. 잠시 적군이 물러간 사이, 예루살렘의 군사들은 얼른 다시 성벽을 쌓든지, 아니면 그 무너진 지점에 장수와 병사를 보내 지켜야 한다. 며칠 후 다시 적군이 공격하는데, 성벽을 쌓지도 않았고, 무너진 부분을 막아서는 장수나 병졸도 없다. 성벽이 뻥 뚫린 채 공격에 노출되어 있다.

　　　짐작하겠지만, 여기서 성벽을 부수고 쳐들어오는 적군은 바로 하나님이다. 바빌로니아 제국의 군대에 명령을 내리는 분이 바로 하나님 자신이다. 하나님은 엄청난 화력으로 공격해오는 당신을 막는 사람이 하나도 없음을 안타까워하시며 이렇게 탄식하신다. "이 땅을 위하여

성을 쌓으며 성 무너진 데를 막아 서서 나로 하여금 멸하지 못하게 할 사람을 내가 그 가운데에서 찾다가 찾지 못하였으므로 내가 내 분노를 그들 위에 쏟으며 내 진노의 불로 멸하여 그들 행위대로 그들 머리에 보응하였느니라"(겔 22:30-31). 왕과 고관들도, 제사장과 예언자도, 백성 중 아무도 공격하시는 하나님을 막아서지 않았고, 성은 결국 함락되고 말았다.

하나님의 두 손

여기서 잠깐, 우리의 머릿속이 복잡해진다. 우리가 알고 있던 하나님에 대해 혼선이 생긴다. 하나님은 적군의 공격으로부터 당신의 백성을 지키시는 분이 아니시던가? 어떻게 하나님이 당신의 백성을 치는 적군일 수 있는가? 그리고 공격하는 적군을 막고 있는 대제사장 아론이나 백성의 목자 다윗은 또 어떠한가? 그들은 분노하시는 하나님을 막아서서 백성들을 감싸고 용서해달라고 간청하고, 하나님은 이들의 얼굴을 보아서 용서해주신다. 그렇다면 이들이 하나님보다 더 사랑이 많다는 말인가? 이들은 루이스 리터리어 감독의 영화 "타이탄"의 페르세우스처럼 신(神)의 횡포에 맞서 싸우는 인간 히어로들인가? 포학한 아버지의 주먹을 몸으로 막아서 아이를 지키는 어머니라도 된단 말인가?

하나님에게는 두 손이 있다. 렘브란트가 "탕자의 귀환"(1669년)에서 묘사한 것처럼, 책임 있게 세상을 다스리며 정의를 세우는 아버지의 단단한 왼손과 그 손에 매를 맞은 아들을 싸매어주는 어머니의 부드러운 오른손이다. 대제사장 아론이나 목자 다윗은 아버지의 두 번째 손을 기대하면서 용서를 구한 것이다. 아니 좀 더 정확하게 말한다면 이들은 자신도 모르는 사이에 하나님의 오른손을 대표하는 대리인의 역할을 한 것이다. 생각해보면 성경에 무수히 등장하는 모든 중보기도는 대적하시는 하나님의 진노를 막아서는 행위다. 소돔과 고모라를 위한 아브라함의 기도, 자신의 이름을 책에서 지워달라고까지 한 모세의 기도, 7년 가뭄을 그치게 한 엘리야의 목숨을 건 기도 등등. 그리고 중보기도의 진수는 바로 겟세마네 동산에서 땀과 피를 흘리며 기도하신 우리 예수님이시다!

심판은 하나님의 집에서부터

우선 한 가지 짚고 넘어가야 할 것은 하나님께서 정의의 심판자라는 사실이다. 코로나19 사태가 하나님의 진노의 심판임을 설교한 목사님들을 비난하는 글이 SNS에 많이 올라와 있다. 이 엄중한 사태로 인해 고통받는 사람을 위로해주지는 못할망정 어떻게 이를 하나님의 심판이라고 할 수 있느냐는 것이다. 그러나 하나님의 심판이 맞다. 하나님께서 세상을 다스리시는 것이 맞다면 그분께 심판하실 권리도 있지 않겠는가? 하나님을 우리의 기도를 척척 해결해주시는 맥가이버 나이프 같은 분이나, 필요할 때 곁에 있어주는 애완 고양이 정도로 생각하면 안 된다. 그는 인간으로부터 멀리 계셔서 우리가 그의 뜻을 도무지 이해할 수 없는 타자(他者) 중의 타자이고, 모든 인간 문명에 대해 'NO'를 선언하는 심판주이며, 우리가 두려움과 떨림으로 그 앞에 나갈 수밖에 없는 진노의 하나님이다. 하룻밤 술값으로 천만 원을 쓰면서 택배비 얼마를 아끼려고 노동자들을 죽음으로 몰아넣는 우리나라가 하나님의 심판을 받지 않으리라고 설마 진짜로 믿지는 않겠지?

앞에서 예로 든 성경의 전염병 사건들은 모두 하나님의 심판이었다. 광야의 이스라엘 백성은 파당을 짓고 모세를 거역하여 이집트로 돌아가려고 했고, 다윗과 그의 백성은 자신들의 군사력을 의지하는 오만을 품었다. 에스겔서(書)는 좀 더 구체적으로 여러 사람의 죄를 언급한다. 왕은 사자가 먹잇감을 움키는 것처럼 사람들의 재산과 몸을 삼켰고, 제사장은 백성들에게 거룩함을 가르치지 않았으며, 고관들도 불의의 이익을 얻으려고 백성들의 피를 흘렸고, 예언자들은 높은 자들의 악행을 미화했다. 가진 게 아무것도 없는 평민들이라고 면죄의 대상은 아니다. 이들 역시 가난한 이웃과 외국인을 차별하기는 마찬가지였다(겔 22:25-29). 이 악행의 목록은 지금도 크게 달라지지 않았으며, 하나님의 정의의 심판도 마찬가지다.

하나님께서 심판하신다는 것은 분명 사실이지만, 누구를 대상으로 하는가 하는 문제는 그리 쉽지 않다. 우리는 지금 하나님이 당신의 뜻을 직접 알려주시는 시대에 살고 있지 않다. 목사의 좁디좁은 안목으로 평소 싫어하던 세력에 대해 혐오와 저주를 퍼붓는 식이 되어서는 안 된다. 하나님의 심판은 교회 밖에 있는 타자에게가 아니라 오히려 하나님의 집으로부터 시작된다(겔 9:6; 벧전 4:17).

그러므로 전염병 대유행 같은 재앙이 시작되면 우리 그리스도인은 우선 하나님 앞에서 겸비해야 한다. 나와 우리 한국교회가 어떤 죄를 범했는지 깨어 기도하며 생각해야 한다. 교회는 잘하고 있는데 나라꼴이 문제라고? 중국이 문제고 신천지가 문제라고? 나는 에스겔 22장에 기록된 이스라엘 백성의 죄 목록을 읽을 때 글자 그대로 한국교회를 심판하는 것 같아 떨린다. 교회가 세상의 죄악을 판단하는 것은 우선 교회 안에 들어와 있는 죄악을 판단한 후에야 가능한 일이다. 우리가 현대 문명의 오만에 대해 심판을 선포하는 것은 우리 자신이 하나님 앞에 충분히 겸비한 이후에나 할 수 있다. 한 가지 덧붙이자면, 겸비하고 회개할 때는 홀로 골방에 앉아서 얼굴을 땅에 대고 회개하자. 큰 거리 어귀에 모여 서서 큰소리로 회개하지 말고. 회개하는 사람들이 많아지면 자연스럽게 운동이 되는 것이지, 회개 '운동'을 벌인다고 되는 것이 아니다.

우리 시대의 제사장은 누구인가?

다시 우리의 원래 주제로 돌아가자. 우리 시대에 "죽은 자와 산 자 사이에 서서" 진노하시는 하나님을 가로막는 사람은 누구인가? 민수기의 사건에서는 제사장의 원조 격이라 할 수 있는 아론이었다. 이후 아론의 후손들이 이스라엘 역사 대대로 제사장이 되었고, 과거 아론이 하던 일, 즉 하나님과 사람 사이의 중재 역할을 계속했다.

그렇다면 우리 시대의 제사장은 누구인가? 목사들은 아마 자신들이 제사장이라고 생각할지 모른다. 성도들을 심방해서 그들을 위해 기도해주고 하나님을 대신하여 말씀을 선포하는, 일종의 중재 역할을 하고 있으니 말이다. 아니면 박식한 사람들은 종교개혁자들의 '만인제사장주의'를 떠올리면서 모든 성도가 다 세상을 위한 제사장이라고 말할 것이다. 그러나 이런 식으로 구약의 직분과 현재의 직분을 쉽게 동일시하는 것은 구약 이스라엘 시대와 우리 시대의 차이를 고려하지 않은 시대착오다. 구약 시대의 정체(政體)는 신정(神政) 정치였고, 오늘의 대한민국은 정치와 종교가 엄격히 분리된 세속 국가다. 모든 사람에게 종교의 자유가 보장되고 국교는 인정되지 않는다. 구약 시대의 제사장은 영적 의무와 사회적 역할이 분화되기 전, 이 둘을 동시에 맡았던 사람들이었다. 그러므로 구약 시대 제사장의 역할을 오늘날 누가 담당하는지를 알기 위해서는 영적인 것과 사회적인 것 둘 다를 생각해보아야 한다.

구약 이스라엘 시대에 '제사장'은 그 사회 속에서 무슨 일을 담당했는가? 흔히 구약 시대의 직분을 제사장, 왕, 예언자의 3직(職)으로 규정하곤 하는데, 실제로는 제사장이 그 숫자나 역할 면에서 왕이나 예언자와는 비교할 수 없을 정도로 중요했다. 왕은 한 번에 한 명 밖에 없었고, 예언자는 필요에 따라서 하나님의 보냄을 받았기에 숫자가 그리 많지 않았다. 반면 제사장은 그 숫자가 수백에서 수천을 헤아릴 정도로 많았고 전국에 골고루 퍼져 있었다. 아마도 성전이 있는 예루살렘에 가장 많은 제사장이 있었을 것이다. '도피성'이라고 알려진 여섯 개의 성읍이 지부 역할을 했고, 제사장들은 각 향리에 파송되어 붙박여 살면서 자신들의 역할을 담당했다. 고대 국가 체제가 세워지고 왕권이 강화되면서 대제사장이 왕궁 관리의 하나로서 취급된 적도 있었다(예. 삼하 8:17). 그러나 왕궁 밖 제사장들은 보통 사람들의 삶과 밀착된 역할을 수행했다.

제사장은 단순히 성전에서 제사를 드리는 사람이 아니었다. 전국의 제사장이 순번을 정하여 성전에서 섬겼기에, 자기 차례가 일 년에 두어 번 돌아올까 말까였다. 그 외 대부분의 시간에 그들은 백성들에게 율법을 가르치고, 율법의 규정에 따라 거룩한 삶을 사는 방법을 자문해주며, 한센병이나 여성의 부인병 등을 진단하여 공동체를 건전하게 유지하고, 재판을 담당했다. 이들은 성전 주변이 아니라 전국 각지에 위치한 도피성을 중심으로 백성들이 있는 곳이면 어디든지 함께 살았다. 오늘날로 치면, 제사장은 법조인, 의료인, 공무원, 교사, 목회자 등 공적 서비스(public service)를 담당하던 '공복'(公僕)이었다. 오늘날은 사회가 복잡하게 분화되어 여러 직종의 사람들이 제사장의 업무를 나누어 맡고 있는 셈이다. 제사장들은 생산적인 일을 하는 대신 백성들이 낸 십일조를 가지고 생업을 삼았으니, 다른 말로 하면 국민의 세금으로 먹고살았던 것이다.

하나님의 사역자

제사장의 사회적 역할을 이렇게 규정하고 보니, 전염병이 창궐하는 오늘 대한민국의 상황에서 제사장이 누구인가는 명확해진다. 의료진과, 그들을 관리하고 감독하는 보건당국과 정부인 것이다. 의사와 간호사가 하는 일을 보자. 그들은 과거에 아론이 그러했던 것처럼 의심 환자들이나 확진자들 사이로 들어가야 한다. 바이러스에 감염되었는지 문진하고, 검체(가래)를 채취하고 분석하여 판정한다. 주사를 놓고, 약을 처방하며, 수술하고, 밤새 간호한다. 위급해지면 주저 없이 몸에 올라타 심폐소생술(CPR)을 하고 에피네프린을 주사한다. 바이러스를 내뿜는 환자와 의료인을 구분하는 것은 얇은 방호복과 비닐장갑과 고글뿐이다. 그들의 손에 의해 환자들이 진단과 치료와 돌봄을 받는다. 때로 그들이 보는 눈앞에서 환자가 죽기도 한다. 그들이야말로 죽은 자와 산 자 사이에 서 있는 사람들이다!

　　그들은 진노하시는 하나님의 공격으로부터 사람들을 방어하고 건져내려고 한다. 요즈음 의사들의 이기적 행태를 보면서 내 말에 별로 동의하지 않을지도 모른다. 사명감에 이끌려 의사가 된 것도 아니고, 직업의식도 그리 투철하지 않으며, 돈과 명예를 좇는 속물들이 많기 때문이다. 드라마 "하얀 거탑", "스카이캐슬", "낭만닥터 김사부" 등에서 의사들의 세계를 엿보면서 거기도 사람 사는 동네라는 생각이 들고, 의사협회에서 의사들이 국민의 건강을 염려한다며 파업할 때 코웃음이 쳐진다. 그러나 의료인은 본디 제사장의 후예다. 코로나19 사태와 같은 비상시국이 되면 제사장으로서의 본색을 유감없이 드러낸다. 감염의 위험을 무릅쓰고 확진자가 폭증하는 대구시로 자원해서 가고, 자신의 건강을 돌볼 여유도 밥 먹을 틈도 없이 움직인다. 잠시 시간이 나면 쪽잠을 자고 다음 환자를 맞을 준비를 한다. 주체할 수 없이 흐르는 땀 때문에 흘러내리는 고글을 고쳐 쓰다가 바이러스에 오염되기도 한다. 땀에 푹 젖은 의사 가운을 입은 지친 안철수는 어떤 안철수보다 멋있었다. 어느 나라든 확진자의 비율이 가장 높은 직업군은 의료인이다.

　　이들은 하나님의 자비로운 오른손이다. 이들의 노력에 의해 하나님의 진노는 누그러지고 전염병을 옮기는 죽음의 천사는 물러간다. 그러니 우리는 이들의 노고에 감사하고, 적절한 사례와 존경을 표해야 하며, 이들 전문가의 소견을 경청해야 한다. 의료진뿐 아니라 그들을 관리 감독하고 행정적인 지원을 하는 방역 당국의 말에도 기쁘게 따라야 한다. 그들은 "하나님의 사역자"로서 하나님을 대신하여 선한 일을 하는 사람들이다.[1] '사역자'라고 하면 교회에서 일하는 목회자를 가리키는 종교적 용어인 줄 아는데 꼭 그렇지는 않다. 목사들이 자신의 기도와 목회를 통해 하나님의 진노를 멈출 줄 아는데, 이는 스스로를 과대평가한 것이다.

여기서 한 가지, 그리스도인 의료인의 역할이 중요하다. 모든 의료인이 제사장이요 하나님의 사역자인 것은 맞지만, 모두가 하나님의 사역자라는 자의식을 가지는 것은 아니며 심지어 하나님의 존재를 인정하지 않는 사람도 많다. 따라서 전문직의 공적 서비스를 하는 그리스도인들은 자신이 하나님의 사역자라는 정체성을 확고하게 가져야 한다. 자신의 사역을 통해 하나님께서 진노를 거두실 것을 믿으며, 매 순간 겸비하게 하나님의 자비를 구해야 한다. 하나님이 주시는 평안과 용기를 가지고 기쁨으로 섬기며 희생을 마다하지 않아야 한다. 의사도 직업인의 한 사람이니만큼 직업에 대한 충분한 보상을 추구하기 위해 의사협회를 조직하고 활동할 수 있다. 그러나 진정한 의미의 의사협회라면 선언문이 내세우는 것처럼, 인간 생명의 존엄성을 최고의 가치로 두고 전문지식과 양심에 따라 최선을 다하기 위한 활동을 해야 한다. (열심히 하고 있는데 나만 모르고 있다면 용서해주세요.) 집단의 이익을 추구하기 위해 혹은 정치적 목적으로 "조민입니까, 이국종입니까?" 같은 문구를 써붙이지는 않았으면 좋겠다. 저절로 눈살이 찌푸려진다. 하나님은 자신이 제사장임을 자각하는 그리스도인 의사를 통해 환자들의 육신을 치료하실 뿐 아니라 그들의 영혼에 위로와 안식을 주신다. 사실 나는 이런

---

1 "그는[다스리는 자들은] 하나님의 사역자가 되어 네게 선을 베푸는 자니라"(롬 13:4 상). '사역자'(minister of God)의 그리스어는 '디아코노스'로서 '하인', '일꾼', '집사' 등으로 번역된다. 영어 단어 minister는 '목사'뿐 아니라 '장관'으로도 번역된다.

사역자가 무너져가는 한국교회를 지탱하고 있는 최후의 버팀목이라고 생각한다.

의료인만이 우리 시대의 제사장은 아니다. 코로나19 사태가 일어났기에 그들이 현장의 최전선에 있는 것일 뿐, 앞서 언급한 공공 서비스를 담당하는 사람들 모두가 제사장들이다. 예컨대 세월호 사건 때는 침몰하는 배 안에서 학생들을 진정시키고, 자신의 구명조끼를 벗어 학생들에게 주고 죽음을 택한 선생님들이 제사장이었다. 만일 그 선생님들이 없었더라면, 이 일 후에 일어난 국정농단 사태에서 드러난 '공복'들의 이기적인 행태 때문에 우리 사회가 완전히 결딴났을 것이다. 나는 세월호 선생님들의 희생을 보면서 우리 사회에 대한 희망을 완전히 접지 않았다.

우리 사회의 공복(公僕)들이 구약의 제사장 역할을 수행하는 하나님의 사역자이며 이들이 하나님의 진노를 막고 있다는 사실을 믿지 않는 분들이 있을지 모른다. 이런 분들은 공복들이 타락한 사회를 상상해보시면 이들의 역할이 얼마나 중요한지를 알게 될 것이다. 마하트마 간디의 "7대 사회적 죄"(Seven social sins)의 목록은 전통적인 "7대 중죄"(Seven deadly sins)에 버금갈 만한 인간과 사회에 대한 통찰을 담고 있다. "원칙 없는 정치", "노동 없는 부", "양심 없는 쾌락", "품성 없는 지식", "도덕 없는 상업", "인간성 없는 과학", "희생 없는 종교" 등이 간디가 말하는 사회적 죄악들이다. 여기에 등장하는 정치인, 기업가, 지식인, 교수, 종교인 등 사회적 공복들의 죄악과 탐욕 때문에 하나님의 진노가 우리 사회에 여과 없이 임하게 되는 것이다. 간디의 7대 사회적 죄에 "정의 없는 사법부", "팩트 없는 언론", "영혼 없는 공무원"을 추가하면 대한민국의 전문인 집단을 묘사하는 완벽한 목록이 될 것 같다.

그렇다면 교회의 할 일은?

사회적 영역에서 교회의 역할은 없는 것인가? 단지 공공 서비스 직종을 가진 성도들이 하나님의 진노를 멈추는 일을 할 뿐인가? 앞에서 나는 구약 시대의 제사장의 직분은 영적 의무와 사회적 역할을 동시에 맡았던 사람들이었으므로, 우리 시대에 그들의 역할을 논하려면 이 두 영역을 모두 포함시켜야 한다고 말했다. 이제는 영적 측면에서 하나님의 진노를 막아서는 제사장에 관해 이야기하도록 하겠다. 우리 시대에 영적 역할을 담당하는 제사장은 누구인가?

첫째, 모든 성도가 제사장이다. 우리가 잘 아는 베드로전서 2:9의 말씀처럼 모든 성도가 "왕 같은 제사장들"이다. 그렇다면 제사장으로서 성도들이 무슨 일을 해야 세상을 향한 하나님의 진노를 막을 수 있을까? 바로 세상을 위한 기도다. 대제사장 예복의 가슴에 있는 열두 보석이 상징하는 것처럼, 제사장의 가장 핵심적인 직무는 죄지은 백성들을 가슴에 품고 기도하는 것이다. 무엇보다 기도하는 이의 마음가짐이 중요하다. 나는 깨끗한데 세상은 죄로 가득하니 그들을 위해 기도하겠다는 자세는 오만이요 오류다. 내가 세상의 일부고 내 안에 세상이 있다. 제사장은 백성들을 위해 속죄의 제사를 드리기 전에 자신을 위해 먼저 드려야 했다(레 16:6; 히 5:1). 모든 성도가 다윗처럼 자신의 죄악을 먼저 생각하고(삼하 24:17), 예레미야처럼 입을 땅의 티끌에 대고 잠잠히 기도하며(애 3:28, 29), 바울과 같이 애타는 마음으로 기도해야 할 것이다(고후 11:29).

둘째, 목회자가 제사장이다. 목회자는 일종의 공복이면서도 매우 특별한 지위에 있다. 교회는 정계, 언론계, 사법계 등과 마찬가지로 종교계의 일부면서도 그 모든 '계'(界)를 초월한다. 이는 목회자만 하나님의 종이고 다른 사람들은 하나님의 종이 아니라는 뜻이 아니다. 목회자는 오직 자신의 말씀 선포와 삶을 통해서만, 이 세상의 사역자로서 무슨 일을 어떤 자세로 행하는지 알려진다는 의미에서 특별하다. 목사는 자신만 기도하는 것이 아니라 다른 공직에 있는 성도들에게 기도에 대해 가르쳐야 한다. 그는 자신만 사명으로 충만하면 되는 것이 아니라 공적 직분을 가진 사람들에게 사명감을 불어넣어야 한다. 그러므로 그는 오직 하나님 앞에서의 겸비함만이 진노 중의 긍휼을 얻을 수 있음을 말해야 하고, 모든 회중에 앞서 더욱 겸비해야 한다. 그는 환난 가운데 있는 성도들과 우리 사회에 평안과 위로를 줄 수 있어야 하고, 그러기 위해 먼저 자신의 내면에서 하나님의 위로를 깊이 경험해야 한다.

목회자는 교회라는 기관을 운영하는 운영자이기도 하지만, 본질적으로는 성도들이 세상 속에서 하나님의 뜻을 이루는 것을 가르치는 사람이다. 코로나19의 확산 때문에 주일 예배를 드려야 하나 말아야 하나를 생각하는 것은 교회의 운영자로서 당연히 해야 할 고민일 것이다. 그러나 모든 논의가 여기에만 집중되어서는 안 된다. 교회 중심주의를 벗어나는 일은 이번 생애에는 정녕 어려운 것인가?

셋째, 교회가 이 세상에서 제사장의 역할을 감당해야 한다. 교회는 하나님의 말씀으로 움직이는 영적 기관인 동시에 세상 속에서 일정한 역할을 가진 사회적 기관이기도 하다. 즉 영적 성격과 더불어 공적(公的) 성격을 띠고 있다. 교회 건물은 절간처럼 산속에 들어앉아 있거나, 성당처럼 높은 곳에 우뚝 서 있지 않다. 교회는 주택가 한복판에, 아파트 상가의 2층에, 사무실 한 칸을 빌려서, 가정집 안방에, 사람들이 있는 곳 어디에나 존재한다.

사회적 기관으로서의 교회가 제사장으로서 할 수 있는 일을 찾아보자. 교회는 사람들과 가장 가까이 있기 때문에 사람들의 필요가 무엇인지를 가장 잘 알 것이다. 마스크가 필요하면 마스크를, 손 세정제가 필요하면 손 세정제를, 사람이 필요하면 사람을, 백신이 필요하면 백신을 보내는 것이다. 위로가 필요한 사람에게 따뜻한 말 한마디를, 격려가 필요한 사람에게 작은 선물과 손 편지를 보내는 것이다. 중국에 선교하려고 별별 노력을 기울이는데, 하나의 마스크로 이틀을 견디고, 남는 것은 모아서 중국에 보내면 어떨까? 수만 명의 중국 유학생이 들어오는데, 가까운 교회가 이들을 부모의 심정으로 돌보아주면 어떨까?

2020년 성탄절에 즈음하여 미국과 영국 등 선진국으로부터 시작하여 코로나19 백신이 공급될 것이라고 한다. 우리나라에서는 2021년 하반기나 되어야 전 국민이 백신을 맞게 될 것이다. 그렇다면 북한은? 대외적으로는 코로나 환자가 없다고 하지만, 국민 생활이 마비될 정도로 초특급 단계의 방역을 실시하고 있다고 한다. 아마도 통일부에서는 대한민국이 집단 면역 상태에 들어가기 전에 북한에 백신을 공급할 수는 없을 것이다. 왜 그런지는 말 안 해도 알 것이다. 이런 상황에서 교회가 백신을 사서 북한의 노약자들과 필수인력을 위해 나눠주면 어떨까?

K-방역, 시민 정신, 공동체주의

"이태원 클라쓰"가 제시하는 새로운 기업상(像)

2020년 초에 방영된 JTBC 드라마 "이태원 클라쓰"(이클)는 적잖은 파장을 일으키며 높은 시청률을 기록했다. '장가'(長家)라는 요식업계 대기업의 '장 회장'(유재명 粉)에게 아버지를 잃은 '박새로이'(박서준 粉)가 처절한 노력 끝에 '장가'를 무너뜨리는 이야기다. 전형적 복수극, 골리앗을 쓰러뜨리는 다윗 스토리, 아버지를 극복하는 성장 드라마, 여기에 탄탄한 플롯, 개성 넘치는 캐릭터, 오글거리는 명대사 등이 덧붙여지면서 국민들의 귀와 눈을 즐겁게 해주었다. 이클은 단지 재미만 준 것은 아니었다. '장가'와 '단밤'이라는 두 기업을 통해 우리 사회의 기업 문화가 변화해야 할 바람직한 방향을 제시해주었다.

　　우선 두 기업이 모두 회사를 '가족'(家族)으로 여긴다는 점에 주목하자. '장가'의 '가'(家) 자가 이 기업이 가족을 모델로 하고 있음을 잘 보여주며, '단밤'의 박새로이도 기회만 있으면 자기 회사의 구성원들이 한 가족임을 강조한다. 두 기업 모두 회사와 구성원이 공동 운명체이고, 가족에게 하는 것처럼 회사에 의리와 충성을 바쳐야 함을 전제하고 있다. 그런데 기업이 가족과 동일시될 수 있을까? 만일 당신이 노동조합의 임원이라면, 기업이 가족의 은유를 사용하는 데는 아버지 같은 기업주에 대항하여 쟁의를 일으키지 말라는 잔꾀가 숨어 있다고 말할 것이다. 만일 당신이 영역 주권설(sphere sovereignty)을 신봉하는 카이퍼주의자라면, 안 그래도 우리 사회가 '기업 사회'가 되어버렸는데 이제는 가족들에게 바쳐야 할 사랑까지도 기업에 바쳐야 하겠느냐고 고개를 저을 것이다. 만일 당신이 개인주의의 세례를 받은 젊은이라면, 회사는 일하고 임금을 받는 곳일 뿐이니 업무 시간 외의 회식이나 상사와 함께 하는 휴일의 등산 같은 것을 강요하지 말라고 할 것이다.

　　글쎄…, 다 맞는 말 같기는 한데, 우리의 마음 깊숙한 곳에 회사를 가정으로 생각하는 정서가 깔려 있음을 부정하기 어렵다. 나만 해도 대학이라는 한 직장에서 20년이 넘게 봉직하고 있는데, 대학을 가정으로 생각하는 것이 몸에 배었다. (참고로 나는 영역 주권설이나 기업의 잔꾀에 대해 잘 알고 있고, 충분히 개인주의자이기도 하다.) 내가 재직하는 대학을 부를 때는 항상 '우리 대학'이라고 부르고, 학생들을 대할 때는 아들딸 같고, 동료 교수들 중 몇은 형제보다 친밀하다. 우리 대학에 좋은 일이 생기면 내 일처럼 기쁘고 어려운 문제가 닥치면 한숨을 쉬며 기도한다. 직장에서 많은 시간을 보낼 뿐만 아니라 내 생의 의미 있는 일이 거의 모두 직장에서 일어나다 보니, 저절로 그런 감정을 가지게 되었나 보다.

　　그러나 직장은 가족이 아니다. 나도 안다. 내가 학생들에 대해 책임질 수 있는 부분이 극히 제한적이고, 동료들과의 친밀성도 일을 중심으로 돌아가는 친밀성이며, 정년이 되면 미련 없이 떠나야 한다는 것을 말이다. 단지 회사가 가족이라는 은유로 묘사할 수 있을 만큼 나와 운명이 얽혀 있고, 상사나 동료들에게 형제 같은 친밀감을 느끼고 있을 뿐이라고 마무리하자. 어쨌든 한국의 많은 직장인들은 서구 사람들보다 훨씬 더 직장을 가족과 같은 공동체로 생각하고 있음이 분명하다.

공동체의 두 유형

이클의 장가와 단밤은 모두 가족과 같은 공동체지만 완전히 다른 종류의 공동체다. 장가가 한 사람을 정점으로 일사분란하게 조직된 전체주의적 공동체라면, 단밤은 주체성을 가진 개인들이 모여서 이룬 민주적 공동체다. 장가의 오너인 장 회장은 그 기업과 동일시된다. 장 회장의 가장 큰 목표는 자기 식구들을 밥 굶기지 않는 것인데, 이 목표 자체는 기업인으로서 매우 중요한 미덕이다. 그는 기업의 매출액과 직원 숫자를 늘림으로써 자아를 확장한다. 이 과정에서 많은 부하를 희생시키고 다른 기업을 서슴없이 짓밟는다. 그 회사의 직원들은 인간으로서의 존엄성을 가지지 않은 기계의 부속품에 불과하다. 만일 한 사람이 없어지면 다른 이로 대체하면 그만이다. 그러나 단밤의 기업 문화는 완전히 반대다. 각 개인의 특징이 모두 존중되며, 그 개성이 모여서 하나의 공동체를 이룬다. 그들은 모두 결함이 있는 존재들이지만(전과자, 건달, 사이코패스, 트랜스젠더), 각자가 그 기업의 주인으로서 서로를 격려하며 공동체를 세워간다.

　　우리나라 기업들은 대체로 두 가지 모델로 분류될 수 있다. 첫째는 장가(長家)로 대표되는 전통적인 대기업 모델이다. 기업의 오너가 정점에 있고, 그 아래 그의 지분과 경영권을 책임지는 미래전략실, 각 회사의 CEO, 중간관리자와 하급관리자들이 피라미드형으로 조직되어 있다. 회사의 정체성과 역사와 상징과 인사권이 한 사람에게 집중되며, 다른 사람들은 거대한 조직의 일부로서 소속감과 정체성을 확인할 뿐이다. 이 모델은 변화가 적고 안정성이 있어서 기득권을 가진 사람들이 선호할 것이다. 또한 의외로 직원들도 선호할 수 있다. 연공서열에 따라 직급과 보수가 결정되는 구조고, 무엇보다도 큰 권위의 그늘에 안주하는 것이 편한 사람도 많기 때문이다.

두 번째 모델은 이클이 제시하는 새로운 기업상(像)이다. 기업의 지배 구조는 일인 통치가 아닌 거버넌스(협치)고, 동등한 지위의 수평적 팀에 업무와 권한이 할당된다. 각 팀이 독립적인 사업을 진행하고, 팀 내에서도 각 개인은 동등한 자격을 가진 전문인이다. 그러면서도 이클의 단밤은 단순한 개인주의자들의 집합이 아니다. 이들은 가족과 같은 공동체 의식으로 뭉쳐 있다. 박새로이는 각 개인을 주체로서 존중해주면서도 동시에 가족과 같은 공동체를 형성하도록 받아주고 이끌어주는 리더십의 소유자다. 물론 이런 형태의 기업 문화가 항상 좋은 것만은 아니다. 주체성을 가진 사람이 되려면 어려서부터 자기 주도 학습에 길들여져야 하고, 끊임없이 자신을 계발해야 하며, 매년 연봉 협상을 해야 하기 때문이다. 그러나 오늘날 다수의 사람, 특히 젊은이들은 두 번째를 원할 것이다. 이런 기업 문화의 변화는 세상의 변화와 무관하지 않다. 세상의 변화라 함은 우선 기업 환경의 변화고, 좀 더 넓게는 사람들의 인식의 변화를 말하는 것이다. 시각을 좀 더 넓혀보도록 하자.

공동체주의 대(對) 전체주의

우리나라는 세계 모든 나라 중 코로나19 방역에 가장 성공한 나라다. 확진자나 사망자의 숫자가 적을 뿐 아니라 의료 시스템이 붕괴되지도 않았고, 사재기와 같은 사회적 혼란도 없으며, 셧다운 대신 개방을 택함으로써 경기 침체를 최소화했다. 이런 성공의 요인에 대해서는 진단 키트의 개발과 같은 기술적인 면, 의료와 방역 체계, 사회적 여건 등 여러 방면에서의 분석이 가능할 것이다. 그 분석 중 하나가 개인주의 대(對) 집단주의의 관점과 방역 성공의 상관관계를 살피는 것이다.

애초에 우리나라에서 확진자 수가 적게 나오고 모든 사람이 마스크를 쓰는 것을 보면서, 프랑스의 석학 기 소르망(Guy Sorman)은 한국인들이 유교식 집단주의 성향을 가지고 있기 때문에 정부의 권위에 순응한다고 분석했다. 나는 이 기사를 읽고 소르망이 한·중·일 삼국을 구분하지 않는 일종의 오리엔탈리즘에 빠져 있다고 느꼈다. 시진핑 일인 지배하에 있는 중국이나 오랜 세월 정권 교체를 하지 않은 일본과 달리, 우리는 바로 얼마 전 피 한 방울 흘리지 않고 대통령을 탄핵한 시민들인데…. 아니나 다를까, 이번에는 서방 언론들이 한국의 민주주의에 주목하면서 한국인들의 자발성 때문에 방역에 성공했다고 앞다투어 칭찬했다. 그들은 중국에서 코로나19의 확산이 잡혀가자 자칫 전체주의가 방역에 효율적이라는 결론에 이르는 것을 피하고 싶었을 것이다. 이는 민주주의가 우월한 체제임을 설명하는 근거로서 한국을 서구의 편으로 끌어들이려는 의도다.

개인주의와 집단주의 가운데 어떤 체제가 방역에 더 유리할까? 개인주의가 방역에 불리하다는 것은 어렵지 않게 짐작할 수 있다.

개인주의적 성향이 강한 유럽이나 미국 사람들은 마스크를 쓰는 것을 개인의 자유를 포기하는 것으로 생각하니 자연히 방역이 어렵다. 내 가게를 내가 열겠다는데 이를 막기도 쉽지 않다. 그렇다면 집단주의가 효과적일까? 반드시 그런 것도 아니다. 코로나19가 발생하게 된 시점으로 돌아가보면, 중국의 정보 통제와 억압 때문에 전염병 확산이 시작되었다. 정부에 대한 비판이 거의 사라진 자민당 체제하에서 일본 정부는 자신의 의도에 따라 얼마든지 확진자 숫자를 줄일 수 있었다. 가장 억압적 체제인 북한은 아예 국경을 봉쇄함으로써 인민의 삶을 더욱 피폐하게 만들었다.

　　　　여기서 잠깐 분명히 하고 싶은 것이 있다. 방역의 효율성에 대해 논하는 글들은 개인주의와 집단주의 가운데 어느 것이 더 나은가를 이야기한다. 그러나 나는 그들이 잘못된 이분법에 빠져 있다고 생각한다. 나는 지금 개인주의 대(對) 집단주의를 대비시키는 것이 아니다. 앞서 '이클'을 예로 들어 설명했듯이 공동체의 두 종류를 설명하고자 하는 것이다. 장가(長家)와 단밤이 집단주의와 개인주의로 대립되는 것이 아니라, 둘 다 가족공동체를 표방하면서도 서로 다른 방식의 개인-집단 관계 맺기였던 것을 상기해보자. 장가 방식의 개인-집단 관계를 '집단주의'(groupism) 혹은 '전체주의'(totalitarianism)라고 부르고, 단밤 식의 개인-집단 관계 맺기를 '공동체주의'(communitarianism)라고 부르자.

　　　　양쪽 다 개인과 집단이 관계를 맺고 있다. 공동체주의의 경우 개인과 집단이라는 두 축(軸)이 있음을 인정하고 존중하는 방식이다. 개인의 자유, 의지, 결단, 비밀스러운 사적 영역, 사적 행복의 추구가 한 축이다. 동시에 공동체 역시 실체의 한 축으로 존재한다. 개인의 자유는 좋은 공동체 안에서만 가능하고, 공동체를 위해 자신을 희생하는 것이 자유의 목적이다. 공동체는 개인의 자유를 보장하기 위해 존재하고, 개인은 공동체를 위해 자유의지로 자신의 자유를 제한한다.

바로 여기서 민주적 시민 정신이 탄생한다. 법과 규칙을 지키고, 타인을 이해하려고 노력하며, 타인을 돕는 데서 기쁨을 느낀다. 자신의 이익을 지키기 위해 권리의 일부를 양보하는 데서 한 걸음 더 나아가 타인과 함께 살아가는 것에서 삶의 의미를 찾는다. 이는 탐욕적인 자아 확장과는 다르다. 장가로 대표되는 탐욕적 자아 확장은 다른 사람을 내 밑에 두고 그를 마음대로 조종하며 그의 칭송을 받으려는 사악한 욕구다. 그러나 진정한 공동체주의는 내 자유와 더불어 타인의 자유를 인정하면서 타인과 더불어 사귀는 것 안에서 진정한 기쁨을 누리는 것이다. 자유로운 주체적 개인이 공동체를 위해 기꺼이 기여하는 시민이 되는 것이다. 공동체 정신을 공유한 사람들끼리는 쉽게 연대를 형성할 수 있다. 이는 자기의 이익을 지키기 위한 결사나 야합이 아닌, 공동선을 위한 열린 연대다. 이들은 모든 종류의 차별에 반대하며 약자와 연대하기를 싫어하지 않는다.

반면 장가와 같은 방식의 전체주의적 개인-집단의 관계는 필경 극단적인 개인주의와 극단적인 전체주의의 동거로 귀결된다. 예를 들어보자. 개인의 자유에 호소하면서 마스크를 쓰지 않으려는 미국 트럼프 전 대통령과, 그를 따르는 공화당 주지사들, 그리고 도시 봉쇄에 항의하며 다시 일하겠다고 시위하는 군중, 수퍼마켓을 다니며 사재기하고 약탈하는 시민들, 조지 플로이드의 추모 시위를 비난하는 백인들, 해변에 모여 광란의 파티를 벌이는 젊은이들은 모두 극단적 개인주의의 행태를 보인다. 그러나 잠시 시각을 달리하면, 우리는 이들로부터 과거 독일 국가사회주의(Nazi)적 집단주의의 광기(狂氣)를 볼 수 있다. 개인주의는 아주 쉽게 집단주의로 바뀐다. 또 하나의 예는 북한의 '주체(主體)사상'이다. 집단주의 체제의 극단이라고 할 수 있는 북한의 이념이 사실은 '주체'로서의 인간, 그리고 그 인간의 자주성과 창조성을 근본으로 하고 있다.

에리히 프롬이 쓴 『자유로부터의 도피』의 주장처럼, 인간은 자유의 무게를 감당할 수 없어 인종주의나 애국주의와 같은 집단주의로 도피하는 존재인 듯싶다. 개인들이 자신의 자유를 보장받기 위해 계약을 맺음으로써 사회가 생겼다는 사회 계약설은 '공동체'라는 실체를 인정하지 않고, 개인이 공동체 속에서 태어나고 성장했다는 사실을 무시한다. 그들이 생각하는 개인은 원리요 추상일 뿐 역사 속에 구현된 유기적 존재가 아니다. 그래서 종종 구체적이며 유기적 존재로서의 인간관을 앞세운 전체주의에 속수무책으로 당할 수밖에 없다. 히틀러가 내세운 게르만족의 혈통과 국가를 상징하는 '피와 땅'(blood and soil)이 좋은 예다.

K-방역과 시민 의식

대한민국이 방역에 성공할 수 있었던 것은 바로 이런 공동체주의에 근거한 성숙한 시민 의식이 널리 퍼져 있었기 때문이다. 이는 나 하나의 자발적인 작은 실천을 통해 국가라는 공동체가 생존하고 번영할 수 있으며, 국가 공동체의 진정한 목적은 나의 자유와 의지를 지켜주는 것이라는 믿음이다.

공동체주의가 못 견디는 것은 두 가지다. 하나는 집단이(국가

96

든, 특정 지역이든, 특정 세력이든, 남성이든) 개인에게 폭력을 가하는 것이다. 우리는 지난 2016년 겨울의 촛불 집회와 정권 교체를 통해 국가적 폭력을 평화적 연대로 극복한 경험이 있다. 지금은 오랜 세월 개인을 압박하던 우리나라의 주류 세력들이 하나하나 해체되어가는 과정인데, 이는 미투 운동에서 그 정점에 이르렀다. 공동체주의가 싫어하는 또 하나는 공정성의 훼손이다. 어느 정도까지는 개인이 공동체를 위해 참고 희생하지만, 그것이 도를 넘게 되면 결국 사회 시스템의 파괴로 연결되기 때문에 이를 경계한다.

　　K-방역을 가능케 한 공동체주의를 사회의 각 분야에 적용하는 것이 바로 우리 사회가 당면한 과제다. 가장 먼저 적용해야 하는 분야는 경제다. 이는 국가가 경제를 계획하는 전체주의적 사회주의의 길도 아니고, 개인에게 모든 것을 맡겨두는 개인주의적 시장 경제의 길도 아니며, 이 둘의 어중간한 결합도 아니다. 그것은 개인과 기업의 창의성을 극대화시키면서도 사회적 파탄을 막는 체제, 개인의 프라이버시를 존중하면서도 공정성이 강화되는 체제여야 한다. 그래야 공동체주의를 교육에 적용하는 K-교육, 같은 원리를 북한과의 관계에 적용하는 K-평화도 가능하리라.

공동체주의의 실현 가능성

소가 뒷걸음질하다가 쥐 잡은 것처럼 어쩌다 방역에 성공한 것 가지고 너무 멀리 나간 것 아니냐고 질문하는 분들이 있을 수 있겠다. 옳은 지적이다. 잊어버렸는지 모르겠지만 바로 얼마 전까지만 해도 대한민국은 '헬조선'이라고 불렀다. 그렇다면 지금은 헤븐이 되었나? 방역의 성공에 취해서인지 코로나의 기세에 눌려서인지 크게 부각되지 않아서 그렇지, 사실 서민층과 젊은 세대의 고통은 더 심화되었다. 민주당의 압도적 승리로 더 나은 미래가 올 것이라는 기대에 부풀어 있지만, 그 기대가 착각이었다는 것이 밝혀지는 데는 그리 오랜 시간이 걸리지 않을 것이다.

공동체주의는 깨어지기 쉬운 체제다. 언제든지 생존 본능에 충실한 각자도생의 개인주의로 귀환하거나, '피와 땅'에 자신을 맡기는 전체주의로 갈 위험이 있다. 이는 정치가 공동의 목표를 위한 연대가 아닌 권력을 위한 정치공학적 투쟁의 장으로 전락하고, 기업은 새로운 미래사업에 투자하는 대신 부동산에 투자하며, 국민은 비전을 상실한 채 분노와 혐오 및 소비주의로 자신의 영혼을 갉아먹게 된다는 말이다. 2020년 봄 미국에서 벌어지고 있는 이기주의와 집단주의의 동거를 보면서 자괴감이 든다. 자신의 재선을 위해 글자 그대로 모든 것을 이용하는 대통령은 그렇다 치고, 그를 지지하는 사람이 절반이나 된다는 사실이 우리를 절망스럽게 한다. 그리고 그 절반의 대다수가 복음주의자라니…, 이게 민주주의의 끝인가? 이 사회가 우리가 그렇게도 동경해 마지않던 미국 사회란 말인가? 미국 복음주의가 대한민국 기독교의 미래가 되어야 하는가? 그런 복음주의를 형성한 미국 신학자의 책에서 혹은 미국 신학교들에 유학함으로써 무엇을 배울 수 있을까?

공동체주의는 너무 이상적인 이념 아닌가? 인간은 자연 상태에서 탐욕으로 가득 찬 미련한 존재가 아니던가? 그들에게 이런 사회를 만들 수 있는 능력이 있는가? 역사의 진행 과정에서 주체적 개인의 자율적 헌신과 연대가 이상적인 공동체를 만드는 경험을 잠깐 누릴 수는 있겠지만, 그런 상태가 영속되지는 못한다. 예컨대 1980년 광주에서, 1987년 시청 앞에서, 1998년 금 모으기에서, 2016년 겨울 광화문에서, 2020년 봄 대구에서, 우리는 공동체주의가 역사 속에서 잠깐 체현되는 것을 목격했다. 그러나 곧 파국이 왔다. 광주의 끝은 신군부로, 직선제 개헌은 3당 합당으로, IMF는 각자도생으로, 새로운 정부의 출현은 부동산 폭등으로 마무리되고 말았다. 과거의 한때를 추억하면서 스스로를 위로할 뿐, 역사의 발전이 있기는 한 것일까? 그리고 K-방역의 성공 다음에는 어떤 파국이 기다리고 있을까?

역량 기반 교육(Competency Based Education)[1]

아, 교육이 있지! 지금의 국민은 공동체주의를 영속시키지 못한다 해도 미래 세대를 교육을 통해 얼마든지 공동체주의에 적합한 사람으로 키울 수 있지 않겠는가? 공동체주의에 적합한 인간을 만들자. 과거 산업화 시대에는 애국심과 집단주의를 몸으로 익힌 일군들을 만드는 데 학교가 동원되었다. 또한 정보화 시대에는 정보 활용 능력을 가진 학생들을 길러야 했다. 이제 우리 다음 세대는 각 개인이 고유의 자주성과 창의성을 지니면서도 협업하고 연대하며 소통하는, 공동체 정신을 체현하는 젊은이를 길러야 한다.

---

1   역량 기반 교육에 관해 다음을 참고하라. 교육부, 「초·중등학교 교육과정 총론」, 교육부 고시 제2015-74호 [별책 1]; 서울대학교 교육학과 BK21 역량 기반 교육혁신 연구사업단, 『역량기반교육: 새로운 교육학을 위한 서설』(파주: 교육과학사, 2012); 백남진, 온정덕, 『역량 기반 교육과정의 이해와 설계』(서울: 교육아카데미, 2018).

실제로 교육은 그 방향으로 가고 있다. 언제부턴가 초중등학교와 대학에서 '역량 기반 교육' 혹은 '역량 중심 교육'이라는 말이 회자되기 시작했고, 이제 우리 교육의 중심으로 훅 들어왔다. 2009년 개정 교육 과정에 '역량' 개념이 등장했고, 2015년에는 핵심 역량을 기르는 것이 교육 개혁의 방향으로 제시되었다. 대학 교육에서도 '대학 혁신 지원 사업'이라는 이름으로 교육부 주도의 교육 과정 개편이 이루어지고 있는데 그 핵심이 바로 역량 기반 교육이다. 2015년에는 직업인의 역량을 평가하는 기준으로 국가직무능력표준(NCS)이라는 제도가 만들어졌다. 교육에서 '역량'이 이렇게 중요한 자리를 차지하게 된 것은 우리 사회의 변화와 깊은 관계가 있다. 과거의 교육이 지식과 기술을 습득하는 것이 목표였다면, 이제 지식은 네이버에서 찾으면 되고 기술은 로봇이 대체해준다. 새로운 시대를 살아가는 젊은이들에게 필요한 것은 그 지식과 기술을 엮어서 새로운 것을 만들어내는 창의적이고 혁신적인 아이디어다. 그리고 그것을 혼자 하는 것이 아니라 협업을 통해 할 수 있어야 한다.

이런 흐름을 잘 아는 OECD에서는 '데세코 프로젝트'(Definition and Selection of Competencies, 1997–2003년)를 통해 미래 사회에 필요한 핵심 역량을 정의했다. 크게 분류하면 세 가지다. 첫째는 도구 활용 역량으로서, 언어, 상징, 텍스트, 지식과 정보, 새로운 기술을 이해하는 능력이다. 두 번째는 사회적 상호작용 역량인데, 의사소통, 관계, 협동, 갈등 해결 등의 능력이고, 세 번째는 자율적 행동 역량으로서 한 개인이 자신의 인생을 설계하고 이를 실행하는 능력이다. 대한민국 교육부에서도 우리 시대에 필요한 새로운 핵심 역량을 정의하려고 노력했고, 그 결과 '대학생 핵심역량진단'(K-CESA, Korea Collegiate Essential Skills Assessment)이라는 새로운 역량 진단 방식을 개발했다. K-CESA 역시 세 개의 영역으로 나뉘는데, 그 내용은 데세코 프로젝트가 제시한 것과 대동소이하다.

좀 더 자세히 설명해보자. 첫 번째 역량은 과거부터 필요했던 기본적인 읽기, 쓰기, 계산하기 등에 새롭게 등장한 컴퓨터 활용 능력과 같은 것들이 덧붙여진 것이니 크게 새로울 것은 없다. 이는 전통적인 지식과 기술 습득에서 크게 벗어나지 않는다. 중요한 것은 두 번째와 세 번째인데, 창의적이고 주체적인 개인이 타인과 관계를 맺어 공동체를 형성하는 방식을 가르치는 것이다. 개인이 주체가 되어 자기 인생을 설계하고 관리해야 하며, 다양한 지식과 기술을 종합하는 능력을 키워야 한다. 그러나 개인주의에 머물러서는 안 된다. 공동체를 형성하기 위해서는 대인관계, 의사소통 능력, 갈등 해결 능력이 중요하고, 글로벌 시대에 타문화를 이해하는 능력도 있어야 한다.

그러나 과연 교육부가 주도하는 역량 기반 교육을 통해 공동체주의를 익힌 미래 세대를 기를 수 있을까? 이제 시작 단계라서 단언할 수는 없지만, 내가 보기에 쉽지는 않을 것이다. 우선 역량 기반 교육을 도입할 때 모든 사람이 우려했던 것인데, '공정'이 최고의 가치가 된 우리 시대에 학생들의 역량을 공정하게 평가하는 것이 쉽지 않다. 예컨대 '소통'이라는 역량을 어떻게 평가할 수 있을까? 본래는 교사가 학생들과 팀을 이루어 프로젝트를 진행하면서 학생들의 소통 역량을 키워주고 이를 평가해야 한다. 그러나 이런 식으로 평가할 때 교사의 주관이 들어가기 쉬우므로 공정하지 않다는 불평이 나올 것이다. 그러니 교사는 소통에 관한 선택식의 시험 문제를 내고 이를 맞추는 사람에게 소통 역량 점수를 더 주는 방식으로 평가할 것이다. 이때 실제로 학생들에게 함양되는 역량은 소통이 아니라 소통에 관한 지식이다. 즉 진정한 의미에서의 역량을 키우기 어려운 환경인 것이다.

　　　백번 양보해서 각급 학교에서 역량 기반 교육이 이상적으로 이루어진다고 해도, 공동체주의가 실현되는 사회가 된다는 보장은 없다. 꽤 오래전부터 그런 교육을 시행해온 서구 사회의 경우, 극우파와 종교 근본주의와 신나치주의 세력이 줄어들지 않고 있다. 내가 이제 막 시작한 역량 기반 교육에 초를 치려는 것이 아니다. 방향은 옳게 잡고 있다고 생각한다. 그러나 무언가 본질적인 것이 빠졌다. 뭐가 빠졌을까?

시천주(侍天主): 한울님을 모심

그 빠진 부분을 찾기 위해 역사를 잠시 돌아보자. 다소 거창한 질문이지만 이런 질문을 던져본다. 한·중·일 삼국이 모두 유교 문화권에 속하는데, 왜 하필 한국에서만 공동체주의가 (일시적으로나마) 실현될 수 있었을까? 다른 나라들은 집단주의에 매몰되어 있는데, 어떻게 해서 한국에서만 주체로서의 개인과 공동체를 위한 헌신이 동시에 가능했을까? 많은 역사학자가 동의하는 것처럼 나도 그 시작점을 삼일 운동에서 찾는다. 삼일 운동은 단순히 일제로부터의 독립을 위한 민족 운동이 아니었다. 삼일 운동은 민중이 주체가 된 민권 운동이었고, 그 운동의 주체는 계몽된 민중이었다. 한국 민중은 지식인이나 정치가에 의해 선동된 것이 아니라 대부분 자발적으로 참여했고, 지도자 가운데는 여성이나 낮은 신분의 사람들도 있었다. 이후 삼일 운동의 정신은 4.19와 5.18, 1987년

6월 항쟁, 그리고 2016년의 촛불혁명으로 계승되었다.[2] 중국이나 일본에서는 이런 민권 운동의 전통이 미미했고, 대부분 지배 세력에 의해 진압되거나 애국주의에 스스로 순치(馴致)되어 소멸했다.

그렇다면 삼일 운동이 어떻게 가능했는가? 삼일 운동을 조직하고 움직였던 주체 세력이 천도교(동학)와 기독교 등의 종교(宗敎)였다는 점이 특이하다.[3] 초월적 존재와의 만남을 통한 인간 실존의 발견과 이를 통해 형성된 자의식이야말로 가장 강력한, 어쩌면 유일한 개인주의의 시발점이다. 동학(東學)의 핵심 교리인 '시천주'(侍天主, 천주를 모심)를 생각해보라. 천주(한울님)를 모시는 것이 모든 것의 시작이다. 동학교도들은 모든 것의 근원인 한울님을 모시는 자신이 세상에서 가장 존귀한 자라는 자각을 가졌다. 그들은 자신만 존귀한 것이 아니고, 다른 사람도 천주를 모시고 있으니 그들 역시 동일하게 존귀하다고 보았다. 따라서 귀천과 반상, 노유와 남녀를 차별하면 안 되고, 하늘을 섬기듯 모든 사람을 섬겨야 한다. 그들은 우리 안에 있는 한울님이 조화로운 세상을 만들 사명을 주셨으니 이에 맞추어 살아가면 영생을 얻을 것이라고 한다.

기독교에서 말하는 개인의 실존적 자각과 공동체 의식에 관

2   최근 한국 민주주의의 기원을 해방 후 미군정이나 정부 수립이 아닌 삼일 운동이나 이전의 독립협회에서 찾는 연구들이 많이 나왔다. 민주화운동기념사업회 편, 『한국 민주주의, 100년의 혁명 1919-2019』(파주: 한울아카데미, 2019); 전인권 외, 『1898, 문명의 전환: 대한민국 기원의 시공간』(서울: 이학사, 2011) 등.
3   KBS 라디오 방송 "최경영의 경제쇼"(2020년 5월 26일)에 게스트로 나온 신환종(NH투자증권 리서치센터장)은 동양 여러 나라 가운데 대한민국에서만 평등주의적 공동체 의식이 발달한 원인으로서 기독교의 영향을 꼽았다. 중국과 일본 등에서는 반(反)외세 감정이 극심했는데, 이는 우리가 일제의 식민지로서 미국의 도움을 받았기 때문에 미국의 종교와 문화의 영향을 깊이 받았다고 분석한 것이다.

해서는 잠시 후 사도행전과 고린도전서를 살펴면서 자세히 설명하겠다. 1907년 평양에서 시작된 대부흥은 역사학계 일각에서 비평하듯 "비(非)정치화"의 출발점이 아니라, 하나님 앞에서의 자기 발견이고, 더 나아가서 민족 공동체의 발견이다. 삼일 운동에 참여한 기독교 인사들과 성도들은 모두 자신이 이 땅에서 하나님의 뜻을 행하고 있다는 자의식을 가졌다.

신적 존재와의 강력한 만남의 체험, 이를 통한 실존적 개인으로서의 자아 정립, 그리고 신적 소명으로서의 자발적 희생, 이것이 바로 공동체주의를 가능하게 해주는 에너지다! 우리 민족은 탁월한 두 종교로 인해 공동체주의의 기반이 마련되었다. 여기서 '동학'이 상당 부분 '서학'(書學, 천주교)의 영향을 받았다는 말을 덧붙인다. 후일 1980년대 민주화의 시기에도 종교의 역할은 계속되었다. 정의구현사제단이나 가톨릭 농민회와 같은 천주교 내에서의 운동, 진보적 기독교의 민중신학 등이 한국의 공동체주의를 가능케 한 힘들이었다.

한국 그리스도인의 대다수를 차지하는 보수적 그리스도인들은 민주화 시대와 그 이후에 민족 공동체를 위해 한 일이 전혀 없다는 비판이 있다. 이런 비판은 일단 표면적으로는 옳은 주장이다. 그러나 시각을 좀 더 넓혀보면 보수적 신앙인이 공동체주의의 형성을 위해 아무 일도 안 한 것은 아니었다. 성명서를 발표하거나 시위를 주도하다가 검거되는 예는 거의 없었으나, 자기 삶의 영역에서 개인적으로나마 공동체를 위해 여러 가지 일을 했다. 국가를 위해 기도하고, 가난한 자들을 긍휼히 여기며, 가까운 이웃을 도왔다. 젊은 신앙인과 신학생 가운데는 현실에 대해 대답을 주지 못하는 교회에 실망하고 성경에서 답을 찾기 위해 노력한 사람들도 많다. 부끄럽지만 이 글을 쓰고 있는 필자도 그중 한 사람이다.

내면 탐구

우리 시대가 요구하는 공동체주의가 가능하기 위해서는 학교의 역량 기반 교육으로는 부족하고 반드시 종교적 각성이 그 중심에 있어야 한다는 것이 나의 생각이다. 나는 헌법 제20조 2항 국교 금지의 조항에 묶여 공립학교에서의 교육에서 모든 종교적 가치를 배제하는 세속적 교육으로는 충분하지 않음을 강조하고 싶다.

"교사들의 교사"라고 불리는 위대한 교육학자 파커 파머가 나와 동일한 생각을 하는 것을 알게 되어 매우 기쁘다. 그 역시 정교분리에 입각한 미국식 교육을 비판한다. 그의 주장에 따르면 미국의 전통적 교과 과정은 모두 학생들의 '내면 탐구'와 연결되어 있었는데, 종교(기독교)를 무리하게 배제하는 바람에 뿌리 잘린 나무처럼 되어버리고 말았다. 즉 문학과 예술은 내 자아보다 더 큰 초월적 실재와 연결된 것인데 현재 이를 무시한 채 정신의 역사 정도로 가르쳐지고 있다. 사실은 자연과학도 자연세계에 대한 경외와 그것과의 연결을 전제하는데, 이에 대해서는 아무도 관심을 두지 않게 되었다. 그러다 보니 미국의 교육은 학생들로 하여금 인생의 목적, 삶의 고통과 두려움, 죽음이라는 현실, 미래의 희망과 같이 진짜 중요한 것들에 직면하게 하는 데 실패하고 있다.[4]

파머가 내면의 탐구를 통해 얻고자 했던 것은, 이 글에서 공동체주의 혹은 시민 정신이라고 말한 것과 크게 다르지 않다. 진정한 공동

4 　파커 J. 파머, 김찬호 역, 『비통한 자들을 위한 정치학: 왜 민주주의에서 마음이 중요한가』(파주, 글항아리, 2012), 특히 제6장을 보라.

체가 되기 위해서는 타자(他者)를 환대하는 것이 중요한데, 이는 세속적 휴머니즘으로는 불가능하고 내면의 탐구를 통해 마음이 깨어지고 열려야 한다. 낯선 타자를 받아들이는 것은 위험하고도 두려운 일인데, 그 두려움을 극복하고 지혜롭고 열린 마음을 가지려면 주변에 펼쳐져 있는 신비(神祕)에 마음을 맡길 수 있어야 한다. 이 점에서 나는 파커 파머의 주장에 전적으로 동의한다.

그러나 파커 파머는 기독교와 같은 특정한 전통적 종교를 다시 학교에서 가르치자고 주장하지는 않는다. 신(神)을 언급할 수도 있지만 신을 언급하지 않으면서도 학생들의 내면을 탐구하도록 할 수 있다고 한다. 그에게 기독교의 십자가는 단지 부서져 열린 마음을 상징할 뿐이다. 오히려 특정한 종교에 매달릴 때 그 종교에 길들어 마음이 닫히고 삶의 범위가 좁아질 위험이 있다고 한다.[5] 이는 종교(religion) 없는 영성(spirituality)이 가능하다고 생각하는 오늘날의 많은 영성 운동가와 맥을 같이하는 생각이다. 이런 생각은 포스트모던 시대에 많은 사람에게 받아들여진다.

그러나 나는 종교로서의 기독교에 대해 파머보다는 더 낙관적이다. 내가 믿는 기독교는 종교에 길들 수 없을 정도로 나를 긴장시키기 때문이다. 전적 타자(他者)이신 하나님 앞에 인간은 항상 죄인으로 드러난다. 우리의 전통과 교리와 열정과 문화가 모두 하나님 앞에서 벌거벗은 것처럼 드러나 심판의 대상이 된다. 즉 십자가 위에서 인류의 모든 자랑거리가 심판을 받은 것이다. 그러나 동시에 우리는 십자가 위에서 하나님께 용서받고 받아들여졌다. 이 십자가를 상징이 아닌 실재로서

5   위의 책, 236-237.

받아들일 때만 우리는 비로소 타자에 대해 열린 마음을 가지게 된다.

물론 국교가 금지된 우리나라의 공립학교에서 기독교를 믿도록 전교(傳敎)할 수는 없다. 하지만 기독교의 가르침을 일반적으로 받아들일 수 있을 만한 적절한 언어로 번역하는 것은 꼭 필요한 과정이다. 동시에 기독교계 사립학교에서는 기독교 자체가 전파되는 것이 가능하며 필요한 일이라고 생각한다.

성령이 각 사람의 머리 위에

성경이 말하는 기독교 신앙은 개인의 실존적 자각과 공동체에 대한 헌신의 조화를 세상의 어느 종교나 철학보다도 더 분명하고 아름답게 보여준다. 신앙의 최소 단위는 항상 개인이다. 죄를 짓는 것이 개인이고, 하나님의 부름을 받는 것도 개별적이며, 회심 역시 각자의 마음에서 일어난다. 이스라엘 민족의 일원으로 태어났다고 해서 저절로 아브라함의 후손이 되는 것이 아니고, 출생과 동시에 유아세례를 받고 교회의 구성원으로서 성찬에 참여한다고 해서 구원을 얻는 것도 아니다. 개인의 회심이 우선이다. 그러나 교회 공동체로부터 시작할 수도 있다. 세례는 이미 존재하는 예수 그리스도의 몸의 일부가 되는 과정이다. 세례를 받는 것은 예수 그리스도의 몸으로 들어와 그 몸의 일부가 되는 것이다. 신자들의 아버지는 하나님이고 어머니는 교회다. 개인은 각자가 가지고 있는 것들을 공동체를 위해 바치게 되며, 각자에게 주어진 은사를 사용하여 교회와 성도들을 섬기기 마련이다.

사도행전은 개인과 공동체에 대한 이런 진리를 성경의 다른 책들에 비해 좀 더 명확하게 밝혀주는 책이다. 이는 사도행전이 집단주의에 빠져 있는 유대교에서 기독교를 분리하여 새로운 공동체를 만드는 동시에 회심한 이방인들을 이 새로운 공동체에 가입시켜야 하는, 그래서 진정한 의미의 '교회'를 형성해야 하는 시대적 소임을 가지고 있는 책이기 때문이리라. 우선 사도행전에서 개인의 회심이 강조되는 구절들을 찾아보자.

'각각' 혹은 '각 사람'으로 번역되는 그리스어 ἕκαστος가 가장 많이 사용되는 성경이 바로 사도행전이다. 그 첫 사건은 오순절 성령 강림이다. "마치 불의 혀처럼 갈라지는 것들이 그들에게 보여 **각 사람 위에 하나씩** 임하여 있더니"(행 2:3). 이 구절에서 "각 사람 위에 하나씩"에 주목하라. 원문의 의미가 잘 전달되도록 의역하자면 "그들 한 사람 한 사람 위에"(on each and every one of them)다. 오순절에 성령께서 120명의 신도에게 동시에 내려오셨는데, 큰불이 그들 위에 한꺼번에 임한 것이 아니라 불꽃이 혀처럼 갈라져 각 사람 위에 임했다. 각각 다른 죄를 짓고, 다른 아픔을 가지고 있으며, 다른 생각을 하는 사람들 각자에게 성령이 임하신 것이다. 이 사실을 잘 아는 베드로는 그의 첫 설교에서 "너희가 회개하여 **각각** 예수 그리스도의 이름으로 세례를 받고 죄 사함을 받으라. 그리하면 성령의 선물을 받으리니"(행 2:38)라고 말했다. 예수께서 자신을 개별적으로 불러내신 것을 아는 바울 역시 자기 제자들을 개인으로 대했다. "그러므로 여러분이 일깨어 내가 삼 년이나 밤낮 쉬지 않고 눈물로 **각 사람을(한 사람 한 사람을)** 훈계하던 것을 기억하라"(행 20:31).

하나님으로부터 부름을 받고 성령 세례를 받은 성도들은 하나의 교회, 한 그리스도의 몸에 가입되었다. 때로 소위 성령 운동과 군중 심리, 좀 더 가혹하게 표현하면 집단적 광기(狂氣)가 혼동되기도 하는데, 이 둘은 철저히 구분되어야 한다. 진정한 교회라면 영적 지도자의 기도나 안수를 통해 성령을 받았다고 해서, 그 지도자를 맹종하지 않는다. 물론 지도자 자신도 자신을 절대화하지 않는다. 맹목적 집단주의가 아닌 자발적 공동체주의다. 성령 충만한 사람은 자신의 재물이나 받은 은사를 공동체를 위해 기꺼이 나누고, 좀 더 넓은 사회를 위해 자신을 드림으로써 공동체주의를 현실화한다. 예루살렘 성도들은 즉시 공동생활을 시작했고, 같은 마음으로 모였으며, 물건을 통용했고, 재산을 팔아 가난한 사람들을 구제했다(행 2:44-47). 교회가 박해를 받자 모여서 "한 마음으로" 기도했고(4:24; 12:12), 어려운 일을 당한 형제를 위해 힘을 다해 모금했으며(11:29), 중요한 문제를 놓고서는 함께 금식했다(13:2). 예루살렘 공회에서는 애초에 여러 당파가 다양한 의견을 가지고 모였으나, 일단 합의가 되자 그 결정을 같은 마음으로("만장일치로", 개역개정) 수행했다(15:25). 이 모든 일을 행할 때 자발적으로 기쁨으로 했다. 강제나 집단 최면이 아니었다.

사도행전과 더불어 ἕκαστος가 많이 사용되는 성경은 고린도전서인데, 여기에는 두 가지 이유가 있다. 첫째는 바울, 베드로, 아볼로 등 각자 다른 지도자를 추종함으로써 분열된 고린도 교회의 성도들에게 답을 주기 위한 성경이 바로 고린도전서이기 때문이다. 바울에 따르면, 교회의 지도자들은 하나님께서 각자에게 서로 다른 일을 맡기신 종들일 뿐이니, 그들로부터 필요한 영적 유익을 얻으면 되는 것이지 그들을 추종할 필요까지는 없다(고전 3:5, 8, 10). 지도자를 따르는 것을 넘어 그들에게 복속되고 그들에 기대어 자신의 정체성을 확인하려고 하면 안 된다. 모든 믿는 자는 **각각** 하나님의 판단과 칭찬의 대상이기 때문이다

(4:5). 성경은 인간 지도자를 지나치게 추종하는 것을 시종일관 일종의 우상숭배로 규정한다. 사람들이 지도자에게서 자신의 정체성을 찾으려고 할 때 공동체는 분열되기 마련이다. 그 분열을 치유하기 위해서는 성도 각 개인이 하나님 앞에서 단독자임을 깨달아야 한다.

고린도전서에서 두 번째 ἕκαστος의 사용은 첫 번째와 정반대의 이유 때문이다. 첫 번째가 집단주의의 경향을 경계하기 위함이었다면, 두 번째는 공동체를 무시하려는 태도를 경계하기 위함이다. 바울은 고린도 교회 내에 은사를 받은 사람들이 저마다 자기 은사를 자랑하며 교회를 혼란으로 몰아넣는 경향에 대해 책망한다. **"각 사람에게** 성령을 나타내심은 **공동의 유익을** 위한 것이다"(고전 12:7, 저자 사역). 각 개인과 교회 공동체는 마치 몸의 각 지체와 몸 자체의 관계와 같다. 몸의 각 지체가 분명 독립적이지만 동시에 몸의 일부로서 몸을 세워준다(12:11, 18; 14:26). 기독교는 다른 어느 종교나 사상보다 하나님 앞에서 개인의 책임을 중요하게 생각하며, 동시에 개인이 공동체에 봉사할 때 의미 있는 삶을 살 수 있다는 것도 똑같이 강조한다. 이는 요컨대 공동체주의 (Communitarianism)의 원리와 동력을 제공하는 것이다.

한국교회의 집단주의적 성향

이쯤 해서 이런 질문을 하는 분들이 있을 것이다. 성경이 하나님 앞에서의 실존과 공동체에 대한 헌신을 가르치고 있다고 하는데, 그럼 현재의 기독교는 뭔가? 우리 시대에 대한민국 기독교가 개인의 자유나 결단을 고양시키며, 공동체를 위한 헌신의 동력을 제공하고 있는가? 어째서 과거 삼일 운동에서는 교회가 공동체주의의 선봉에 섰었는데 지금은 아무것도 못하고 폐만 끼치고 있는가?

코로나19는 숨겨져 있던 많은 것을 드러내주었다. 특히 교회가 코로나에 대응하는 모습을 보면서 교회의 수준을 또렷이 알게 되었다. 극단적 개인주의인 이기주의와 맹목적 집단주의가 공존하는 우리 교회의 수준 말이다. 많은 교회와 목사들이 방역 당국의 만류에도 불구하고 대면 예배를 강행함으로써 이기적 행태를 보였는데, 이런 교회들은 목사 한 사람을 중심으로 하는 집단주의적 성향을 가진 것으로 드러났다. 특히 사랑제일교회의 교인들이나 전광훈 목사를 추종하여 전국에서 모인 교인들은 그를 메시아처럼 맹신했다.

만일 대한민국의 교회가 성경이 가르치는 공동체주의를 제대로 구현하는 공동체라면 이런 식의 행태를 보이지는 않았을 것이다. 성경의 교회라면, 아니 삼일 운동에 앞장섰던 한국의 초기 교회라면 어떠했을까? 각 교단의 총회는 비상체제로 돌입하여 교단에 속한 미자립 교회를 보호하기 위해 모든 힘을 기울였을 것이다. 수백억의 기금을 마련하여 절반은 교회들의 월세 보조와 영상 예배를 위한 기술적 지원에 사용하고, 절반은 코로나로 힘들어진 이웃을 위해 사용했을 것이다. 예배가 '생존'의 문제가 된 작은 교회들이 대면 예배를 고수하다가 이웃에게 피해를 끼치는 것이나, 큰 교회의 지도자들이 자신의 교회 헌금 액수가 80퍼센트에 달한다고 자랑하듯 이야기하는 것이나, 마치 자기는 한국 교회의 죄악에 아무런 책임이 없는 듯 훈수를 두는 신학자들이나 공동체주의에서 멀기는 매한가지다.

사랑제일교회뿐 아니라 다수의 대형 교회가 보이는 행태를 보라. 지도자가 설교 단상에서 어떤 가짜 뉴스를 퍼뜨려도, 무슨 죄목으로 재판을 받아도, 사회적 지탄을 받아도, 아랑곳하지 않고 똘똘 뭉친다. 교회 내 반대자가 있으면 그의 입을 막고 여의치 않으면 쫓아낸다. 자정 (自淨) 능력을 상실한 것이다. 어떻게 하다가 이 지경이 되었을까? 지도 자의 오만, 컬트화(化)된 종교 의식, 추종자들의 사회경제적 좌절과 이로 인한 심리적 불안, 교인을 통제하고 반대자들을 배제하기 쉬운 폐쇄적 구조 등이 효과적으로(?) 결합된 결과다. 집단주의가 너무 공고하여 이를 무너뜨리고 건전한 공동체주의로 전환하는 일은 쉽지 않다. 이를 바로잡아 진정한 개인과 공동체 의식을 회복시키기 위해 어디서부터 시작해야 할지 막막하다.

한국교회는 고장 난 엔진으로 착륙을 시도하는 비행기와 같다. 두 가지 랜딩이 예상된다. 하나는 연착륙이다. 이는 앞서 말한 사도 행전에 나타난 순서를 그대로 따르는 것이다. 각 사람이 죄를 회개하고 예수를 믿고 성령을 받는 것이다. 자신을 발견한 성도는 공동체를 위해 기쁜 마음으로 헌신하게 된다. 교회의 지도자인 목회자가 자신의 과오를 살피면서 사도행전의 방식을 따른다면 더 말할 나위 없이 바람직하다. 아니면 깨달은 성도들이 주도권을 가지고 목회자를 바른 방향으로 이끌거나, 깨달음을 얻은 젊은 지도자가 등장하여 정화 운동을 일으켜 교회와 교단을 새롭게 해도 좋다.

두 번째는 경착륙이다. 첫 번째가 안 될 때 하나님께서 손을 대신다. 이는 집단주의가 너무 단단하여 체제 내 운동으로 균열을 일으킬 수 없을 때, 마침내 외부의 충격으로 산산이 부서지는 것이다. 남(南) 유다의 바빌로니아 유수가 대표적인 사건이다. 왕조–성전 복합체가 철저히 파괴된 후 포로지에서 개인의 재발견이 이루어졌고 새로운 공동체가 만들어졌다. 많은 사람이 목숨을 잃었고 살아남은 사람들은 세상이 완전히 흔들리는 충격을 받았다. 오랜 세월이 지난 후 성도들이 통렬히 회개하고 새로운 마음을 얻게 되었으며 새 영을 받았다. 그들은 육신의 할례와 마음의 할례가 다름을 알게 되었고, 혈통적 이스라엘과 영적 이스라엘을 구분하게 되었다. 공동체를 위한 자발적 헌신이 있었던 것도 포로지에서였다.

고장 난 비행기는 과연 연착륙에 성공할 수 있을까? 지도자와 성도들이 하나님 앞에서의 실존을 깨닫고 결단하여 공동체 의식을 회복할 수 있을까? 이 경우 이미 시작된 K-방역의 성공을 발판으로 K-경제, K-교육, K-평화에 공헌할 수 있고, 교육계에서 이미 시작된 역량 중심 교육의 영적 동력을 제공할 수도 있다. 그러나 이미 연착륙은 어려워졌다. 완미(頑迷)한 이기주의와 맹목적 집단주의라는 두 날개로 나는 덩치 큰 A-380 동체가 랜딩 기어도 없이 막 활주로에 닿아 불꽃을 일으키며 기체가 동강 나려고 한다. 나는 덜컹이는 비행기의 객석에 앉아 겁에 질린 눈으로 착륙 장면을 지켜보고 있다.

공정 사회, 능력 사회

21세기 초 대한민국의 키워드: 공정성

오늘날 우리 사회의 많은 문제가 '공정성'(公正性)이라는 키워드로 집약되는 듯싶다. 문재인 정권을 탄생시킨 2016년 겨울 촛불 집회의 구호는 "이게 나라냐?"였는데, 그 내용을 들여다보면 바로 공정성의 요구다. 이는 바로 부모의 권력으로 대학에 입학하고, 출석하지 않아도 학점을 받고, 공직자가 자신의 권력을 이용하여 사적 이익을 취하고, 취업을 청탁하고, 편법으로 사업권을 따내고, 세금을 내지 않고, 부당한 이익을 대물림하는 사람들에 대한 분노다. 문재인 대통령은 "기회는 평등하고, 과정은 공정하며, 결과는 정의로워야 한다"는 공약을 내세워 당선되었다. 촛불 집회에 참여하고 이를 성원하던 국민들은 저마다 공정에 대한 관점을 가지고 있었고, 자신은 공정하지 못한 사회의 피해자이므로 새로운 정권이 들어서면 자신들의 문제가 해결될 것으로 기대했다.

2017년 출범한 문재인 정부의 공정성을 위한 노력은 1년 남짓을 남겨놓고 있는 지금 성공을 거두고 있을까? 문재인 정부에 주어진 과업은 불공정이 만연한 사회를 만든 적폐 세력을 청산하고 공정한 사회를 위한 제도를 정비하는 것이었다. 시작은 순조로웠다. 두 전직 대통령과 전직 대법원장을 비롯하여 권력을 남용한 사람들이 법의 심판을 받고 있으며 잘못된 제도와 관행들이 만천하에 드러났다. 집권 2년이 지나면서 인적 청산은 그만하면 됐고 이제는 시스템을 바꾸어야 할 때라는 인식이 공유되었다. 마침 2019년 4월의 총선에서는 집권당이 180석 가까운 의석을 차지하여 시스템 개혁의 적기를 맞은 것으로 보였다.

　　그런데 개혁 작업이 진행될수록, 사회 곳곳에 적폐의 뿌리가 깊으며 그 연계가 은밀하고 공고하다는 사실이 드러났다. 고위 관료와 국회의원, 검찰 간부, 사법부의 주류 세력, 대기업 오너와 그 일가, 언론사 임원…, 그 리스트는 모든 기득권 세력을 망라하는 것 같다. 이렇게 전선이 확대되면서 싸워야 할 대상은 모호해지고, 소위 적폐 세력은 조직적이고 필사적으로 저항하며, 이들을 판단하기 위한 법적 처리의 속도는 한없이 늘어진다. 또한 청산의 주체도 절대 선(善)은 아닌지라 실수가 있고, 정치적 야망으로 인한 일탈자도 있으며, 대오가 흐트러지기도 한다. 아마도 이제까지 그래왔던 것처럼 얼마 후 적폐 청산의 과업은 권력 투쟁으로 변질되고 팩트가 무시된 주장이 난무하여 결국 자신의 정치적 입장에 따라 선과 악이 나누어지는 입장주의로 후퇴할 것이다. 그리고 곧 차기 정부를 위한 선거가 다가오면서 레임덕에 빠져 시작해놓은 일조차 마무리하기 어렵게 될 전망이다. 공정 사회로의 길은 순탄하지 않다.

적폐 청산은 그렇다고 치고 국민의 실생활은 공정의 방향으로 가고 있는가? 비록 기대한 만큼은 아니지만, 임대차3법, 공정경제3법, 중대재해기업처벌법 등이 통과되면서 기업 간 거래나 기업과 노동자 간의 관계에서 불공정한 관행들이 많이 시정될 전망이다. 그러나 국민에게 가장 중요한 두 가지 문제, 주거와 고용 안정에 있어서는 크게 개선되지 못했다. 경기 하강과 코로나19로 저금리와 통화 팽창 기조를 유지할 수밖에 없는데, 풀린 통화가 부동산과 주식시장으로 몰렸다. 이른바 동학개미들의 투자 광풍으로 주가지수는 사상 최대를 기록하고 있다. 부동산 가격이 폭등하고 전세난이 심해져서 자산의 불평등은 더욱 심화되었고, 전세나 월세를 사는 서민층은 더 큰 어려움을 겪고 있다. 고용 문제는 더욱 심각하다. 안 그래도 비정규직 문제, 소상공인 문제가 심각했는데, 코로나19로 인해 많은 사람이 한계 상황 속에서 살고 있다. 아이들이 학교에 가지 못해 교육 격차는 더욱 벌어지고 있다. 폭동이 일어나지 않는 것이 감사할 정도다. 코로나 상황에서 호황을 누리는 기업들도 있을 텐데, 그들은 표정 관리를 하며 국민적 위기를 도약의 기회로 삼으려고 한다. 이래저래 불평등의 골은 깊어져 간다.

공정 사회가 가능한가?

공정한 사회를 만드는 것은 단임 정권 5년 만에 끝낼 수 있는 단순한 과업이 아니다. 이 일이 쉽지 않은 것은 개혁에 대한 기득권의 저항과 같은 국내적 요인이나 코로나19 같은 외적 요인 때문만이 아니다. 지난 4년간 공정과 관련된 정책이 시행되면서 '공정'이라는 개념에 풀기 어려운 난제들이 내재되어 있다는 점이 드러났다. 몇 가지를 살펴보자.

첫째, 모든 사회 구성원을 공정하게 대하는 것은 불가능한 일이다. 우리 사회는 서로의 이익이 상충하는 집단들이 모여서 형성되었기 때문이다. 예컨대 2018년 여름 내내 논란이 되었던 최저 임금 인상의 경우를 보자. 문재인 정부는 최저 임금을 2020년까지 1만원으로 인상하여 경제도 활성화하고 서민들의 삶의 질을 높이길 바랐다. 하지만 뜻하지 않는 결과가 생겼다. 알바 노동자를 고용하는 소상공인들에게 부담을 지우게 되어 알바 노동자들이 해고되는 사태가 벌어진 것이다. 또 한 가지, 2020년 민주당은 임대차3법을 제정하여 임차인의 권리를 보장하려고 했다. 이는 임대인과 임차인의 기울어진 운동장을 평평하게 하려는 법이다. 그러나 이번에는 임대인들이 자신들의 이익을 지키기 위해 전세를 월세로 전환함으로써 임차인이 오히려 어려움을 겪고 있다. 사회 모든 구성원에게 공정한 혜택을 주는 정책이 과연 존재할까?

둘째, 사람들은 보이지 않는 거대한 불공정에 대해서는 알지 못한 채 눈에 보이는 작은 불공정과 싸우는 경우가 많다. 즉 불공정을 영속화하는 갑과 을 사이의 더 큰 불공정을 제쳐놓은 채, 을과 을의 싸움, 을과 병의 싸움이 되는 것이다.

김수영의 시(詩) 가운데 "어느 날 고궁(古宮)을 나오면서"(1965년 作)라는 시가 있다. 일부를 소개하면 다음과 같다. (전문을 찾아서 읽어보기를 추천한다.)

왜 나는 조그마한 일에만 분개하는가

저 왕궁 대신에 왕궁의 음탕 대신에

50원짜리 갈비가 기름덩어리만 나왔다고 분개하고

옹졸하게 분개하고 설렁탕집 돼지같은 주인년한테 욕을 하고

옹졸하게 욕을 하고

한번 정정당당하게

붙잡혀간 소설가를 위해서

언론의 자유를 요구하고 월남 파병에 반대하는

자유를 이행하지 못하고

20원을 받으러 세 번씩 네 번씩

찾아오는 야경꾼들만 증오하고 있는가

거의 60년 전에 쓴 시인데, 오늘날 우리의 삶을 생생한 그림으로 보여주는 것 같아 가슴이 무겁다. 과거에 시인 김수영은 자신의 비겁함과 옹졸함을 부끄럽게 고백하며 작은 실천의 발걸음을 떼었다. 그러나 오늘날 우리 사회의 소시민들은 자신의 옹졸함을 인정하지 않는다. 그들은 누구를 향하는지 모를 분노를 발산하면서 결국 계급적 이익에 반(反)하는 투표를 함으로써 불공정을 심화시킬 뿐이다.

셋째, 공정성이라는 가치에 매몰되다 보니, 피해자 의식(victimhood)에 사로잡혀 다른 사람에게 불공정의 원인을 돌리고 그들을 차별하는 것을 아무렇지도 않게 생각한다. 2020년 소위 '인국공'(인천국제공항) 사태를 보자. 비정규직을 정규직화하는 과정에서 정규직들은 비정규직이 쉽게 정규직으로 전환되는 것 같다며 분노했다. 그러나 비정규직이 그렇게 쉽게 정규직으로 채용된 것도 아니고, 파격적인 대우를 받는 것도 아니라는 것이 나중에 밝혀졌다. 이렇게 잘못된 정보였음이 드러나도 네티즌은 물론 언론 역시 잘못을 인정하거나 사과하지 않는다. 무엇 때문에 분노했는지는 잊어버리고 분노의 감정만이 남아 있다.

대학생들은 대학의 서열을 매기고, 서울 캠퍼스와 제2캠퍼스를 구별하며, 학과의 등급을 나누고, 수시 입학생과 정시 입학생을 차별하는데, 이 학력의 위계를 어기거나 속이면 매우 분노한다.[1] 젠더 전쟁에서 자신이 피해자라고 생각하는 사람은 상대에 대해 막말을 일삼는다.[2] 사람들은 양심적 병역 거부자나 예멘 난민들과 같은 타인(他人)에게 약간의 혜택을 주는 것 같으면 그들에게 혐오를 쏟아붓는다. 불공정의 원인을 자기보다 약한 사람에게 돌리고 그들을 비난하다 보면, 나중에 자신이 그 자리에 서게 되었을 때 아무에게도 도움을 받지 못하게 될 텐데 말이다.

『공정하다는 착각』

여기서 근원적인 질문에 부딪히게 된다. 과연 세상은 평등할 수 있는가? 공정이 도대체 가능한 것인가? 앞서 문재인 대통령의 "기회는 평등하고, 과정은 공정하며, 결과는 정의로워야 한다"는 공약을 소개했다. 이게 가능한지 하나씩 살펴보자. 첫째, 평등한 기회라는 것이 존재하는가? 자연은 인간을 불공평하게 낳았다. 건강, 지능, 외모 등에서 우월한 유전자를 가지고 태어난 사람도 있고 선천적 장애를 가지고 가난한 가정에 태어난 사람도 있다. 선진국 미국에서 백인으로 태어난 아이와 종족 간 전쟁이 일상화된 아프리카의 시골에서 태어난 아이가 겪어야 할

---

1   차별을 정당화하는 오늘날 20대의 모습을 사회학적으로 연구한 책으로 오찬호, 『우리는 차별에 찬성합니다: 괴물이 된 이십 대의 자화상』(서울: 개마고원, 2013)을 보라.
2   최태섭, 『한국, 남자: 귀남이부터 군무새까지 그 곤란함의 사회사』(서울: 은행나무, 2018)는 한국 사회에서의 젠더 갈등을 정면으로 다루고 있는 책이다.

삶은 전혀 다르다. 부자 아빠를 만날 수도 있고 교육을 받지 못한 가난한 가정에 태어날 수도 있다. 대한민국의 국민으로 태어난 아이들에게 무상 교육의 혜택이 주어지고 누구든지 수능만 잘 보면 원하는 대학에 진학할 수 있다고 해서, 그들에게 동등한 기회가 주어졌다고 말할 수 있을까? 부모의 재력과 인맥에 의해 고등학교 때 이미 외국 학회에서 포스터 논문을 발표할 수 있는 학생과, 학점과 알바 사이에서 선택을 강요당하는 학생이 동일한 출발선에서 경주를 시작한다고 할 수 있을까?

둘째, 과정의 공정성 혹은 절차적 정의도 도달하기 어려운 목표다. 최근 우리 사회에서 논란이 된 일련의 사건들은 모두 과정의 공정성이 문제가 되었다. 2016년 대통령 탄핵의 도화선이 된 정유라의 대학 입학과 학점 취득 문제, 2018년 평창 동계 올림픽 여자 아이스하키 단일팀 논란, 2019년 조국 장관의 자녀 입시 문제, 2020년 인천국제공항 정규직화, 2020년 공공의대 건립 논란 등이 절차적 공정과 관련하여 청년들의 분노가 집중된 사건들이다.

절차적 공정이 그렇게 쉽지 않다는 것을 입시와 관련해서만 생각해보도록 하자. 마이클 샌델은 그의 최근 저서 『공정하다는 착각』[3]에서 대학에 들어가는 세 가지 문(門)의 은유를 통해 입시의 공정성이 착각에 불과한 개념임을 설명한다. 정문, 뒷문, 옆문의 세 가지 문이 있다. '옆문'은 시험지를 빼돌리거나 시험관을 매수하여 성적을 조작하는 등의 불법적인 방법으로 대학에 들어가는 것이다. 발각되면 업무 방해 혐의로 감방에 가게 된다. '뒷문'은 딱히 불법은 아니지만 관행적으로

---

3   마이클 샌델, 함규진 역, 『공정하다는 착각: 능력주의는 모두에게 같은 기회를 제공하는가』(서울: 와이즈베리, 2020), 27-38.

특혜를 주는 방식이다. 예컨대 미국의 경우 부모가 그 대학의 졸업자면 자녀에게 가산점을 주거나, 점수가 조금 부족한 학생의 부모로부터 거액의 돈을 기부받고 입학시키는 기여 입학제와 같은 경우다. 우리나라는 알럼나이(alumni) 우대나 기여 입학제는 허용되지 않지만 다른 가능한 케이스들이 있다. 고등학생이 부모의 지인 교수를 통해 대학 실험실을 사용하는 것 같은 이른바 '엄마 찬스', '아빠 찬스'와 같은 것들이다. 이런 것들이 과거에 암묵적으로 허용되어왔는데, 조국 일가의 재판을 거치면서 모두 불법화되었다. 이제 우리나라에선 더 이상 뒷문은 없다!

자, 이제 옆문도 뒷문도 막았으니 모든 학생이 실력으로만 평가받아 '정문'으로 들어가게 되면 공정한 입시라고 말할 수 있을까? 그렇다고 믿는 사람은 아마 아무도 없을 것이다. 드라마 "스카이캐슬"은 다소 과장되긴 했지만 우리나라 입시의 풍경을 잘 묘사해주고 있다. 고액 과외를 받고, 입시 컨설팅을 통해 각종 레슨과 해외 활동 경험과 표창장과 봉사 점수 등의 도움을 받는 입시생이 명문대에 들어가기 마련이다. (나도 바로 오늘 우리 대학생 아이들에게 교수의 환심을 사는 방법에 대한 팁을 몇 가지 주었다. 아빠가 교수가 아니라면 절대 알 수 없는 것들이다.) 2019년 조국 사태에서 분노한 한 청년 네티즌이 다음과 같은 댓글을 달았다. "우리는 그가 한 짓이 불법이어서 분노하는 것이 아니라, 이 모든 게 합법적이었다는 것에 분노하는 것이다." 이 사태의 핵심을 보여주는 촌철살인이다. 물론 검찰 개혁을 추진하는 조국을 장관직에서 몰아냄으로써 절차적 공정이 점점 더 멀어진다는 것을 이 청년이 잘 모르는 것 같기는 하지만 말이다.

셋째, 결과가 정의로운 것은 가능한가? "기회는 평등하고, 과정은 공정하며, 결과는 정의로워야 한다"는 문장은 두 가지로 읽힐 수 있다. 보수적인 사람들이라면, "기회가 평등하고 과정이 공정하다면 결과는 자연히 정의로울 것이다"로 읽을 것이다. 기회가 모두에게 열려 있고 절차는 공정한데, 참여한 사람들의 능력이 부족하고 노력을 하지 않아서 뒤지게 되었다는 것이다. 하지만 절차가 공정하다면 결과도 정의롭다고 생각하는 것은 소박한 낙관론에 불과하다. 앞서 살펴본 것처럼 절차와 과정 자체가 기득권에게 유리하도록 짜여 있기 때문이다. 진보적인 사람들이라면, "기회도 과정도 공정해야 하지만, 그것으론 부족하고 결과도 정의로워야 한다"로 읽을 것이다. 문 대통령은 후자의 의미로 말했다. 이는 절차적 공정과 더불어 분배에서의 정의가 보완되어야 한다는 뜻이다. 즉 공정한 (사실은 공정하다고 생각되는) 절차에 의해 성공을 거두어 소득을 많이 올린 사람이 세금을 더 내고, 그 세금으로 사회적 인프라와 사회 보장 시스템을 건설함으로써 너무 가난한 사람 없이 평등하게 사는 세상이 되도록 해야 한다는 말이다. 이 정도 사회를 건설하면 나라다운 나라, 사람 살 만한 세상이 될 듯싶다.

　　미국의 경우 클린턴과 오바마 등 민주당 행정부가 취한 기본적인 정책 노선이 바로 이것이다. 미국에서 태어난 모든 학생에게 교육의 기회를 넓히고, "사회적 약자 우대 정책"(affirmative action)과 "정치적 올바름"(political correctness)을 통해 유색 인종과 여성의 지위를 끌어올리며, 자본주의 경제 시스템을 공정하게 운용하고, 그래도 차이가 나면 세금을 거두어 복지 제도를 확대함으로써 인간다운 생활을 유지하도록 해주는 것이다. 아메리칸드림이 가능하면서도 복지 정책이 뒷받침되는 세상, 즉 클린턴 부부와 같이 처음부터 엘리트였던 사람들만이 높은 지위로 올라가는 것이 아니라 오바마나 미셸과 같이 출발은 뒤처졌지만 시스템을 통해 최고의 위치에까지 올라가는 사람들이 있는 나라라면,

인간이 이룰 수 있는 최선의 나라일 것이다. 문 대통령을 비롯한 진보적인 민주당 지도부가 원하는 나라가 바로 이런 나라일 것이다.

이런 나라를 건설해왔다고 자부하던 미국의 민주당과 그를 지지하는 엘리트 그룹에게 아뿔싸! 도저히 설명할 수 없는 대재앙이 일어났다. 바로 2016년 대선에서 도널드 트럼프가 제45대 미국 대통령에 당선된 것이다. 우파 포퓰리즘의 귀환이다. 그리고 4년의 통치 끝에 국회의사당 건물이 폭도에게 유린되는 최악의 사태가 벌어졌다. 이를 어떻게 설명해야 하는가? 이렇게 공정하고 평등하며 살기 좋은 나라를 만들었는데, 트럼프를 지지하는 그 많은 사람은 다 어디서 왔단 말인가? 왜 이들은 이렇게 절망하고 분노하고 있으며, 어떻게 해서 포퓰리스트와 가짜 뉴스에 휘둘리는 약한 심성을 가졌을까?

마이클 샌델의 『공정하다는 착각』(2020년)은 어리둥절해 있는 미국 국민에게 이 사태를 설명하기 위해, 그리고 이 늪에서 헤어나는 방법을 조언하기 위해 쓴 책이다. 그의 논지를 요약하면, 미국의 능력주의(meritocracy, 고학력 세습화를 통한 능력 있는 사람들의 통치)가 승자에게는 오만을, 패자에게는 모욕감을 안겨주었다는 것이다. 세계화와 신자유주의는, 능력이 부족하여 사회의 주류에 편입하지 못한 사람(주로 백인)에게 경제적 고통을 안겨주었을 뿐 아니라 더 중요한 삶의 존엄성마저 앗아갔다. 이제는 사회 발전에 기여하고 그 대가로 보수를 받는 의미 있는 삶을 살 수 없게 된 것이다. 사회 복지 시스템에 의해 연명하는 것 정도로는 인간으로서의 존엄성을 되찾을 수 없다.[4] 아무리 기회와 절차를 공정하게 만들고 심지어 분배에서까지 정의를 실현한다고 해도, 능력

---

4   위의 책, 특히 제5장 참고.

주의 가치관은 많은 사람에게 좌절을 안겨줌으로써 포퓰리스트의 준동을 막지 못했다는 것이 샌델의 분석이다. 정의의 길은 멀고도 험하다.

　　　　　마이클 샌델의 책을 읽으면서 첫 페이지부터 우리나라를 설명하는 내용인 줄 착각할 정도였다. 사실 지금 우리나라는 5천 년 민족사 가운데 가장 위대한 전성기를 보내고 있다. 선진국을 추격하던 나라가 선진국을 추월했다.[5] 모든 사람이 자기가 하고 싶은 것을 할 수 있는 자유로운 세상이 되었고, 신분 차별뿐 아니라 심지어 성(性) 정체성에 의한 차별도 없는 평등한 세상이 되었다. 군사 독재를 무너뜨린 것이 엊그제 같은데 촛불혁명을 통해 세계가 부러워하는 민주주의를 성취했다. 하지만 아직도 갈 길은 멀다. 경제적 양극화, 가진 자의 갑질, 권력 있는 전문가 단체의 집단 이기주의, 진영 논리, 국민 분열, 노동자의 죽음 등, 우리 사회가 공정을 향해 이루어야 할 과업은 많지만, 이 역시 차근차근 진행 중이다. 그런데 이 모든 과정을 마치고 공정하고 정의로운 나라, 민주적 복지 국가가 되었을 때 우리에게 어떤 일이 벌어질까? 혹시 2020년에 민주주의의 종주국 미국이 보여준 무질서와 무개념이 우리의 미래는 아닐까? 우리가 민주주의를 너무 과대평가한 것은 아닐까? 민주주의가 설계 단계에서부터 문제점이 있었던 것은 아닐까? 성경의 대답을 기대하게 한다.

5　　　김시우 외, 『추월의 시대: 세대론과 색깔론에 가려진 한국 사회의 성장기』(서울: 메디치미디어, 2020)는 이런 관점에서 한국 사회의 현주소를 긍정적으로 보고 있는 책이다.

대한민국 교회는 정의를 말하지 않는다

불공평한 우리의 세상에 대해 기독교는 어떤 대답을 내놓을 수 있는지 생각해보자. 불공정한 사회에서 고통받고 있는 사람들에게 복음은 어떤 의미인가? 예수를 믿으면 이 불평등의 굴레에서 헤어나올 방법이 있는가? 성경이 우리 사회의 앞날을 밝혀줄 등불이 될 수 있는가?

우리 시대의 교회는 불공정한 사회에서 고통받는 영혼에 대체로 두 가지 대답을 들려준다. 첫째는 자기 계발이고, 둘째는 힐링이다. 교회는 그들에게 하나님의 도우심을 믿고 더 열심히 끝까지 노력하라고 격려하고, 노력했지만 실패한 사람에게는 부드러운 찬양과 희망 가득한 말씀으로 힐링을 준다. 하지만 세상을 바꿔야 한다고 말하진 않는다. 가진 자들이 자신의 욕망을 한껏 채우고 이를 세습하는 세상, 없는 자들은 존엄성을 잃은 채 고통 속에서 일하다 죽는 아귀다툼의 세상에 대한 언급은 별로 없다. 오히려 교회가 불의하고 불공정한 세상의 한 축을 담당하고 있을 뿐이다. 정녕 기독교 복음은 개인에게는 떡을 주지만 사회를 개혁하는 문제에 대해서는 돌을 주는가? 복음 설교자가 자기 계발서 작가들과 경쟁해야 할까? 교회가 애완견이나 아이돌 스타들이 등장하는 힐링 프로그램의 대용물에 불과한가?

역사적으로 대한민국 교회는 공정이라는 단어와 친숙하지 않다. 교회의 설교나 성경공부 교재에서 공정의 문제를 다루는 것을 거의 보지 못했을 것이다. 성경에서 공정과 가장 가까운 단어를 들라면 '정의'(正義)다. '공정'은 21세기 대한민국이라는 특정 시기에 부각된 '정의'의 하위 개념이다. 구약성경과 신약의 복음서는 정의에 관한 말씀으로 가득하다. 내가 제일 좋아하는 구절인 미가 6:8에서 하나님이 사람에게 가장 원하시는 것은 세 가지인데, 바로 정의와 사랑과 겸손이다. 이 세 가지를 풀어 펼쳐놓은 것이 바로 산상수훈의 팔복이고, 마태복음 23:23에서 우리 주님이 율법의 핵심적 교훈이라고 일러주신 정의와 긍휼과 믿음이다.

한국교회가 정의를 말하지 않는 이유 가운데 하나는 우리말 번역 성경 때문이 아닌가 한다. 1961년에 개정된 후 거의 40년 동안 유일한 공역(公譯)으로 사용된 『개역성경』의 경우, '정의'로 번역될 만한 단어('justice' 혹은 'righteousness')를 구약에서는 '공의'로, 신약에서는 '의'로 일괄적으로 번역했다. 게다가 이신칭의를 통한 구원이라는 바울 서신의 가르침이 한국교회의 지배적 설교와 신학의 내용이었기 때문에, 신약의 '의'를 전부 칭의와 관련하여 해석하는 경향이 있었다. '공의'라는 단어 역시 가끔 사용될 때가 있지만, 사회적 정의를 가리키기 위해서가 아니라 형벌을 주는 무서운 하나님을 "공의의 하나님"으로 부르기 위해서다. 공의의 하나님은 설교의 전반부에서 짧게 언급되다가 곧바로 우리를 용서하시는 사랑의 하나님으로 치환되지만 말이다.

한국교회의 강단은 성장이냐 분배냐 하는 질문에 대해 압도적으로 성장 편을 택해왔다. 과거 정의와 인권을 주장하는 민주화 운동을 공산주의와 동일시하고, 분배를 중요한 가치로 여기던 노무현 정부를 정당한 정부로 인정하지 않았다. 한국의 보수 교단 신학자들은 정의와 평화(Justice and Peace)를 이 땅에 펼치는 것이 '하나님의 선교'(missio Dei)라고 주장하던 1970년대 WCC(세계교회협의회)를 '자유주의 이단'으로 정죄했다. 에큐메니컬 진영에 대한 평가는 그렇다 치자. 복음주의자들도 '로잔 언약'(Lausanne Covenant, 1974년)에서 복음 전도와 함께 인권과 사회적 책임의 중요성을 천명했다. 그런데 로잔 언약이 선포된 지 반세기가 지나가고 있지만, 한국의 복음주의자들은 아직도 사회적 정의에 관한 설교는 거의 하지 않는다. 세대가 바뀌고 번역 성경도 바뀌었지만,[6] 우리 세대 한국교회의 강단은 정의로운 사회를 만드는 것에 대해서는 아직 별 관심이 없는 듯싶다.

정의를 외면한 한국교회는 마침내 사회의 해악이 되는 지경까지 이르렀다. 지금의 한국 사회를 보고 있노라면 기독교가 없어지면 사회가 더 잘 돌아갈 것 같은 생각마저 든다. 전광훈의 소음이 들리지 않으면 합리적 대화가 가능한 세상이 되고, 교회가 문을 닫으면 코로나 집단 감염이 줄어들고, 목사가 없어지면 성추행과 성폭행의 비율이 감소하고, 대형 교회의 세습이 중단되면 훨씬 공정한 사회가 될 것 같으니 말이다.

우리가 분명히 알아야 할 것은 정의 혹은 공정이 가장 중요한 성경적 가치 가운데 하나라는 사실이다. 한국교회가 잘못한 것이지 성경이 잘못된 것이 아니다. 하나님께서는 사람들을 공정하게 대하시는 분이고, 나그네와 고아와 과부를 긍휼히 여기시는 분이다. 그의 뜻을 담은 성경은 페이지마다 정의를 선포한다. 성경이 말하는 그리스도의 참된 제자는 정의에 목마른 사람들이며 정의를 위해 박해를 감수하는 사람들이다(마 5:6, 10). 교회가 정의를 선포하지 않음으로써 사회적 역할을 감당하지 못하면 사람들의 신뢰를 잃어버리고 버림을 받는다. 정의가 실종된 교회 정치는 가장 부패한 시스템으로 전락하고 만다.

성경이 정의와 공정을 말하고 있지만, 성경에서 말씀하는 정

---

6 「개역개정」에서도 '정의'라는 단어는 모두 16회밖에 나오지 않는다. 97회 사용된 '공의'나 수백 회 사용된 '의'에 비하면 상대적으로 적다.

의의 함의는 우리 사회에서 일반적으로 통용되는 정의와 일치하지는 않는다. 세상에서의 정의는 성경적 정의의 그림자일 뿐이고, 정의에 관해 가장 정확하게 설명하는 책이 성경이라고 말해야 옳다. 사람들의 영혼에 정의에 대한 갈망이 심어져 있지만, 성경의 도움 없이는 그 갈망을 채울 수 없다. 성경적 정의의 특징을 세 가지로 정리하려고 한다.

정의는 여러 덕목 가운데 하나다

첫째, '정의'는 하나님의 여러 가지 성품 가운데 하나일 뿐이며, 성도들이 추구해야 할 많은 덕목 가운데 하나다. 정의는 주로 사회생활, 즉 사람들 사이의 관계에서 필요한 덕목이며, 특히 왕과 같은 공직자에게 요구되는 가치다. 정의는 사랑, 겸손, 지혜, 평화, 희생 등 다른 덕목들과 조화를 이루어야지, 오직 정의만을 추구한다면 오히려 정의에 도달하기 어렵다.

몇 가지 사례를 들어 설명하겠다. 대학교수들은 학기말만 되면 신경이 여간 날카로워지는 것이 아니다. 이는 평가의 공정성 때문이다. 요즈음 학생들은 자신의 점수가 생각한 것만큼 나오지 않거나 옆 친구보다 열심히 했는데 그보다 낮은 학점이 나오면 곧바로 항의 메일을 보낸다. 교수들도 제 살길을 찾는다. 학생들이 항의하기 어려운 문제를 내는 것이다. 구석에서 단답형 문제를 내거나 사지선다형을 내더라도 비비 꼬아서 어렵게 만든다. 학생들은 좋은 학점을 얻기 위해 그런 문제에 맞춰 공부하고, 그런 방향으로 머리가 발달한다. 그러나 그렇게 해서 학점을 잘 받은들 그게 진정한 실력일까? 게다가 교수들이 학생들로부터 비난받는 것을 두려워하다 보니, 학생과 교수 사이에 사랑과 존경의 관계가 형성되기 어렵다. 공정성 시비에 한두 번 말리다 보면, 교수들이 학생들에게 정이 떨어져 마음을 닫는 경우를 여러 번 보았다.

좀 더 넓은 사회적 이슈를 예로 들어보자. 대학 입시 정책의 방향을 결정하기 위해 정부에서는 '대입개편공론화위원회'를 조직하여 운영했다(2018년). 대학 입시와 같은 중요한 문제를 교육부가 독단적으로 결정하는 대신 집단 지성의 힘을 빌리기 위한 위원회였다. 대학 입시가 불공정하다는 목소리가 커지자 더 공정한 입시 제도를 만드는 것이 위원회의 어젠다 중 하나였다. 그러나 더욱 중요한 과제는 입시 제도에 변화를 줌으로써 대입 준비 학원이 되어버린 중고등학교 교육을 정상화해야 한다는 것이었다. 이는 공교육이 인간성을 계발하고 공동체 의식을 함양시키는 진정한 의미의 교육으로 돌아가야 한다는 요구를 실현하기 위한 논의다. 위원회는 시작하자마자 곧바로 공정성 문제에 몰두했다. 변별력이 확실한 수능이 더 공정한지, 아니면 학생 활동, 수상 기록, 봉사 등을 포함한 고등학교 생활 전반을 평가하는 학생부 선발이 더 공정한지에 대한 격렬한 토론이 있었다. 결국 위원회는 수능 시험을 통한 정시 모집 인원을 조금 늘리는 것으로 결론을 냈다. 애초에 교육 전반의 개편을 기대했던 것에는 훨씬 못 미치는 결과였다. 입시의 공정성이라는 작은 공정성에 몰두하다가 교육의 본질을 찾고자 하는 요구는 무시되고 말았다.

한 가지 더 이야기해보자. 2018년 평창 동계 올림픽 아이스하키 남북 단일팀 구성을 둘러싼 논란을 기억할 것이다. 동계 올림픽에 북한이 참여하기로 하고, 입장식 때 한반도기(旗)를 들고 남북이 함께 입장했으며, 여자 아이스하키 종목에서 남북 단일팀을 만들기로 합의했다. 본래 아이스하키팀은 22명으로 구성되는데, 남한 선수 23명에 북한 선수 12명이 추가로 들어가 총 35명의 엔트리를 구성하기로 IOC로부터 허락을 받았다. 하지만 매 경기 출전 선수는 22명으로 제한되기 때문에 남한 선수들의 기회가 줄어들 수밖에 없었다. 그러자 4년 동안 땀 흘려 준비한 선수들이 경기력 이외의 문제로 기회를 박탈당하는 것은 불공정하다는 생각이 네티즌들 사이에 공유되었고, 문 대통령의 직무 수행 지지율이 6퍼센트가량 떨어지기도 했다.

　　　나는 동계 올림픽이라는 체육 행사를 통해 남북 간에 대화의 분위기가 조성되고, 고위급 관리가 한국을 방문하는 것을 보며 큰 기대를 걸었었다. 단일팀이 구성되었다는 소식에 통일이 한 걸음 가까워진 것 같아 지레 즐거워했고, 매 경기 영패하다가 마침내 한일전에서 한 골을 넣고 코치와 선수들이 기뻐 뛸 때 나도 덩달아 뛰고 싶었다. 단일팀 구성의 공정성 논란에 대한 기사를 읽고 한참 동안 도대체 뭐가 문제인지를 알아듣지 못했다. 기사를 찬찬히 읽어보니, 세상이 바뀌긴 바뀌었나 보다. 나 때는 국가의 이익을 위해서라면 개인의 희생을 영광으로 생각했었는데…, 출전의 기회를 잃은 아이스하키 선수들 입장에서는 불공정한 처사가 맞다. 그러나 남북 해빙이 가져다줄 사회적 이익에 대해 좀 더 넓고 길게 볼 수는 없었을까 하는 아쉬움이 든다. 결과론적인 이야기지만 평창 올림픽은 이후 남북정상회담과 북미회담으로 이어지는 한반도 평화 프로세스의 물꼬를 트는 데 큰 기여를 했다고 평가된다. 우리 사회가 공정성이라는 잣대로 모든 것을 평가하는 오류에 빠진 것 같아 안타깝다.

공정성은 인격을 전제로 한다

둘째, 성경의 공정성은 인격을 전제로 한다. 공정한 입시, 공정한 채용, 공정한 보상은 언뜻 생각하면 기계적이고 산술적인 평등을 말하는 것 같다. 그러나 자세히 들여다보면 사람들이 진정으로 원하는 것은 단순한 물질적 보상이라기보다 확대된 인격체인 사회로부터의 공정한 대접이다. 마이클 샌델의 『공정하다는 착각』이 잘 보여주는 것처럼, 비록 경제적으로 부족하지 않은 삶을 산다고 해도 자기 일이 공동선(common good)을 위한 가치 있는 일이라는 확신이 없을 때, 사람들은 좌절하기 마련이다. 절차적 정의나 분배적 정의보다 더 중요한 것이 "기여적 정의"다. 육체노동자들이 자기 일이 월스트리트의 투자 상품 개발과 마찬가지로 가치 있는 일이라는 사회적 인정과 명성을 얻지 못한다면, 쉽게 우파 포퓰리즘에 빠진다는 것이 샌델의 진단이다.[7]

알다시피 사회적 인정의 시작은 부모로부터 받는 인정이다. 부모의 인정을 받지 못하고 자란 사람은 항상 자신이 불공정한 대우를 받는다고 생각한다. 그러나 부모의 사랑과 인정 속에서 자란 사람은 어지간한 불공정도 참고 넘어간다. 부모의 사랑보다 더 근원적인 것이 바로 하나님의 사랑이다. 부모의 사랑을 받지 못하고 자랐어도 하나님의 사랑에 젖어 살면 모든 억울함과 설움이 치유된다. 부모의 사랑을 많이 받았더라도 궁극적 사랑인 하나님의 사랑을 모르면, 작은 불공정은 견디지만 큰 억울함에 대해서는 좌절하고 분노한다.

송명희 시인(詩人)을 아는가? 이 시인은 뇌성마비로 고생하면

---

7   마이클 샌델, 위의 책, 제7장.

서도 위대한 신앙고백이 담긴 시들을 썼고, 거기에 최덕신이 곡을 붙였다. "주찬양선교단"은 1980년대 CCM의 새로운 유형의 시작이었다. 그중 가장 많이 불렸던 노래는 "나"였다. 가사는 다음과 같다.

> 나 가진 재물 없으나
> 나 남이 가진 지식 없으나
> 나 남에게 있는 건강 있지 않으나,
> 나 남이 없는 것 있으니
> 나 남이 못 본 것을 보았고,
> 나 남이 듣지 못한 음성 들었고,
> 나 남이 받지 못하는 사랑 받았고,
> 나 남이 모르는 것 깨달았네.
> 공평하신 하나님이, 나 남이 가진 것 나 없지만
> 공평하신 하나님이, 나 남이 없는 것 갖게 하셨네.
> 공평하신 하나님이, 나 남이 가진 것 나 없지만
> 공평하신 하나님이, 나 남이 없는 것 갖게 하셨네.

꾸밈이 없는 소박한 노래지만 수많은 사람에게 위로를 주었다. 송명희 시인은 누가 보아도 재물과 지식과 건강이 부족하다. 하지만 놀랍게도 그는 하나님을 '공평'하신 분으로 고백한다! 그는 위로의 하나님을 만났고, 그의 부드러운 음성을 들었으며, 그의 사랑을 충분히 경험했기 때문이다.

　　성경의 인간 저자들은 너나 할 것 없이 모두 고통스러운 현실 속에서 살았는데, 그 고통의 상당 부분은 불공평과 불평등 때문이었다.

그들은 자신의 현실에 대해 하나님께 호소했고, 하나님께서는 때로 그들의 기도를 들어주셔서 상황을 변화시키셨으며, 때로는 하늘의 위로를 풍성하게 내리셨다. 셀 수 없이 많은 예가 있지만, 야고보서의 예를 간단히 들도록 하겠다. 로마 제국은 정의롭지 못한 세계였고, 야고보의 공동체가 있는 제국의 변방은 더욱 차별이 심한 곳이었다. 공동체 의식이라고는 찾아볼 수 없는 각자도생의 정글이었다. 가난한 자들은 업신여김을 받았고, 임금은 떼이기 일쑤였으며, 반항하면 매를 맞고 법정으로 끌려가서 억울한 징역살이를 해야 했다. 하루가 멀다 하고 억울한 일을 당하며 죽지 못해 살아가는 사람들에게 야고보는 이렇게 말한다.

> 낮은 형제는 자기의 높음을 자랑하고, 부한 자는 자기의 낮아짐을 자랑할지니, 이는 그가 풀의 꽃과 같이 지나감이라. 해가 돋고 뜨거운 바람이 불어 풀을 말리면 꽃이 떨어져 그 모양의 아름다움이 없어지나니, 부한 자도 그 행하는 일에 이와 같이 쇠잔하리라(약 1:9-11).

> 내 사랑하는 형제들아, 들을지어다. 하나님이 세상에서 가난한 자를 택하사 믿음에 부요하게 하시고(약 2:5상).

하나님은 후히 주시고 꾸짖지 않으시는 우리의 아버지로서 온갖 좋은 선물을 주기를 기뻐하시는 분이다. 그와 깊은 관계를 맺고 기도하며 응답받는 성도는 인격 중의 인격이신 하나님으로부터 인정을 받기 때문에 더 이상 세상의 인정에 목말라하지 않는다. 그에게는 이 부조리하고 불공평한 세상이 평등하게 보인다. 이게 바로 믿음의 세계다.

불공정을 감내하는 사람을 통해 공정 사회가 이루어진다

셋째, 이미 망가진 세상을 공평하게 만드는 방법은 하나님의 인정을 받은 그리스도인들이 불공정한 대우를 기쁘게 감내하는 것이다. 성경의 예를 들어 설명하겠다. 베드로가 편지를 써서 보낸 공동체는 앞서 살펴본 야고보의 공동체보다 훨씬 더 극심한 고난 가운데 있었다. 당대의 그리스도인들은 마치 악한 도성 바빌로니아에 살던 디아스포라와 같이 부당한 대우와 차별과 박해 속에서 살았다. 그러나 그들은 불의한 세상을 고치라고 하나님의 선택을 받은 왕이요 제사장들이었다. 그들이 그 세계를 고치는 방식은 부당한 대우를 견디며 선을 행하는 것이었다. 집 안에서 일하는 노예들은 죄 없이 매를 맞더라도 슬픔을 참으며 주인을 선하게 대해야 한다. 아내는 자신을 함부로 대하는 남편일지라도 그에게 순종하면서 그의 구원을 위해 기도해야 한다. 그리스도인은 불의한 황제나 총독을 위해서도 의무를 다하며, 사회적으로 낙인을 찍어 괴롭히는 불량배들에게도 겸손하게 대해야 한다. 괴롭히다 지친 사람들이 스스로 부끄러워하며, 도대체 이렇게 바보같이 선량한 이유가 무엇이냐고 물으면, 그때야 비로소 우리 안에 진정한 소망이 있기 때문이라고 대답해야 한다(벧전 3:15).[8]

　　말도 안 되는 방식이다. 이런 식으로 어떻게 불공평한 세상이 고쳐진다는 말인가? 이래서 종교를 민중의 아편이라고 하나 보다. 세상을 공정하게 바꾸려는 노력의 예봉을 꺾고 쉽게 단념하고 타협하게 하

8　베드로전서의 상황과 가르침에 대해서는 베드로전서를 한 번 읽기만 해도 된다. 더 자세한 설명을 원하면 채영삼, 『공동서신의 신학: '세상 속의 교회', 그 위기와 해법』(서울: 이레서원, 2017), 제3장을 보라.

는 것이 아닌가? 기득권을 수호하려는 자들은 모든 능력을 다 동원하여 때론 교묘하게 때론 노골적으로 저항하는데, 이런 마음의 자세로 무슨 개혁을 이룬단 말인가? 이런 질문을 하는 사람들에게 베드로는 예수 그리스도를 예로 든다. 그는 죄를 범하지 않고 거짓을 말하지도 않았지만, 채찍에 맞고 나무에 달려 죽었다. 자기를 박해하는 자들에게 욕하거나 위협하지 않고 오직 공의로 심판하시는 하나님께 맡겼다. 이것이 불공정과 차별로 얼룩진 인간과 세상을 바꾸시려는 하나님의 방법이었다.

민건 믿지 않건, 받아들이건 받아들이지 않건, 이게 기독교의 방식이다. 손톱만큼 손해를 보아도 바로 검찰에 고소하고 까딱하면 가처분 신청에 헌법재판소를 들먹이는 요즘 교회들의 방식과는 딴판이다. 성경의 방식을 도저히 납득할 수 없다고 생각하는 분들은 영화 "레미제라블"을 꼭 한번 보라고 권하고 싶다. 좀 더 견고한 신학적 뒷받침을 원하시는 분들은 본회퍼(맞다. 전광훈 목사가 좋아하는 바로 그 본회퍼다)의 산상수훈 강해집 『나를 따르라』[9]를 읽으면 좋겠다.

필자의 이야기를 쓰는 것을 용서하고 읽어주시기 바란다. 나는 중고등학교 때 집, 학교, 교회만 다닌 소위 범생이었다. 공부를 잘해야 미래가 보장되고 학생은 공부가 본업이라는 말을 수없이 들었고, 이를 의심 없이 받아들였다. 교회에 열심히 나가고 주일성수와 십일조를 열심히 하면 하나님께서 지혜를 주셔서 공부를 잘할 수 있고 미래가 보장된다는 가르침을 철석같이 믿었다. 80학번 대학생이 되었을 때 '서울의 봄'을 맞았다. 데모와 휴교령의 반복이었다. 세상 물정에 어두웠던

---

9   본회퍼, 손규태 외 역, 『나를 따르라: 그리스도의 제자직』(서울: 대한기독교서회, 2010).

나는 도대체 왜 데모를 하는지 이해할 수 없었다. 하나님이 세상을 다스리시고, 세상은 질서 있게 돌아가며, 노력하면 그만큼 보상이 주어지는데, 뭐가 그리 불만이란 말인가? 철학과 동기생 가운데 Y라는 운동권 친구가 있었는데 그와 이야기할 기회가 있었다. 많은 이야기를 했지만 다른 건 기억에 없고, 이 말만 오래도록 기억에 남았다. "너는 네 실력과 노력으로 대학에 들어와서 공부하고 있는 줄 아는 모양인데, 너의 편안한 삶은 수많은 노동자와 농민들의 희생 위에서 가능한 거야!"

와우! 망치로 한 대 얻어맞은 느낌이었다. 이 말 한마디가 마음 깊은 곳에 뿌리내렸다. 이후 이 말은 성경을 읽거나 신학을 공부할 때, 세상을 읽고 책을 쓰거나 설교할 때, 변하지 않는 내 마음의 기본적인 자세가 되었다. 그렇다. 나는 좋은 부모 밑에서 태어나 혜택을 받고 자랐으며 좋은 교육을 받았다. 나의 노력도 전혀 없지는 않았지만, 노력을 중요하게 생각하는 자세도 후천적으로 배운 것이다. 나는 사람들에게 빚을 졌다. 나와 같은 나이에 고등학교만 나오고 직업 전선에 뛰어들어 공장에서 밤낮없이 일하는 사람도 있고, 친구를 잘못 만나 감옥에 갇힌 사람도 있으며, 이도 저도 안 되어 몸을 파는 불행한 여성도 많다. 나는 우리 사회의 개혁과 민주화를 위해 교도소에 가고 고문을 당하고 목숨을 잃은 사람들에게 빚진 자다. 그들의 희생에 무임승차하여 이렇게 자유를 누리고 있다. 미래 세대에 특히 부끄럽다. 나는 목사로서 한 시절 대우를 받으며 누렸으나, 후배들은 그런 기회를 더 이상 가질 수 없게 되었다. 나는 과대평가되었다. 하나님 앞에 설 수 없는 죄인이고 사람들에게도 치유하기 어려운 상처를 많이 주었는데, 하나님이 나를 불쌍히 여기셔서 지금의 지위를 유지하고 있다. 만일 내가 천국에 가서 말석에 앉게 된다면, 나를 존경하던 성도와 제자들에게는 민망한 일일 수 있으나, 절대 억울하지는 않을 것 같다. 이 세상에서 내가 한 일을 생각하면 과분한 대접을 받았기 때문이다. 가끔 일에 바쁘면 내가 뭐라도 된 양 오만해질 때도 있지만, 기도의 골방에 들어가면 곧바로 나 자신으로 돌아온다. 가끔 억울한 일을 당하면 화가 나서 원망할 때도 있지만, 기도의 골방에 들어가면 잠시 후 (때로는 몇 달이 걸리기도 하지만) 감사를 회복한다.

마이클 샌델은 미국의 상황을 분석한 후, 우파 포퓰리즘에서 벗어나기 위한 다음의 몇 가지 조언을 제공한다. 먼저 흔히 테크노크라트(technocrat, 기술관료)라고 불리는 교육받은 전문인들의 통치가 아닌, 시민 정신을 가진 일반인의 통치인 데모크라시(democracy, 민주적 통제)가 가능하도록 해야 한다. 전문인 양성이 아닌 시민 교양과 도덕심을 함양하는 방향으로의 대학 교과 과정 개혁이 필요하다. 그리고 일에 대한 존중감을 높이는 정책, 예컨대 사회적으로 기여한 사람들에게 정당한 보수를 지급하고 존중해야 한다는 등의 대안이다. 그러나 샌델에 따르면, 이 문제는 정책만으로는 안 되고 근본적으로 사람들의 마음이 바뀌어야 한다. 즉 우리의 성공이 자신의 능력과 노력 때문만이 아니고 우연에 의한 것임을 깨달아야 한다는 것이다. 이는 한마디로 '능력주의'(meritocracy)를 극복해야 한다는 말이다. "신의 은총인지, 어쩌다 이렇게 태어났기 때문인지, 운명의 장난인지 몰라도 덕분에 나는 지금 여기에 서 있다"라고 고백하는 겸손이 우리 사회를 좀 더 관대한 사회로 만들어줄 수 있다.[10]

마이클 샌델의 결론은 모든 개신교인이 기본적으로 가지고 있

---

10   마이클 샌델, 위의 책, 176-179, 286-296, 318-327 등을 보라. 마지막 인용구는 353.

는 신앙이다. 바로 이신칭의, 곧 행위가 아닌 믿음으로 의롭게 된다는 성경의 가르침이다. 샌델이 미국 사회가 반드시 극복해야 한다고 말하는 '능력주의'(meritocracy)는 종교개혁자들이 그렇게 싫어하던, 행위에 의한 구원(salvation by merit), 공로주의(meritism)의 다른 이름이다.

"원래 교회는 정치하는 집단…?"

"원래 교회는 정치하는 집단이다!" 2019년 1월, 한국기독교총연합회(한기총) 제25대 대표회장에 당선된 전광훈 목사가 당선 후 첫 공청회에서 한 말이다. 그는 "존 칼빈은 제네바 시장을 했고, 아브라함 카이퍼는 화란(네덜란드)의 최장기 총리였다. 이 둘뿐 아니라 미국의 공화당과 민주당이 보스턴에 있는 교회 안에서 출발했다. 미국 대통령은 지금도 성경에 손을 얹고 선서를 한다"라고 했다. 미국에 역사적 기원을 둔 '정교분리' 원칙은 정치가 교회에 간섭하지 말라는 것이지 교회가 정치하지 말라는 것은 아니며, 우리나라 이승만 대통령도 자유 민주주의, 시장 경제, 한미동맹, 기독교 입국론(立國論) 등 4대 기둥 위에 대한민국을 세우려 했다고 말했다. 그러면서 그는 자신이 이끄는 기독자유당이 2020년 총선에 참여하여 기독교 정신에 입각한 나라를 세우겠다고 선언했다.[1]

---

1   "한기총 전광훈 대표회장, '원래 교회는 정치하는 집단'", 「크리스천투데이」(2019년

그가 교회의 정치 참여의 정당성을 뒷받침하기 위해 예로 든 역사적 전거들은 대부분 사실과 다른 부정확한 내용이다.[2] 그러나 그가 제기한 "원래 교회는 정치하는 집단이다"라는 명제는 자세히 분석하고 새겨보아야 할 말이다.

태극기와 십자가

'86세대'라고 불리는 우리 세대가 한창 공부했던 80년대와 90년대는 기독교가 지성인들 사이에서 비판받기 시작한 시절이었다. 그 당시의 주요 사회적 의제는 '민주화'였는데, 민주화 운동에서 기독교가 도대체 무슨 역할을 했느냐고 비난받았다. 열심히 전도하여 사람을 모으고, 부흥하면 예배당을 신축하고, 기도원을 짓고, 묘지를 사고…, 이런 식으로 교회 자체의 성장에만 몰두했지 민족과 역사를 위해 한 일이 없다는 것이다. 당시는 대학 개학과 동시에 시위를 시작할 정도로 민주화 열기가 뜨거웠고 결국 1987년에 넥타이 부대의 동참으로 직선제 개헌을 이루어낸 시대였다. 그러나 교회는 여기에 참여하지도 이 문제에 대해 언급하지도 않고 잠잠했다. 나 역시 내가 출석하던 교회의 담임목사님이 민

    1월 30일).

2   전광훈이 예로 든 역사적 사건들은 거의 다 부정확하다. 장 칼뱅은 제네바 시장을 한 적이 없고, 카이퍼는 네덜란드의 총리를 역임(1901-05)했으나 최장기 총리는 아니었다. 미국 공화당의 출발지는 1854년 위스콘신주 리폰(Ripon)의 리틀화이트 스쿨하우스(Little White Schoolhouse)이며, 민주당의 출발은 1828년이고 전사(前史)는 1792년 토머스 제퍼슨까지 거슬러 올라가는데, 그 출발지는 알려지지 않는다. '정교분리'는 미국보다 유럽에서 훨씬 오랜 역사를 가진 개념이며, 정교분리의 내용이 종교는 정치에 간섭하지만, 정치는 종교에 간섭할 수 없다는 것은 전혀 맞지 않는 것이다.

주화에 대해 설교하는 것을 단 한 번도 들어본 일이 없다. 교회 청년 몇 사람이 군사정부를 비판하는 글을 회지에 실었다가 장로님들에게 불려가 야단을 맞은 기억이 있다. 신학교에서도 이 문제를 다루는 교수님은 없었고, 단지 교회는 영적인 일에 관심을 가져야 하고 정치 문제에는 간섭할 필요가 없다는 '정교분리'의 원칙을 앵무새처럼 반복할 뿐이었다. 정부는 하나님이 세우신 것이니 순종해야 한다는 로마서 13:1-7의 말씀을 금과옥조로 여기면서 말이다.

2003년 3월 1일, "반핵반김 자유통일 삼일절 국민대회"라는 긴 이름의 집회가 열렸다. 김대중 정부를 계승한 노무현 정부의 햇볕정책을 비판하고, 한미 간 전시작전통제권을 유지하자고 하며, 사립학교법을 반대하기 위한 대중 집회였다. 수만 명이 동원된 큰 대회였는데, 그 주최자가 놀랍게도 그리스도인들이 중심이 된 뉴라이트 단체였다. 기독교 보수주의가 전면에 등장한 최초의 집회였다. 저간의 사정을 아는 사람들은 모두 어리둥절했다. '아니, 독재 정권하에서는 그렇게도 정교분리를 외치던 그리스도인들이 거리에 나와서 데모를 하다니! 깃발을 들고, 머리에 띠를 두르고, 주먹을 불끈불끈 쥐어 처들어 올리며, 때로는 삭발도 하고 단식도 하면서 말이다. 과거 운동권 학생들이 하던 방식을 그대로 닮았네.' 노무현 정부하에서의 이 대회를 기점으로 기독교와 태극기 그리고 가끔씩 성조기도 함께 등장하는 소위 태극기 집회가 시작되었다. 과거 권위주의 정부 시절 정교분리를 외치던 사람들이 민주화의 열매인 표현의 자유를 구가하며 대통령을 대놓고 비난하게 된 것이다. 오랜 세월 정교분리 원칙을 고수하던 한국교회는 적극적으로 정치적 발언을 하게 되었으며, 마침내 "원래 교회는 정치하는 집단"이라고 주장하는 데까지 이르렀다. 대체 무슨 일이 있었던 걸까?

정교분리 원칙을 둘러싸고 난감한 처지에 놓인 것은 보수적 그리스도인들만이 아니다. 과거 민주화 시대 진보적 학자와 신학자들은 보수적 교회의 정교분리 원칙을 비난했었다. 한국의 기독교가 교회 성장에만 몰두할 뿐 민족의 중대한 문제에 참여하지 않는 내세 지향적이고 이원론적 종교로 전락했다고 말이다. 그들은 한국교회의 정교분리가 뿌리내리게 된 시작점을 1907년 평양 대부흥 운동에서 찾았다. 심령의 부흥을 강조함으로써 눈을 안으로 돌리게 만들어 '비(非)정치화', '비(非)민족화'의 기초를 놓았다는 것이다. 삼일 운동 때 잠시 민족 운동에 참여하는 듯했으나, 기독교의 주류를 이루는 선교사들은 이때도 정교분리를 내세워 그리스도인들이 민족 운동에 참여하는 것을 반대했다. 보수적 기독교는 일제강점기와 한국전쟁 시기, 그리고 그 이후에도 이런 기조를 지속적으로 유지했고, 마침내 민주화 운동에도 참여하지 않는다는 비판을 받았다.

진보적인 학자와 신학자들에게도 2003년 이후 보수적 기독교의 적극적인 정치 참여는 설명하기 힘든 난제였다. 정교분리의 원칙을 벗어버리고 이제 정치에 참여하려는 보수적 기독교를 어떻게 보아야 하는가? 과거에 한국교회의 비정치화를 비판했으니, 이제 정치의 한복판에 서게 된 보수적 기독교를 칭찬해야 할 것인가? "원래 교회는 정치하는 집단"이라는 명제는 옳은 것인가? 도대체 교회는 정치에 참여해야 하나, 말아야 하나? 정교분리 원칙은 성경적인가, 아니면 성경에 어긋나는가?

정교분리(政敎分離, separation of church and state) 원칙을 성경적·역사적으로 살펴보려면 책 한 권 분량으로도 부족하다. 이는 정교분리에 대한 입장이 다양할 뿐만 아니라 그 입장들이 정립되기까지 오랜 역사적 변화의 과정을 거쳤기 때문이다. 그 변화는 단순한 사상적 변화가 아니라 숙청과 혁명과 전쟁을 통한 변화였다. 게다가 그렇게 정립된 이론들은 국가 및 사회의 역사와 종교적 기반에 따라 다양한 적용이 가능한 것들이다. 그 적용의 흔적은 각국 법원에 판결문의 형태로 간직되어 있으며, 그 판결문의 다수 의견과 소수 의견들은 지금도 정교분리와 관련된 사안들의 판결 근거로 사용된다. 정교분리에 관한 제대로 된 저서가 나올 것을 기대하면서, 이 짧은 글에서는 정교분리 원칙의 뿌리로 돌아가서 가장 근원적인 문제가 무엇이며, 이것이 우리의 과거와 현재에 적용되는 방식들이 무엇인지에 대해 간단히 살펴보려고 한다.[3]

정치와 종교의 관계: 경쟁 관계

정치와 종교의 관계 혹은 정치 이념과 신앙의 관계는 복잡한 문제를 야기할 수밖에 없는 기본적인 구조를 갖는다. 한마디로 정치와 종교는 각각 자기가 인간의 삶의 중심에 서고 상대의 영역을 자기 밑에 두기를 바라는 경쟁 관계에 있는 두 영역이다. 인간과 사회의 삶을 구성하는 영역들 가운데 경제, 가정, 예술, 학문 등도 있지만, 중요성을 따지면 정치와

---

3   '정교분리'(정치와 종교의 분리)라는 말은 영어 'separation of church and state'의 번역으로서, 직역하면 '교회와 국가의 분리', 혹은 '교회와 정부의 분리'가 될 것이다. 영어가 좀 더 구체적이라면 우리말 번역은 포괄적이다. 미국의 경우 교회의 권한과 정부의 권한의 한계를 법정에서 다투는 배경(예컨대 공립학교에서 십계명을 가르칠 수 있는가?)을 가지고 있다면, 우리나라의 경우는 국가에 대한 저항, 기독교와 정치 이념의 관계, 기독교정당 활동의 찬반과 같은 넓은 의미의 정치적 영역을 포함한다. 이 글에서는 정치와 종교, 정부와 교회, 국가와 기독교, 신앙과 이념 등을 혼용해서 쓸 것이다.

종교가 단연 으뜸이다.

　　먼저 종교 영역을 설명해보자. 종교 혹은 신앙(faith)은 우주와 인생에 관한 근본적 질문에 대한 대답으로서, 인간의 사고와 사회적 삶을 결정하는 최종적 동기를 제공한다. 또한 세상의 모든 문제의 근원에 있는 궁극적 문제들, 예컨대 우주와 생명의 기원, 인간의 목적, 삶의 의미, 인간이 추구해야 할 가치, 도덕적이며 심미적인 판단의 근거, 죽은 후의 세계 등과 같은 문제들을 다룬다. 인간이라면 누구도 이런 질문들을 피해갈 수 없다. 따라서 종교 혹은 신앙의 영역은 보편적이다. 또한 모든 질문의 근원을 다루기 때문에 궁극적이다. 이에 대한 답을 얻은 사람들은 그것을 위해 자신의 생명도 바칠 수 있을 정도로 절대적이기도 하다. 이런 영역은 보통 영원불변한 초월적 절대자를 믿는 종교의 형태로 표현되지만, 무신론이나 진화론도 위의 세 가지 특징을 다 가지고 있기에 신앙의 일종이라고 볼 수 있다. 어떤 종류든 신앙을 가진 사람들은 자신이 믿는 바를 삶의 모든 영역에서 펼치고 싶어 할 것이다.

　　다음으로 정치를 생각해보자. 정치 영역은 인간의 삶 전체를 포괄하는 영역이다. 대한민국 헌법을 한번 읽어보면 얼마나 광대한 영역을 포괄하는지 알게 될 것이다. 정치권력 구조와 행정뿐 아니라 인권, 경제 제도, 치안, 교육과 학문, 성(性)과 가정, 문화 활동 등에 정치가 두루 펼쳐져 있다. 입법 기관은 제도를 만들고, 행정부는 그 법에 따라 제도들을 운용하며, 사법 기관은 법대로 사회가 돌아가고 있는지를 살핀다. 이 법들이 지향하는 한 방향이 있는데 그 방향성을 가리켜 '이념' 혹은 '이데올로기'(ideology)라고 부른다. 이념은 사회 집단의 행동과 생활양식을 규정하는 체계로서 역사적 과정을 통해 변화되어왔다. 민주주의, 사회주의 등의 정치경제적 이념도 있고, 민족주의, 여성주의, 생태주의 등 삶의 중요한 가치를 중심으로 한 이념도 있다.

정치 영역의 중요한 특징은 강제력을 가졌다는 점이다. 정부는 재정 집행과 행정 명령을 통해 인력과 재화를 분배하고, 세금을 거두며, 사회 서비스를 위해 일정 기간 복무하게 하고, 명령을 이행하지 않는 사람들에게 벌금을 매기며, 구금하고, 사형을 집행할 수도 있다. 전쟁을 수행하기 위해 군대를 유지하고, 사람과 물자를 징발하며, 필요하면 전투를 명령한다. 국가는 법의 힘뿐 아니라 경제력, 학문적 권력, 문화 권력, 여론을 움직이는 힘 등도 함께 운용한다. 코로나19 시대에 국가가 가진 힘이 얼마나 막강한가를 새삼 깨닫게 된다. 물론 방역을 위해서지만, 국가는 사람의 검체를 채취하여 분석하고, 신용카드 정보와 스마트폰 정보, CCTV 등을 통해 위치를 추적하며, 확진자를 격리시키고, 동선을 숨기는 사람을 처벌하며, 코로나가 발생한 건물을 폐쇄한다. 의약품, 마스크, 백신 등을 구매하여 분배할 때 누구에게 먼저 지급하는가를 결정함으로써 결국 죽을 사람과 살 사람의 순번을 매길 권리를 갖는다. 이 모든 것을 강제로 한다. 방역의 대상에는 교회와 성직자도 예외가 될 수 없다는 점이 분명히 드러났다.

인류 역사의 어떤 시점을 보더라도 종교 영역과 정치 영역이 가장 중요한 두 영역이었다. 어느 국가든지 국가 권력과 더불어 종교가 존재한다. 성경을 보아도 마찬가지다. 모세를 통해 고대 국가 체제가 갖추어질 때도 모세와 아론이라는 두 인물이 백성들을 인도했는데, 모세는 정치 지도자로서, 대제사장 아론은 종교 지도자로서 그 역할을 나누어 맡았다. 모세 이후에도 지속적으로 사사 혹은 왕이 백성들을 통솔하고 전쟁을 수행했으며, 제사장들은 이스라엘 백성의 종교적 삶을 담당했다.

원래 교회는 정치하는 집단

종교는 보편성, 궁극성, 절대성의 특징을 지니고, 정치는 포괄성과 강제성이라는 특징을 지닌다. 여기서 자연스럽게 종교와 정치의 협력과 경쟁 관계가 형성된다. 종교는 보편적이며 궁극적인 가치를 세상에 펼치기 위해 정치적 이념을 필요로 하고, 정치적 이념은 사람들로부터 절대적 지지를 얻기 위해 종교적 신앙을 필요로 한다.

우선 종교가 정치를 필요로 한다는 점을 살펴보자. 우리가 믿는 복음이란 단지 세상으로부터 구원받아 천국 백성이 되는 것만이 아니라 이 땅에서 하나님 나라를 이루는 일을 포함한다는 사실은 이제 상식이 되었다. 그렇다면 신자들이 하나님 나라를 이 땅에서 이루기 위한 방식은 무엇인가? 방방곡곡에 교회를 세워 모든 사람에게 복음을 전하는 방식인가? 교회가 많이 세워지더라도 하나님의 뜻이 저절로 펼쳐지는 것은 아니다. 삶의 모든 영역에서 하나님의 뜻을 이루기 위한 방법은 바로 기독교가 정치 이념을 하위 개념으로 두는 것이다.

우리 기독교의 역사를 잠깐 살펴보면, 우리 조상들이 소용돌이치는 민족사 한가운데서 하나님의 뜻을 어떻게 구현하려고 했는지를 알 수 있다. 기독교는 하나의 종교로 남아 있었던 것이 아니라, 그 시대마다 가장 하나님의 뜻과 가깝다고 생각되는 정파들을 선택하여 손을 잡았다. 구한말 기독교가 한국에 전래되었을 때 기독교는 개화파와 같은 길을 걸었다. 대다수의 그리스도인은 기독교와 함께 전파된 서양 문물과 정신을 수용함으로써 기독교의 정의와 평등의 정신을 구현하려고 했다. 일제강점기 삼일 운동을 비롯한 민족 운동의 기반에는 민족주의와 융합한 사회 진화론(Social Darwinism)이 있었는데, 기독교가 바로 이 정치 이념과 결합하여 기독교 민족주의라는 독특한 사상을 낳았다.[4] 해방 후에도 기독교는 정치를 멈추지 않았다. 북한에서는 조만식이 조선민주당을 창당하여(1945년 11월) 기독교 정신에 입각한 정치를 하려고 했고, 남한에서는 전광훈 목사의 말대로 이승만이 기독교 입국론을 주장했다. 군사정권이 들어선 후에도 기독교는 지속적으로 정치적 영향력을 행사했다. 국가 주도의 산업화와 반공주의에 적극적인 지지를 보냈다. 기독교가 정치에 관심이 없어서 정교분리를 주장한 것이 아니라, 그리스도인들이 주장하는 정치 이념(반공주의·시장 경제·친미)이 군사정권의 노선과 일치했기 때문에 간섭할 필요를 느끼지 못한 것이다. 이런 맥락으로 보면 십자가와 태극기를 앞세운 2003년 반정부 대회는 전혀 이상한 일이 아니다. 꼭 전광훈 목사의 입을 빌리지 않더라도, 대한민국 역사 속에서 교회는 정치하는 집단이었던 것이다.

우리나라 기독교만 그런 것은 아니다. 미국의 경우 미국 독립혁명을 거치면서 '국교 금지의 원칙'(non-establishment)이 정립되어 개신교가 드러내놓고 정치에 개입할 수는 없었다. 하지만 개신교는 여러 가지 방식으로 미국 정치에 참여해왔다. 최근만 보더라도 1980년 보수주의의 일격이었던 레이건 대통령 당선에서 복음주의 기독교가 큰 공헌을 했다는 사실은 잘 알려져 있다. 특히 제리 폴웰이 세운 '도덕적 다수'(Moral Majority)라는 시민 단체가 큰 역할을 했다. 폴웰은 버지니아주 린치버그의 리버티 대학교(Liberty University)의 설립자이기도 한데, 이 대

---

4   앞서 진보적 그리스도인들이 1907년 평양 대부흥 운동이 한국 기독교가 비정치화, 비민족화의 길을 걷게 된 단초를 제공했다고 주장했는데 이는 사실과 많이 다르다. 부흥 운동을 통해 자아에 대한 의식뿐 아니라 민족의식도 깨어났다고 해야 옳을 것이다. 장동민, 『대화로 풀어 보는 한국교회사 1』(서울: 부흥과개혁사, 2009), 제3장을 보라.

학의 "교리적 선언"에는 성경 무오성, 창조과학, 세대주의적 전천년주의, 세계 선교 등의 기독교 교리와 관련된 내용뿐 아니라, "정치적 정당성(political correctness)에 대한 절대적 반대, 정치적 보수주의에 대한 강한 헌신, 사회주의에 대한 전적인 거부, 자유 기업(free enterprise)이라는 미국의 경제 제도에 대한 확고한 지지" 등의 정치적 이념도 포함되어 있다. 2016년과 2020년 미국 대선에서 도널드 트럼프를 지지한 대다수 미국 복음주의 그리스도인들도 자신들이 수호하는 성경적 가치가 트럼프 후보를 통해 미국 사회에 펼쳐지기를 원했던 것이다.

지금까지 종교 혹은 신앙의 영역은 모든 것을 포괄하려는 특징이 있기 때문에, 다른 모든 영역 특히 정치 영역을 통해 종교가 추구하는 가치를 세상에 펼치려고 한다는 사실을 역사를 통해 살펴보았다. 이번에는 반대다. 정치 영역이 종교를 필요로 한다. 인간의 삶을 포괄적으로 규정하고 이끌어가는 정치는 절대적 이념 혹은 신앙을 요구한다. 평화 시에는 국민을 하나로 통합하기 위해, 전시에는 국민을 동원하여 전쟁을 수행하기 위해, 절대자의 이름과 권위가 필요하다.

동서고금의 모든 독재자는 신(神)의 이름을 빌려 정권의 정당성을 주장하든지, 그것이 여의치 않으면 아예 자신이 신(神)이 되어버린다. 이는 아마도 불안 때문일 것이다. 성경의 통치자들은 밤에 잠을 이루지 못하고 무서운 꿈을 꾸곤 한다. 이집트의 파라오도(창 41:1), 바빌로니아의 느부갓네살도(단 2:1; 4:5), 페르시아의 아하수에로 대왕도(에 6:1) 마찬가지였다. 제국을 다스리기에 턱없이 허약한 정신을 뒷받침하기 위해서는 종교의 도움이 필요하다는 의미다. 히틀러의 뒤에는 로마 가톨릭 추기경 아돌프 버트람과 개신교의 '독일 그리스도인'(Deutsche Christen)이 있었고, 일본 제국주의의 배후에는 태양신의 아들이라고 일

컬어지는 일왕이 있었다. 2019년 미국 대통령 트럼프는 조지 플로이드 사망 사건에 항의하는 시위대를 향해 군대를 동원하겠다고 밝히면서, 백악관 인근 세인트존스 처치에 가서 한 손에 성경을 들고 사진 촬영을 했다. 자신의 결정은 하나님의 뜻에 따른 것임을 선포하면서, 복음주의 그리스도인들이 자신의 결정을 지지해주기를 바라는 의도였으리라. 자신을 신(神)으로 선포한 독재자들도 있었다. 요한계시록 13장에서 로마 황제를 상징하는, 바다에서 올라온 짐승이 대표적인 예다. 또 하나의 짐승 즉 땅에서 올라온 어린양 같은 짐승은 황제의 이름으로 기적을 일으키고 그의 신상을 만들어 그를 신격화했다(계 13:1-15).

　　　종교의 도움을 받지 않는 순수한 세속 국가는 불가능한가? 역사상 그런 시도가 여러 차례 있었다. 선한 본성과 합리적 이성의 신봉자였던 공자는 기적이나 초자연을 '괴력난신'(怪力亂神)이라고 하여 그것에 의존하지 말라고 가르쳤다. 유교적 철학에 근거하여 통치의 근간을 세운 조선의 경우 세계 최초, 최장의 세속 국가였다. 그러나 겉보기만 그럴 뿐 조선 시대에는 하늘[天]을 인격화하여 제사를 지내기도 했고, 고대성(古代性)에서 그 신성함의 근원을 찾아 의지하기도 했다. 프랑스 대혁명의 주창자들은 기독교로부터 결별하고 인간 중심의 사회 계약설에 기반을 둔 사회를 상상했다. 그러나 이들 역시 이신론(理神論, Deism)의 일종인 "최고 존재의 제전"(Culte de l'Être suprême) 혹은 "이성의 제전"(Culte de la Raison) 등의 종교적 의식을 행했다. 신성을 배제한 정치철학의 대표적인 예는 공산주의일 것이다. 그러나 스탈린은 스스로를 우상화했고, 모택동이나 북한의 수령들도 신의 반열에 올랐다.

정치와 종교의 통합은 타락을 의미한다

종교와 정치, 신앙과 이념은 서로 경쟁하는 두 영역이면서 동시에 서로 결합하려는 경향성을 띤다. 종교는 현실 정치와 결합함으로써 자신의 세계관과 가치에 따라 삶의 전 영역을 지배할 수 있게 되고, 정치는 종교를 통해 절대성을 확보하려고 한다. 이로써 국내적으로는 국민을 통합하고 통제할 수 있고, 대외적으로는 전쟁을 수행할 정신을 갖추게 된다. 독재자들의 구미에 딱 맞는 환경과 정서가 이루어지는 것이다.

그러나 역사적으로 종교와 정치가 통합된 체제는 가장 악한 체제로 판명되었다. 모든 권력은 타락하고 그 권력이 절대적일수록 절대적으로 타락하는 법인데, 종교와 정치를 결합한 가장 큰 권력을 가진 전체주의 체제가 순수하게 유지되는 것은 애초부터 불가능하다. 국내적으로는 사회 통합이라는 미명 아래 자유를 억압하며 체제에 순응하지 않는 자들을 격리시키고 수용소로 보내버린다. 대외적으로는 자신의 우월한 체제를 전파한답시고 전쟁을 일으켜 인류 역사에 치유할 수 없는 상처를 남긴다. 어쩌면 정치가들이 전쟁을 일으키려는 군국주의적 야욕 때문에 절대적 신앙의 영역을 침범하는 건지도 모른다. 이 체제가 무서운 것은 절대적 무오류를 주장하면서 종교적 헌신을 강요한다는 점이다. 종교와 정치권력이 결합하여 가장 타락한 세계를 만든 역사적 사례는 너무 많아 일일이 사례를 들기도 어렵다. 기독교적 체제라고 특히 다른 것은 아니다.

한 가지 사례만 들어보자. 조지프 매카시(Joseph McCarthy, 1908-1957년)는 냉전이 한창이던 1950년대 미국 상원의원이었다. 그는 1950년 2월 미국 웨스트버지니아주 여성 공화당원 대회의 연사로 나서 폭탄 발언을 했다. "미 국무부는 공산주의자에 의해 점령되었습니다. 지금 내 손에는 국무부 내에서 일하면서 정책을 만드는 공산당원 205명의 명단이 있습니다." 반대파를 공산주의자로 몰아 공직과 기업에서 쫓아내는 반공선풍(Red Scare)의 시작이었다. 루즈벨트의 뉴딜과 트루먼의 페어딜 등 복지국가를 지향하는 진보적 정책까지 공산주의와 연계시켰다. 학계와 언론계뿐 아니라 예술계에도 공산주의가 침투했다고 하여 수많은 배우와 연출가들을 할리우드에서 쫓아냈다. 이렇게 철저한 반공사상의 배후에는 그의 가톨릭 신앙이 자리 잡고 있었다. 아일랜드계 가톨릭 교도인 그는 예배나 고해성사에 빠지는 법이 없었다고 한다. 반공주의와 기독교 신앙이 하나가 된 것이다.

조지프 매카시는 미국 극우정치와 기독교 신앙 통합의 시초였다. 이후 역사적 과정을 거쳐 트럼프를 지지하는 미국 근본주의로 진화하여 오늘에 이른다. 매카시즘과 트럼피즘은 공통점이 있는데, 엘리트에 대한 반감, 지도급 인사들의 타락상에 대한 비판, 공산주의의 위협 등을 통해 대중의 공포와 지지를 불러일으키는 것이다.[5] 이 둘의 특징 가운데 하나를 덧붙이자면 바로 이들이 기독교 복음주의자들의 지지를 받는다는 사실이다.

우리나라 전광훈 목사도 극우정치와 기독교 신앙이 통합된 형태의 하나다. 하나님의 이름과 권위로 대중을 끌어모아 정치 세력화함으로써 권력을 잡으려는 것이다. 기독교의 가르침이 정치 이념과 동일

---

5   매카시즘과 트럼피즘을 비교하는 재미있는 기사다. Beverly Gage, "McCartyism was never defeated. Trumpism won't be either," *The Washington Post*, Dec. 4, 2020. 이 기사는 1950년대 매카시즘과 약 70년 후의 트럼피즘 사이의 유사성을 지적하면서 이 둘 사이에 연결고리가 있음을 보여주었다.

시되고, 그것이 한 인물로 체화되었다. 전광훈은 자신이 하나님과 늘 대화하는 사람이라고 주장하고 자신이 "성령의 본체"라고 믿는다. 자신은 절대 선(善)이고 자기를 거스르는 것들은 악으로 규정되기에, 그를 따르는 이들에게 그는 무오류의 존재다. 그는 흔들리는 대중에게 확신을 주고 그 대가로 권력을 얻었다.

정치와 종교의 관계: 긴장 관계

하나님 나라를 이 땅에 이루는 것을 삶의 목적으로 생각하는 그리스도인들이 정치를 통해 이를 실현하려는 것은 참으로 당연하다. 이 점에서 "원래 교회는 정치하는 집단"이라는 말은 옳다. 그러나 앞에서 살펴본 것처럼 기독교 신앙이 하나의 정치적 이념과 동일시되면 인류 역사에 해를 끼치게 된다. 이 점에서 "교회는 정치하는 집단"이어서는 안 된다. 도대체 이 둘의 관계를 어떻게 정립할 수 있을까? 한마디로 정치와 종교는 긴장 관계에 있어야 한다. 기독교적 가치는 정치 이념의 기초를 제공해주고, 일정 시점에서는 이 둘이 같이 가는 것처럼 보이지만, 이 둘이 결코 동일시될 수는 없다. 예를 들어 구한말 기독교가 처음 전파되었을 때 기독교는 개화(근대화)라는 정치적 이념과 거의 동일시되었다. 부흥 운동은 백성들의 정신을 깨움으로써 구습과 미신을 버리게 했고, 신분 차별을 없앴으며, 애국심을 고양했다. 그리스도인이든 아니든 당시 사람들의 눈에 기독교와 서구의 민주주의, 근대적 교육과 애국심은 거의 동일한 것으로 보였다. 그러나 기독교와 근대화는 결코 같은 것이 아니다. 역사적인 한 시점에서 기독교의 가치를 가장 잘 구현한 이념이 근대화였을 뿐이다. 100년 전 근대주의(modernism) 정신을 체화한 기독교는 근대주의의 약점(양극화, 기후 변화, 국가주의 등)이 드러난 포스트모던 시대에 자신을 변화시키지 않음으로써 도태될 지경에 이르렀다.

정치와 종교가 한편으로는 연합하고 다른 한편으로는 긴장 관계에 있다면, 정치를 대하는 그리스도인의 자세는 어떠해야 하겠는가? 세 가지 정도로 나누어 설명하겠다.

첫째, 기독교는 기존 정치 이념을 감시하고 비판하는 역할을 해야 한다

기독교가 정치 이념의 기초를 제공하지만, 그렇다고 이 둘이 동일시될 수는 없다. 기독교는 현실 정치가 기독교로부터 제공받은 가치를 제대로 실천하고 있는지, 기성 정치로 제도화되면서 권력을 남용하지는 않는지, 내부적 타락이 생기지는 않았는지 감시하고 비판해야 한다.

구약 시대 이스라엘에는 정치를 담당하는 왕과 종교를 담당하는 제사장이라는 두 제도가 긴장을 이루고 있었다. 둘 다 하나님으로부터 났고 하나님의 뜻을 삶에서 실현하기 위한 제도였다. 왕은 외부의 적으로부터 국가를 보호하고 정의로운 정치를 펼쳐 백성이 평화롭게 살 수 있도록 해줄 의무가 있었고, 제사장은 토라(율법)를 가르쳐 백성들의 신앙과 정신이 타락하지 않도록 해야 했다. 왕과 제사장은 서로 협력하면서 나라를 다스리는 관계였다. 그러나 왕과 제사장의 길이 항상 나란히 갈 수는 없었다. 권력을 가진 왕은 자주 타락했는데, 이때 토라를 잘 아는 제사장은 왕과 백성을 바른길로 인도하고 책망해야 했다. 당연히 이 둘 사이에는 갈등이 생겼고, 많은 경우 칼을 가진 왕이 하나님의 뜻을 전하는 제사장들을 박해하곤 했다. 그러나 만일 왕과 제사장이 유착하여 함께 이익을 공유한다면 어떻게 될까? 이번에는 하나님께서 제사장 가운데 한두 사람을 예언자로 택해 타락한 왕과 제사장들을 책망하신다. 예레미야나 에스겔 같은 사람들이 대표적인 예언자다. 예언자의 말도 듣지 않으면? 체제의 종말이다.

　　　대한민국의 경우 보수와 진보 두 정치 세력은, 인정하든 인정하지 않든, 모두 기독교적 가치로부터 출발했다. 특히 보수주의의 가치인 도덕과 규범에 의한 정치, 가족의 가치, 자기실현에의 열정, 기업가 정신, 청지기 정신, 애국심, 희생정신 등은 그 뿌리가 영미의 복음주의에까지 거슬러 올라간다.[6] 이는 기독교 선교사들을 통해 우리나라에 도입되었으며 교회의 설교를 통해 지금까지 전해져 내려온다. 그러나 과연 대한민국의 보수적 정치인이나 지식인들이 위와 같은 정신을 얼마나 유지하고 있는지는 의문이다. 기득권을 지키기 위한 불법 카르텔이 견고하고, 성 접대가 일상화된 것을 보면 가정은 이미 무너졌다. 자기실현이나 기업가 정신을 이루기보다 어떻게든 아파트를 유지해서 세습하려는 데 급급하고, 받은 것을 가난한 자들에게 흘려보내는 청지기 정신

6　보수주의의 뿌리와 정신을 가장 잘 정리한 책으로는 러셀 커크, 이재학 역, 『보수의 정신: 버크에서 엘리엇까지』(서울: 지식노마드, 2018)를 참고하라. 미국 보수의 정체성을 위한 연구소인 러셀 커크 재단(The Russell Kirk Legacy Trust)은 보수의 10대 원칙을 정리했다(위의 책, 794-805). ① 불변하는 도덕적 질서가 존재함을 믿음, ② 전통적 관습과 지혜를 중시함, ③ 규범 윤리, ④ 신중함이라는 원칙, ⑤ 다양성의 원칙, 지상에서 평등은 불가능함, ⑥ 이 세상은 불완전하기에 이상주의 배격, ⑦ 사적 소유와 재산권 중시, ⑧ 강제적 집산주의가 아닌 자발적 공동체를 지지, ⑨ 무정부 상태나 독재가 발생하지 않도록 균형 유지, ⑩ 합리적이고 온건한 변화 등. 이 10가지 정의에 따르면 우리나라에서 흔히 '보수'로 분류되는 세력들은 ⑦번 혹은 ⑧번 정도의 특징을 제외하고는 보수라고 불리기 어려울 듯하고, 그저 기득권을 유지하고자 하는 세력 정도가 아닌가 생각된다. 이 정의에 따라 나 자신을 평가해보면, 거의 보수주의자에 가깝다.

은 고사하고 세금조차 안 내려고 한다. 나라를 위해 자신을 희생하기는 커녕 애국심 마케팅이 판을 친다. 한국 기독교가 보수주의의 진정한 후원자가 되기 위해서는 현재 보수주의와 자신을 동일시할 것이 아니라, 지금의 보수 세력이 과연 원래 기독교에서 출발한 보수주의의 가치를 담지하고 있는지를 살피고 책망해야 한다. 그리스도인들이 목소리를 내지 않으면 보수주의자들이 그렇게도 두려워하는 급격한 혁명에 의한 무정부의 혼란이 도래할 것이다. 그리고 그 혼란은 놀랍게도 급진 좌파가 아닌 극우파로부터 시작되는 것이 세계적 추세다.

믿지 못하는 사람이 많겠지만, 진보적 가치도 성경에서 유래한다. 정의로운 세상, 가난한 사람과 소수자도 차별받지 않는 사회, 부가 대물림되지 않는 경제 제도, 평화를 지향하는 정치, 지속 가능한 개발을 지향하는 에너지 정책 등이 진보적 가치다. 예컨대 2020년 대한민국 진보주의의 시금석이라 할 수 있는 '토지공개념'은, 가깝게는 헌신적인 그리스도인이면서 경제학자인 미국의 헨리 조지(Henry George, 1839-1897년)의 『진보와 빈곤』(*Progress and Poverty*, 1879년)으로, 멀게는 레위기 25장의 '희년법'(50년마다 토지가 원래의 주인에게로 돌아가야 한다는 법)으로 거슬러 올라간다. 보수주의자들이 인간의 죄악을 기본값으로 산정하는 비관주의자들이라면, 진보주의자들은 진보를 신봉하는 낙관적 이상주의자들이다. 성경이 말하는 인간은 가능성 없는 악한이면서 동시에 하나님이 함께하시면 정의와 평화를 이 땅에 이룰 수 있는 존재이기도 하다.

인간의 자율성에 기반을 둔 진보주의자들이 내세우는 강령의 상당 부분은 반(反)기독교적 계몽사상가들로부터 유래한 것이 사실이다. 그러나 진보적 가치들이 형성된 사회가 크리스텐덤(서구 기독교 사회)이었다는 점을 생각할 때 넓은 의미에서 기독교의 영향하에 있다고 볼 수 있다. 우리나라의 경우도 기독교는 진보 정치의 지분을 상당히 가지고 있다. 민주화 시절, 많은 진보적 그리스도인과 천주교 사제와 평신도들이 인권 운동, 노동조합 운동, 통일 운동에 앞장섰기 때문이다. 지금도 진보 인사들 가운데 그리스도인이 많고, 진보적 기독교 단체들도 활동하고 있다. 신학적 뿌리는 주로 에큐메니컬 신학에 있지만, 복음주의자들 가운데도 민주화 운동에 참여한 인사들이 많다. 우리 시대의 그리스도인들은 진보적 가치와 이념에 관심을 가져야 한다. 성경적 정의와 평화의 관점에서 개혁해야 할 것이 너무 많은데, 개혁에 저항하는 세력의 담합은 견고하기 이를 데 없기 때문이다. 안타깝게도 진보적 기독교는 이론화와 제도화의 과정에서 또 하나의 기득권으로 자리매김함으로써 진보적 특징을 잃어버리고 약자를 대변하지 못하는 경우가 많다.

　　기독교가 기존 정치 이념과 동일시될 수 없다는 사실은 진보적 정치에도 동일하게 해당된다. 무리한 일반화일 수도 있겠지만, 진보주의자들은 대체로 보수주의에 비해 양심적 지성인들이 많은 편이다. 이른바 '깨어 있는 시민'이다. 진보적 정치인에 대는 잣대가 훨씬 엄격한 것을 보면 알 수 있다. (이 점에서 보수주의를 자처하는 사람들은 반성해야 한다. 보수주의의 특징 중 하나가 엄격한 규범 윤리이기 때문이다.) 그러다 보니 진보적 지식인과 정치인들은 도덕적 우월감을 가지고 일반 대중을 지도(指導)하려는 경향을 보인다. 자신들은 '역사의 옳은 편'(the right side of history)에 서 있다고 확신하는 것이다. 그러다가 진보주의자들도 일반인과 똑같이 부동산과 자녀 교육에 올인하는 모습을 보이면, 대중은 그들을 위선자로 여겨 실망하곤 한다.

　　성경이 가르치는 정의·평등·평화의 가치는 진보적 정치 이념의 기반임이 분명하다. 그러나 그렇다고 해서 기독교와 진보적 정치가 동일시될 수는 없다. 나는 진보적 정치인들이 특별히 위선자라고는 생각하지 않는다. 일반인보다는 더 많은 지혜와 절제력을 가지고 있기에 그들을 존중한다. 하지만 그들 역시 기득권층으로 편입되면서 자본주의가 주는 유혹과 불안에서 자유롭지 않은 연약한 중생일 뿐이다. 내가 비판하고 싶은 부분은 그들의 이상주의(idealism)다. 이상주의는 좋은 것이지만, 때로 무책임이 동반될 때가 있다. 예컨대 진보주의자들은 청소년도 성(性) 문제를 이해하고 판단할 능력이 있으니 개방해야 한다고 주장하는데, 내가 보기에는 이게 우리 사회에 만연한 성 관련 범죄를 낳는 중요한 요인이 아닌가 한다. 그리스도인들이 잊지 말아야 할 점은 진보 정치의 뿌리의 한 갈래는 기독교에 뻗쳐 있지만, 또 다른 갈래는 인간의 자율성을 강조하는 계몽사상에 뻗쳐 있다는 사실이다.[7]

둘째, 시대의 변화에 따른 새로운 정치 이념을 상상해야 한다

기독교가 정치 이념의 기초를 제공하지만, 그 이념과 동일시되어서는 안 된다는 말의 두 번째 함의는 기독교가 시대의 변화에 따라 새로운 정치 이념을 상상하고 제공해야 한다는 뜻이다. 시대는 변한다. 변화의 요인은 여러 가지다. 산업의 발전이 중요한 요인이다. 컴퓨터, 인터넷, 스마트폰 등 정보 통신 혁명은 우리 사회와 개인의 삶에 엄청난 변화를 가

---

7   서구 문명이 몰락한 원인이 유대-그리스도교적 가치를 버리고 이성의 능력을 주장하는 그리스 사상과 계몽사상으로 기울어진 데 있다고 주장하는 가장 최근의 저서를 소개한다. Ben Shapiro, *The Right Side of History: How Reason and Moral Purpose Made the West Great*(N.Y.: Broadside Book, 2019).

져다주었다. 이 변화보다 더한 4차 산업혁명이 다가온다는데 어떤 변화가 있을지 두려움이 앞선다. 사회적 위기도 변화의 요인이다. 지난 수십 년만 해도 1980년 광주, 1998년 IMF, 2008년 경제 위기, 2014년 세월호, 2020년 코로나19 등이 우리 사회에 거대한 변화를 가져다준 대사건들이다. 세계가 하나가 되면서 위기나 변화도 글로벌하게 되었다. 2020년 미국 대선만큼 우리가 미국의 정치에 대해 많이 알아야 했을 때가 또 있었던가?

　　시대의 변화에 둔감한 사람은 과거의 질서에 매달리게 되는데, 이는 죄악의 일종이다. 시대의 변화에 둔감하다는 것은 그 변화로 인해 힘들어하는 이들의 고통을 외면하면서, 구시대의 기득권에 안주하며 죄악의 낙을 누린다는 의미이기 때문이다. 현실 정치를 알면서도 이를 초월할 수 있는 그리스도인이라면, 또한 늘 고통당하는 자들의 자리에 함께 있는 그리스도의 제자라면, 왜곡된 구조를 개혁함으로써 고통받는 이들을 해방시키는 꿈을 꾸기 마련이다.

　　시대의 변화를 읽지 못하는 대표적인 예가 바로 전광훈을 중심으로 한 보수적 기독교다. 전광훈은 단지 독특한 캐릭터를 지닌 정치 선동가 정도가 아니라 한국 기독교의 보수화를 상징하는 인물이다. 전광훈은 개인이라기보다는 하나의 현상이며, 그 영향력은 동심원을 그리며 한국교회 내에 편만하게 펼쳐져 있다. 중심에 가까울수록 인맥과 사상이 촘촘하고 멀어질수록 성기지만, 그 범위는 한국의 보수적 교회를 망라한다. 한 가지만 언급하자면, 전광훈이 대표로 활동하던 한국기독교총연합회(한기총)를 설립한(1989년) 분은 영락교회 고(故) 한경직 목사님인데, 그가 바로 미군정과 한국전쟁 시기 반공 운동의 선봉에 섰던 '서북청년단'의 가장 큰 후원자였다. 보수적 한국교회와 전광훈이 역사적으로 서로 깊이 얽혀 있기 때문에 쉽게 손절(損切)할 수 없다는 뜻이다.

한국 기독교와 정치적 보수주의의 결탁은 복음주의 기독교가 근대 대한민국에 정착하면서 형성되고 진화하는 과정에서 생겨난 것이다. 앞에서 전광훈은 대한민국의 정치 이념을 자유 민주주의(반공주의), 시장 경제, 한미동맹, 기독교 입국론(立國論)이라고 규정했다. 그가 이렇게 말한 데는 역사적 맥락이 있다. 해방 후부터 1987년 민주화 시기까지는 기독교의 황금기였다. 신도의 숫자와 헌금 액수가 급등했고, 수백만이 운집한 초대형 집회들이 개최되었으며, 세계에서도 1, 2위를 다투는 초대형 교회들이 세워졌다. 밖으로는 북·중·러 공산주의 침략으로부터 나라를 구하고, 안으로는 산업화를 이루어 가난을 물리치는 것이 시대정신이었는데, 교회가 이 정신을 전파하는 데 앞장섰다. 미국은 군사력과 경제력에서 세계 최강이므로 그 그늘에서 우리도 이 과업을 이룰 수 있으리라고 믿었고, 그 꿈은 이루어졌다. 당시 한국교회 성도들은 조금만 더 노력하면 '민족 복음화'가 이루어질 것이고, 미국과 같은 '기독교 국가'가 되리라는 것을 믿어 의심하지 않았다. 기독교는 한 시절, 반공·시장 경제·한미동맹이라는 정치 이념과 동일시되었던 것이다.

좋은 시절이 한 세대 동안 지속되었다. 하지만 1987년 민주화 이후 세상이 변했다. 베를린 장벽 붕괴와 더불어 냉전 체제가 해체되었고, 세계화와 신자유주의로 인해 자본주의의 문제점이 분명히 드러났으며, 미국 중심의 세계 질서가 한계를 드러냈다. 4차 산업혁명, 양극화, 동북아 평화, 성(性) 혁명, 기후 변화 등 새로운 글로벌 어젠다가 우리 사회에 도전장을 던지고 있다. 이런 변화에 발맞추어 정권 교체도 주기적으로 일어나고 있다.

그러나 이미 과거의 보수적 이념과 일체를 이룬 한국교회는 시대의 변화를 따라잡지 못하고 있다. 김대중-노무현-문재인으로 이어지는 민주당 정부를 인정하지 않고 다원화된 세상에 적응하지 못한다. 교회 성장이 멈추었을 뿐 아니라 기독교가 사회적 영향력을 상실해가는 '포스트크리스텐덤 시대'에 들어섰다는 것도 받아들이지 않는다. 과거의 성공이 영광스러웠던 만큼 이후의 몰락을 인정하기 어려울 것이다. 새로운 시대를 맞아 새로운 정치 이념을 상상하는 대신 시곗바늘을 뒤로 돌려 과거의 영광을 회복하려고 한다. 전광훈을 따르는 어르신 성도들은 과거에 국가의 수호자요 산업화의 역군이었는데, 그 영광과 명성을 부정당한 채 가난과 질병에 시달리는 외로운 노후를 이어가고 있다. 그들이 보기에 현재 집권 세력은 반공주의와 시장 경제를 부정하는 사회주의자들이요, 기독교의 박해자들이다. 그들의 좌절과 분노가 전광훈의 에너지원이다.

예나 지금이나 개혁의 가장 어려운 부분은 자신을 부정하고 개혁하는 것이다. 사람들은 거의 자기 생각을 바꾸기 어려운데, 나이가 많고 배운 것이 많으며 신앙의 체험이 있는 사람들은 더욱 그렇다. 한국교회는 결국 전광훈을 손절하지 못할 것이고, 그를 따르던 사람들이 생각을 바꾸지도 않을 것이다. 현재 한국교회의 주류는 이렇게 역사 속에서 쓸쓸히 사라질 것으로 보인다.

그러나 하나님은 잿더미 위에서도 새롭게 당신의 교회를 세우신다. 새로운 교회가 시작되는 자리는 왕궁과 성전이 있는 예루살렘이 아닌 바빌로니아의 어느 강가일 것이다. 권력을 추구하는 자리가 아니라 사람들을 섬기고 희생하는 곳이다. 제도권이 아닌 비제도권, 목회자가 아닌 평범한 성도, 화려한 예배당이 아닌 초라한 삶의 자리에서, 수만 명이 운집하는 광화문 광장이 아니라 두세 사람이 주님의 이름으로 모인 곳에서 하나님이 새로운 역사를 일으키시리라 믿는다. 그리고 그들이 집단 지성으로 해야 할 일의 목록 가운데 하나는 새로운 시대를 만난 기독교가 어떤 정치적 이념을 가져야 하며, 어떤 방식으로 참여해야 할지를 상상하는 일이다.[8]

셋째, 이념 대결을 중재함으로써 사회 통합에 도움을 주어야 한다

기독교는 하나님 나라를 이 땅에 펼치기 위해 정치 이념과 함께할 뿐 어떤 특정한 정치 체제나 이데올로기가 곧 하나님 나라는 아니라고 믿는다. 기독교는 절대성, 궁극성, 보편성을 가지지만, 기독교의 가치를 품고 있는 이념은 상대적 가치만을 가지고 있으며, 사회의 변동에 따라 변화할 수 있는 것이다. 그러므로 한 사회가 극단의 이념 대결을 벌일 때, 그리스도인들은 한 걸음 물러서서 바라봄으로써 각 이념을 상대화하고 갈등을 조정할 수 있어야 한다. 기독교는 이념에 의해 왜곡되고 기울어진 공론장(公論場, public sphere)을 평평하게 만들 수도 있다. 이는 기독교가 상대의 입장에서 생각할 수 있는 공감 능력과 객관성 및 호의를 가지고 있으며, 내 입장의 한계를 인정하고 겸손할 수 있는 지혜와 자신감을 가지고 있기 때문이다.

그러나 기독교의 중재 조정 역할은 가능성으로만 남아 있을

---

8   이 책의 부록인 "'한국 기독교 사회 선언'(Korean Christians' Social Manifesto)을 제안한다"는 이런 취지를 담고 있는 글이다.

뿐, 한국교회는 이 일을 감당하지 못하고 있다. 오히려 기독교가 편향된 이념과 동일시됨으로써 그 이념을 절대화하는 데 이용될 뿐이다. 이상한 일이 아닐 수 없다. 보수적 신앙을 가진 성도들은 현세보다 내세를 바라보면서 이 땅에서의 가치들을 상대화할 수 있어야 할 텐데 말이다. 기독교는 원수를 사랑해야 함에도 불구하고 차별과 혐오의 대명사가 되었고, 내려놓고 포기해야 하는데 그악스럽게 기득권을 수호하며, 이 땅의 제국을 금세 시들어버릴 풀꽃으로 여겨야 하건만 그것을 사대(事大)하기를 주저하지 않는다.

　　　나는 보수나 진보 어느 한편이 영속되거나 무너지기를 바라지 않는다. 사람마다 살아온 세계가 다르고 이해관계가 제각각인 만큼 그들의 입장을 대표할 선량(選良)이 필요하다. 시대의 변화에 따라 가치와 정책을 수정하며 국민을 역사의 올바른 방향으로 인도할 지도자가 있어야 한다. 모두가 자기의 이익과 사상을 위해 싸울 수는 없으니 이들이 대신 싸우도록 한 것이 국회다. 단지 내가 바라는 것은 서로 싸우더라도 극단적으로 가지 말았으면 좋겠다. 서로를 적대시하는 데서 더 나아가 상대를 악마처럼 생각하지 않았으면 한다. 말의 진위를 따지기도 전에 진보냐 보수냐 입장부터 살펴 내 편 네 편을 가르지 않았으면 한다. 우리 사회가 극단으로 치닫는 것이 싫고 또한 두렵다.

　　　심지어 교회 안에서도 그렇다. 겉으로 볼 때는 정치 이야기를 하지 않는 분위기다. 어쩌다 정치 이야기가 나오면 눈치를 슬쩍 보며 다른 입장을 가진 사람이 있나 확인한다. 주로 강성 보수파가 세게 이야기하고, 샤이 진보는 고개를 주억거리며 가만히 듣고 있다. 더 나쁜 것은 어떤 교회는 보수적인 사람들만 그득하고, 어떤 교회는 진보적인 사람들만 모인다는 것이다. 도저히 뛰어넘을 수 없던 사회적 장벽을 초월하고자 노력했던 신약 교회의 이상에 비추어볼 때, 교회라고 하기도 부끄러울 지경이다.

30여 년 전 미국에서 살 때 부러웠던 것 한 가지가 있었다. 대통령 선거철이 되면 집집마다 자신이 원하는 후보의 이름과 정당이 적힌 팻말을 마당에 꽂아놓는 것이다. 심지어 목회하는 미국인 목사들도 그렇게 했다. 분명 민주당을 지지하는 목사가 목회하는 교회에 공화당 지지자들도 있을 텐데, 분란 없이 설교하고 목회할 수 있다는 게 신기했다. 그러나 30년이 지난 지금 미국은 완전히 변했다. 나라가 둘로 짝 갈라졌다. 세상 살기가 어려워진 것이 가장 큰 이유일 것이다. 그런 틈을 이용한 포퓰리스트 정치가의 갈라치기 때문이기도 하고, 민심을 살피지 않은 민주당의 태만 때문이기도 하며, 양극화를 도와주는 SNS의 알고리즘의 영향도 있다. 여기에 과거의 영광으로 돌아가고 싶어 하는 미국 복음주의자들의 선택도 한몫한다. 30년 전의 미국을 따라가고 싶은데 그 시절의 미국은 이제 없다.

우리나라의 국론이 둘로 갈라지고 양자가 극한의 대립으로 치닫는 것을 보면서 이렇게 만든 사람들이 밉고 미래가 두렵다. 그러다가 뉴스에서 미국이나 유럽의 분열상을 보면, 이 정도만 해도 어디냐 싶은 생각이 들기도 한다. K-방역도 대단하지만, 시민 정신은 더 대단하다. 마스크 대란이다, 독감 백신 맞고 사망자 속출한다, 백신 전쟁에서 뒤졌다는 등 근거 없는 지라시 언론의 선동에도 불구하고 서구와 같은 폭력적 시위가 일어나지 않는 것만 해도 칭찬할 만하다. (아니면 그 언론을 통해 카타르시스를 느낌으로써 폭력 시위가 일어나지 않은 걸 수도 있다.) 과거 서구의 평화로운 촛불 시위와 우리나라의 폭력적 시위를 대조하며, 우리는 언제나 선진국의 시위 문화를 따라갈 수 있을지 부러워하던 때가 엊그제 같은데 말이다. 우리나라의 교회 지도자들 가운데도 방역 당국에 불만을 표출하는 사람이 있기는 하지만, 거의 일방적으로 트럼프를 지지하는 미국과 비교하면, 그 숫자나 영향력 면에서 소수에 불과하다. 보수적 그리스도인들도 폭력은 안 된다는 성숙함을 지니고 있으며, 중도와 진보에 속한 성도들은 비판적 자세를 견지하면서 침묵한다. 최소한 마스크는 다 쓴다.

극단화의 근본적 원인은 세상 살기가 어려워지면서 부(富)가 편중된 탓이다. 그리고 앞으로 더욱 그렇게 될 것이라는 불안 때문이다. 우리 앞에 두 길이 놓여 있다. 하나는 낙관적 전망이다. 많은 국민이 대통령 탄핵과 한반도 평화 프로세스와 검찰 개혁과 코로나19 사태 등을 겪으면서 문제의 심각성을 깨닫고 우리 사회의 미래 모습에 대해 걱정하기 시작했다. 사회 지도층 인사들의 이익을 수호하기 위한 카르텔이 무척 공고하다는 사실을 인식하는 중이다. 지금까지 그래왔던 것처럼 깨어 있는 시민들에 의해 문제 해결을 위한 큰 틀에서의 국민적 합의에 도달하게 될 것이다. 우여곡절은 있겠으나 국민의 선택을 받은 정치 세력이 집권함으로써 결국 역사적으로 올바른 대답을 내어놓을 것이다. 반면 비관적 전망도 있다. 코로나19 사태가 끝나고 경제가 다시 제자리를 잡고 사회가 안정되더라도, 이미 반으로 분열된 보수와 진보 세력이 더욱더 극단으로 치닫는 것이다. 야당은 (그게 어느 정당이든지) 작은 문제를 키우고, 없는 문제를 지속적으로 만들어내면서 정권 교체를 추구하고, 여당은 강성 지지자들에 떠밀려 강대강 대응을 함으로써 분열이 심화되는 것이다. 마침내는 내부적 결속을 위해 외부(북한, 일본, 중국 등 외부의 적은 널려 있다)에 적을 만들고 타 문명과의 대결로 나아간다.

두 길 가운데 어느 길로 갈지를 결정짓는 가장 중요한 요인은 바로 이념 대결에서 한 걸음 물러서서 사태를 볼 수 있는 지혜와 용기다. 어느 한 이념, 어느 한 정파를 진리로 알고 다른 쪽을 적으로 돌리는 행위는, 그것이 보수든 진보든, 대결을 낳을 수밖에 없다. 한 걸음 물러서서 보기 위해서는 정치와 이념의 한계를 알아야 한다. 우리 삶의 여러 국면, 여러 영역을 고루 봄으로써 정치에 제자리를 찾아주어야 한다. 우리 사회는 정치 과잉의 사회다. 정치의 한계를 알게 해주는 것, 그것이 바로 우리 시대에 기독교가 해야 할 일이다. 교회는 원래 정치하는 집단이다. 단 하려면 제대로 하자.

전광훈 소요 사태와 능력 종교

전광훈 소요 사태

사랑제일교회 전광훈 목사로 대표되는 기독교 극우 세력은 2020년 8.15 광복절 광화문 집회를 기해 파국으로 곤두박질치고 있다. 짧게는 2019년 2월 황교안 자유한국당 대표가 전광훈 목사와 손을 잡으면서부터, 길게는 진보 정권에 반대하는 이른바 '뉴라이트'가 주도한 2003년 태극기 집회로부터 이어져 내려온, 전광훈 목사로 수렴된 강성 기독교 보수파의 몰락이다. 전광훈 목사를 '손절'(損切)하지 않은 대한민국의 교회들도 대중으로부터 냉대를 받고 더불어 추락할 것으로 예상된다. 나는 평소 대한민국의 경제적 양극화로 인해 꿈을 잃은 청년들의 극우화 현상을 가장 염려했는데, 극우파가 기독교에서 나왔다는 데 대해 황망함을 금할 길이 없다.

　　나는 이 사태를 '전광훈 소요 사태'라고 이름 붙이고 싶다. 합법적으로 선출된 대통령과 정부를 거부하고 사회를 크게 어지럽혔으나 결국 막장으로 치달아 추락하고만 사건이다. '전광훈'이라는 개인의 이름을 사용한다고 해서 그에게 모든 책임을 뒤집어씌우려는 것은 아니다. 단지 그가 이 사태의 대표자요 상징이기 때문에 그의 이름을 붙인 것뿐이다. 전광훈 사태는 소수 극우 그리스도인만의 문제가 아니다. 한국 기독교의 극우화는 기독교가 근대 대한민국에 정착되면서 형성되고 진화하는 과정에서 생긴 하나의 변종이다. 전 목사 개인의 스타일을 좋아하는 사람은 소수지만, 그의 신앙 행태와 이념적 지향은 한국의 보수적 기독교 지도자들을 대표한다고 해도 과언이 아니다.

이 글을 쓰는 이유는 한 사람이나 한 집단을 매도하려 함이 아니다. 또 보수적 기독교 전체를 싸잡아 우리 시대의 기독교가 극복해야 할 적폐 세력으로 규정하고자 함도 아니다. 다만 우리 안에 있는 '전광훈'의 요소를 특정함으로써 대한민국 기독교 전체를 반성적으로 보려 함이다. "형제들아, 사람이 만일 무슨 범죄한 일이 드러나거든, 신령한 너희는 온유한 심령으로 그러한 자를 바로잡고 너 자신을 살펴보아 너도 시험을 받을까 두려워하라"(갈 6:1)는 성경 말씀을 따라서 말이다.

전광훈 소요 사태를 분석하여 그 본질을 규정하는 데는 오랜 시간에 걸쳐 여러 방면의 전문가들의 도움을 받아야 할 것이다. 전광훈과 그 추종자들의 신학(神學)은 무엇이며, 어떤 신학적 계보를 따라 여기까지 오게 되었는가? 한국 기독교와 정치는 역사적으로 어떤 역학 관계를 이루어왔으며, 대한민국 주류 목회자들이 한국 근대사를 보는 눈은 어떠한가? 보수적 기독교는 한국의 이념 지형에서 어떤 위치를 차지하고 있으며, 우파 헤게모니 세력과 어떤 식으로 밀월 관계를 맺고 있는가? 전광훈을 보면서 트럼프를 떠올리는 사람이 많은데, 미국의 근본주의 기독교와 한국의 극우 기독교는 어떤 관계가 있는가? 전광훈을 맹신하는 사람들은 어떤 사고를 가진 어떤 계층의 사람들인가? 자신의 추종자들에게 생각을 전달하고, 그들의 마음을 움직여 행동하게 하는 그의 리더십과 커뮤니케이션의 특징은 무엇인가? 추종자를 결집시키는 힘의 근원과 그들의 심리적 특성을 어떻게 규정할 수 있을까? 이 짧은 글이 이런 중요한 문제들을 다 다룰 수는 없다. 다만 이 글에서 나는 역사신학자로서 이 사태를 해석할 신학적이며 역사적인 전망 한 가지를 제시하려고 한다.

'홀리 파워'

TV 뉴스에 방영된 광복절 집회의 영상을 보다가 한 팻말에 눈길이 갔다. 초록색 바탕에 '홀리 파워'라는 흰 글씨가 쓰여 있는 꽤 큰 나무 팻말이었다. '홀리 파워'가 어느 기독교 단체의 이름인지, 아니면 단순한 구호인지는 알 수가 없다. 그러나 이 단어는 전광훈 소요 사태를 풀어내는 중요한 키워드 가운데 하나다.

　　　　한국 기독교는 유난히 '능력'에 집착하는 경향이 있다. 한국 기독교를 '능력 종교'(power religion)라고 불러도 과언이 아니다.[1] '능력'이란 귀신을 쫓아내고 병을 치유하며 높은 지위에 오르는 개인적 능력과 기독교가 사회에서 영향력을 가지게 되는 사회적 능력, 둘 다를 가리킨

1　'능력 종교'라는 표현은 찰스 콜슨 등이 편집한 책, 『능력 종교』, 채이석 역(서울: 엠마오, 1996)에서 빌려왔다.

다. 이는 성령이 주시는 초자연적 능력과 세상에서의 성공과 같은 자연적 능력을 포함한다. 능력을 얻는 비결은 성령을 받는 것이고, 성령을 받기 위해서는 뜨겁게 기도해야 한다. 그 능력을 받아 개인의 문제를 해결하기도 하고, 교회를 부흥시키기도 하며, 박해를 견디고, 선교의 열매를 맺으며, 대한민국을 기독교 국가로 만들 수도 있다. 대한민국 어느 교회, 어느 기도원에 가도 다음과 같은 성구들을 흔하게 볼 수 있다.

> 예수께서 이르시되 "할 수 있거든이 무슨 말이냐? 믿는 자에게는 능치 못할 일이 없느니라" 하시니(막 9:23).

> 오직 성령이 너희에게 임하시면 너희가 권능을 받고 예루살렘과 온 유대와 사마리아와 땅 끝까지 이르러 내 증인이 되리라 하시니라(행 1:8).

> 내게 능력 주시는 자 안에서 내가 모든 것을 할 수 있느니라(빌 4:13).

> 너는 내게 부르짖으라. 내가 네게 응답하겠고 네가 알지 못하는 크고 비밀한 일을 네게 보이리라(렘 33:3).

나는 기도-성령-능력의 메시지가 성경적 메시지임을 부인하려는 것이 아니고, 또한 이 메시지를 통해 일어났던 한국교회 부흥의 역사를 낮추어보려는 것도 아니다. 다만 기도-성령-능력의 메시지가 기독교 복음의 하위 개념에 불과하다는 것을 보여줌으로써 이 메시지에 제자리를 찾아주고자 한다. 기독교 복음의 핵심은 십자가와 부활이다. 예수님의 십자가를 통해 죄인이 용서받아 하나님의 자녀가 되었고, 부활을 통해 그 사실이 확인되었다. 예수님이 승천하신 후 복음의 핵심을 사람들에게 확신시키고 세상에 전파하기 위해 성령이 보내졌다. 성령이 우리에게 보내진 제일의 목적은 예수님을 알리기 위함이다. 성령의 임무는 당신의 능력을 돋보이게 하는 것이 아니라 예수 그리스도와 그의 가르침을 생각나게 하는 것이다(요 14:26). 성령은 예수님의 영이요, 그분을 대신하는 "다른 보혜사"(保惠師)이기 때문에, 성령 충만한 사람 안에서 예수님이 보인다. 우리가 성령 충만을 구하는 가장 중요한 목적은 능력을 받아 큰일을 하려는 것이 아니라, 예수님처럼 순결한 지혜가 가득하고 온유하며 겸손한 인격을 소유하기 위한 것이다.

　　물론 성령은 능력을 주시는 분이다. 그런데 어떤 능력인가가 중요하다. 성령의 능력 가운데 가장 핵심적인 것은 죄를 이기는 내적 능력이다. 믿는 자가 모든 것을 할 수 있다는 빌립보서 4:13의 말씀은 하나님께서 주시는 내적 능력 때문에 가난해도 비굴하지 않고 부자가 되어도 물질의 유혹에 넘어가지 않을 수 있다는 의미다. 병을 고치고 귀신을 쫓아내는 능력은 내적 능력이 밖으로 나타난 증거이며, 사랑의 복음을 전파하기 위한 수단이다. 성령께서 각 사람에게 은사를 주시는 이유는 성도를 섬김으로써 교회를 세우며 세상에 봉사하라는 것이다. '홀리'와 '파워'의 조합이 성경에 있는지는 모르겠으나, 진정한 의미의 '홀리파워'는 '파워'보다는 '홀리'에 강조점이 있다. 이는 거룩한 사람들(성도)이 능력으로 세상을 지배하고 싶다는 권력욕의 표현이 아니라, 하나님이 주시는 내적 능력으로 거룩함을 되찾고 싶다는 간절한 기원이어야 한다.

자칫 자신의 죄를 깊이 깨닫고 겸비하게 긍휼을 구하지 않는 사람에게 성령이 임하면(이게 진짜 성령이 임한 것인지, 아니면 무늬만 성령인지는 성령만이 아신다.), 그 사람에게나 그를 따르는 사람에게나 축복이 아닌 저주다. 그는 자신에게 도취되어 자기가 메시아의 현현이라고 착각하며, 외롭고 허전한 사람들을 선동하여 자신의 탐욕을 채운다. 성령이 임하신 증거는 스스로 겸비하여 하나님만을 높이는 것이기에, 교만하여 허풍을 떠는 사람은 필시 거짓 영에 이끌리는 자다. 그는 결국 블랙 코미디 같은 삶을 살다가 비극적 종말을 맞게 되며, 이후 여러 세대에 걸쳐 조롱거리로 남는다.

성경에는 이런 사람들의 이야기가 많이 등장하는데, 대표적인 한 사람을 꼽으라면 사사 시대 기드온의 서자(庶子)였던 아비멜렉을 들 수 있다(삿 9장). 위대한 용사 기드온과 그의 똑똑한 아들들은 왕위에 오르라는 백성들의 요구를 거절했다. 그러자 그 집안에서 가장 하찮았던 아비멜렉이 몇몇 추종자를 선동해서 스스로 왕이 되었다. 그는 폭력을 휘둘러 자신의 형제들을 죽인 후 나라를 차지했다. 그러나 그는 아주 짧은 시간에 아버지가 이룬 명성과 업적을 결딴냈고, 결국 자기를 추종했던 세력과 갈등이 생겨 비참한 죽음을 맞이했다. 아비멜렉은 올리브나무, 무화과나무, 포도나무와 같은 훌륭한 나무들 위에 자기를 높여 우쭐대다가 산불을 일으켜 온 숲을 태우고 자신도 불길에 사그라진 가시덤불과 같은 우스꽝스러운 존재였다.

신약성경에도 그런 사람이 하나 등장하는데 바로 사마리아의 주술사 시몬이다(행 8:9-24). 그는 스스로를 '큰 자'라고 높이며 크신 하나님의 능력이 자기와 함께 있다고 주장했다. 마침 사도 베드로와 요한이 사마리아에 와서 안수 기도를 하자 성도들에게 성령이 임했다. 주술사 시몬은 자신도 성령을 내리는 능력을 받고 싶다고 하며, 그 능력을 돈 주고 사려고 했다. 베드로는 "네가 하나님의 선물을 돈 주고 살 줄로 생각하였으니 네 은과 네가 함께 망할지어다"(행 8:20)라고 저주했다. 주술사 시몬(Simon)의 이름에서 성직 매매를 의미하는 영어 단어 'simony'가 나왔다. 거짓 예언자의 특성 가운데 하나가 바로 돈이면 무엇이든 할 수 있다는 생각을 가진다는 것이다(벧후 2:3, 11; 유 1:11). 그는 성령을 능력의 원천으로만 생각했다. 이미 능력 있는 자로 불리던 그는 성령을 제멋대로 부릴 수 있는 더 큰 능력을 갖기 원했다. 이는 성령의 능력에 대한 철저한 오해에서 비롯된 해프닝이다.

사도행전에서 성령의 능력은 복음의 증인이 되기 위한 권세고(1:8), 인간의 죄를 심판하고 정화하는 불이며(2:3), 믿는 이에게 주시는 선물이다(2:38). 은금과는 상극이고(3:6), 박해받는 이에게 주어지는 담대함의 원천이며(4:31), 순교를 가능하게 하는 힘이다(7:55). 성령을 받은 이들은 자신을 한껏 낮출 뿐 아니라(10:25, 26), 높임 받는 것을 극단적으로 싫어한다(14:14, 15; 16:18). 사도행전은 영혼의 변화가 없는 능력의 나타남을 원하는 사람들을 극도로 경계하는데, 그 목록에는 앞서 말한 사마리아의 시몬과, 바울의 이름을 빌려 귀신을 쫓아내려 시도했던 에베소 제사장의 아들들도 포함된다(19:15, 16). 사도행전에서의 성령을 영혼을 변화시키는 분이 아닌 능력을 주시는 분으로 국한시키는 해석이 대한민국 '능력 종교' 현상의 징후이자 원인이다.

복음의 씨앗과 능력 종교의 가라지가 함께 자라다

우리 근대사 속의 기독교 역사를 살펴보면서, 기도-성령-능력의 복음이 어떻게 기독교의 핵심 메시지로서 자리 잡게 되었는지 생각해보자. 한국 기독교는 초기부터 유난히 '능력'에 관심이 많았는데 이는 우리 역사와 깊은 관계를 맺고 있다. 19세기 조선에서 외척들의 세도 정치와 대원군의 독재를 거치며 민중의 삶은 도탄에 빠졌다. 우리나라는 19세기 말부터 서구 식민주의자들에게 불평등 조약과 개항을 강제당했으며, 동학 농민 운동은 외국 군대에 진압당했고, 청일 전쟁, 러일 전쟁을 거쳐 결국 일제의 식민지로 전락했다. 한마디로 힘이 없어 나라를 빼앗긴 것이다. 때맞추어 입국하기 시작한 미국 선교사들이 조선 민중의 구세주로 등장했다. 1871년 신미양요를 통해 미국의 힘이 알려졌고, 1884년 갑신정변 때 근대 의학의 위력이 각인되었다. 멀리 있다고만 여겨졌던 강대국 미국이 선교사들을 통해 구체적으로 현현했다. 조선의 지식인들과 민중은 선교사들이 전하는 기독교에 열광했다. 조선은 미국이 가진 힘의 원천인 근대 과학을 받아들였고, 그 과학을 가능하게 한 것이 기독교 복음임을 믿어 의심하지 않았다. 조선 민중에게 기독교는 영혼을 구원하고 변화시키는 십자가의 복음인 동시에 서구의 힘 자체였다.

마침 중국 지식인들의 저서를 통해 사회 진화론(Social Darwinism)이 도입되었다. 이는 한 국가나 민족이 스스로 힘을 키우지 않으면 식민지로 살 수밖에 없다는 다원주의의 세속적 버전이었다. 기독교를 힘의 원천으로 여겼던 당시 애국자들은 기독교와 사회 진화론의 주장이 크게 다르지 않다고 생각했다. 그들은 조선도 하루빨리 군사적·경제적·학문적 힘을 길러 가난과 구습에서 벗어나 서구 제국들과 어깨를 나란히 하는 강대국이 되기를 열망했다. 미국의 복음주의와 실력 양성론이 결합한 '기독교 민족주의'가 탄생한 것이다. 기독교 민족주의 혹은 민족주의적 기독교를 대표하는 모토는 안창호의 '무실역행'(務實力行)이다. '무실'은 성리학의 공리공담을 버리고 서양의 과학과 삶의 관습을 받아들이자는 뜻이고, '역행'은 이를 힘써 행함으로써 힘을 길러 독립을 이루자는 의미다. 기독교 민족주의는 구한말과 일제강점기 반봉건·반외세라는 민족적 과업을 수행하고자 하는 그리스도인들의 사상적·정서적 기초가 되었다.

한국전쟁 후 산업화 시대를 거치며 그리스도인들은 대한민국 주류 사회의 일원이 되었고, 그 힘은 극대화되었다. 신도의 숫자와 헌금 액수가 급등했고, 민족의 광장 여의도에서 수백만이 운집한 가운데 초대형 집회들이 개최되었으며, 세계 1, 2위를 다투는 메가처치들이 세워져 막강한 재력과 영향력을 뽐냈다. 당시 (필자를 포함한) 한국교회 성도들은 조금만 더 힘을 내면 우리에게 복음을 전해준 미국과 같은 '기독교 국가'가 되리라는 것을 믿어 의심하지 않았다. 밖으로는 북한·중공·소련의 공산주의 침략으로부터 나라를 구하고, 안으로는 산업화를 이루어 가난을 물리치는 것이 당시의 시대정신이었다. 미국은 군사력과 경제력에서 세계 최강이므로 그 그늘에서 우리나라도 이 과업을 이룰 수 있으리라고 믿었고, 그 꿈은 이루어졌다. 그리고 일제강점기에 자주독립을 이루기 위해 필요했던 힘은 이제 국가를 지키고 산업화를 이루기 위해 더욱 필요하게 되었다.

세속적 힘에 대한 갈망과 성령-능력-기도의 신학이 맞아떨어졌다. 세속적 힘을 원하는 사람들이 기독교 부흥회에서 이를 얻게 되었는지, 아니면 기독교가 스스로를 능력 종교로 변모시켰는지, 그 선후를 알기는 어렵다. 때마침 미국에서 수입된 '적극적 사고방식'(positive thinking)이 이 둘의 연결고리로 작용했다. 가난과 질병에 시달리는 산업화 시대에 소외된 민중에게 '삼박자 구원'(영혼 구원, 질병 치유, 물질적 번성)이 약속되었다. 맨땅에 헤딩하듯 교회를 개척한 목회자들의 의식 속에는 많은 사람이 구원받기 원하는 열망과 세속적 권력의지가 구분되지 않은 채 혼재되어 자라났다. 강남 개발에 편승하여 재력과 영향력을 얻게 된 기독교 지도자들은 성령의 능력을 극대화하여 스스로를 부풀렸다. "세계 최대", "차세대 리더", "성장의 비결" 등 기독교적 가치와는 동떨어진 구호들이 강단의 언어와 성도들의 영혼을 점령했다. 기독교의 본질인 십자가와 부활이 전혀 선포되지 않았다는 것도, 대한민국 교회가 다 타락했다는 것도 아니다. '능력 종교'라는 가라지가 진정한 기독교 복음에 웃자라 복음을 질식시켰다고 하는 게 맞겠다.

능력 종교의 종말

좋은 시절은 한 세대 이상 가지 않는 법, 1990년대에 들어오자 세상도 교회도 많이 바뀌었다. 우선 교회 성장이 멈추었다. 성도들의 수평 이동을 통해 초대형 교회는 성장했지만, 새롭게 전도되어 교회에 들어오는 신자는 많지 않았다. 한국 경제의 고도성장기가 끝나면서, 특히 IMF를 지나면서, 성도들은 더 이상 큰돈을 헌금할 수 없게 되었다. 이제는 부동산 대박이 나지 않고서는 교회가 큰 자금을 만질 수 없다. (전광훈 목사의 사랑제일교회가 교회를 철거하는 대가로 재개발조합이 제시한 82억을 훨씬 넘는 563억 원을 요구한 데는 이런 사정이 있다.) 게다가 1970, 80년대 민주화의 요구를 외면했던 한국교회는 90년대 이후에도 양극화 해소, 한반도 평화, 환경 문제 등의 어젠다에 관심을 갖지 않음으로써 사회적 영향력을 상실했다. 20세기가 저물어갈 무렵 진보파가 정권을 잡았는데, 그동안 민주화 운동을 북한과 연결해 생각하던 보수적 기독교는 이를 어떻게 받아들여야 할지 몰라 당황했다. 이후 한국교회는 10년 동안의 진보적 정권하에서 우리 사회를 위한 어젠다를 주도하지 못한 채, 반(反)동성애, 반(反)이슬람, 반(反)정부 등 '반(反)~'으로 자신을 규정하는 반동(反動) 세력으로 전락하고 말았다.

90년대 이후 한국 기독교는 정치, 경제, 과학의 세 가지 방면에서 능력을 잃어버렸다. 능력을 중요하게 숭상하던 기독교가 능력을 상실하게 되면 어떤 일이 벌어질까? 엘리자베스 로스가 제시한 암 환자의 수용 단계와 비슷한 경로를 거칠 것이다. 부정-분노-타협-우울-수용 등 다섯 가지의 반응이 차례로 혹은 한꺼번에 나타난 것이 지난 30년이었다. 극우적 그리스도인들은 아직 부정과 분노의 단계에 머물러 있고, 나 같은 사람은 우울과 수용 사이를 왔다 갔다 한다.

먼저 기독교는 정치적 영역에서 영향력을 상실했다. 해방 후 줄곧 기독교와 정권이 보조를 맞추면서 상생해왔다. 그러나 보수적 기독교는 1970, 80년대 시대정신이었던 민주화 운동에 동참하지 않았고, 90년대 이후 그 대가를 톡톡히 치러야 했다. 지식인 세계에서는 기독교가 비난을 받았고, 일반인들은 개신교 대신 가톨릭을 선호하는 현상이 나타난 것이다. 김대중-노무현으로 이어지는 진보 정권은 개신교와 줄곧 갈등 관계에 있었다. 국가보안법, 사립학교법, 과거사 진상규명법, 언론관계법 등 개혁 입법을 두고 하루도 바람 잘 날이 없었다. 십자가와 태극기가 나란히 걸리고 때로는 성조기도 함께 걸리는 태극기 집회가 시작된 것도 이때쯤이었다. 당시 기독교계는 진보 정권의 출현을 통째로 부정(否定)했다. 대통령 선거가 있던 2007년 내내 보수적 기독교는 온 힘을 다해 마지막 불꽃을 살렸고, 마침내 장로 대통령을 당선시켰다. 이렇게 겨우 빼앗아온 정권을 '탄핵'이라는 불명예스러운 방식으로 내주고 말았으니, 그 상실감이 얼마나 컸을까? 무력감에 시달리고 있는 우파 성도들에게 전광훈은 다시 나라를 회복시켜줄 메시아로 보였다. 그는 권력을 취할 수 있다는 과도한 확신을 가지고, "이 민족을 내게 주소서"와 같은 거창한 구호를 내걸었다. 이미 과격한 소수 극우파가 되어버린 태극기 집회는 정신 승리를 맛보고 있는 중이다.

둘째, 경제적인 방면을 생각해보자. 밖에서 보는 것과 달리 한국교회는 심한 재정적 압박에 시달리고 있다. 성도들의 숫자는 늘지 않고, 연금 생활하는 고령자들이 늘면서 헌금할 여력도 줄어들고, 많은 돈을 헌금할 만한 신앙심도 약해지고, 게다가 수평 이동을 통해 대형 교회로의 쏠림 현상이 가속화되었다. 중대형 교회들은 무리한 확장으로 인해 이미 빚을 많이 지고 있으며, 베이비부머 목회자들이 은퇴할 때 정산해주어야 할 '전별금' 폭탄도 기다리고 있다. 전국 6만 교회의 7, 80퍼센트를 차지하는, 자립하지 못한 작은 교회들은 더 말할 나위가 없다. 고령화된 성도들의 삶도 고통스럽기는 매한가지다. 국가의 수호자요 산업화의 역군들이 과거의 영광을 부정당한 채 가난과 질병에 눌린 외로운 노후를 이어가고 있다. 이렇게 된 것이 누구의 책임인가? 누군가에게 책임을 돌려야 하고, 어떻게든지 사태를 바로잡아야 한다. 지방의 작은 교회 목회자와 어려운 노년층 성도들이 태극기 집회의 적극적 참여 세력이 된 데는 이런 좌절감이 숨어 있다.

셋째, 과학 분야에서 영향력을 상실한 기독교는 반(反)지성주의로 돌아섰다. 구한말과 일제강점기에 선교사와 한국 그리스도인들이 세운 사립학교와 대학들은 근대 과학이 한국에 전파되는 기지로서의 역할을 담당했다. 해방 후에도 지식인과 학자들 가운데 상당한 비율이 그리스도인이었다. 문화, 교육, 학문, 예술의 전 분야에서 교회가 대한민국 사회를 주도했다. 그러다가 1980년 어간을 전후하여 전 세계적으로 진화론에 기반을 둔 세속적 인본주의(secular humanism)가 과학계의 주류를 차지하면서 기독교는 과학계로부터 소외되기 시작했다. 성경의 창조 이야기를 기반으로 지구과학과 생물학을 정립하려는 창조과학은 과학계뿐 아니라 일반 사회에서도 종교적 신념에 불과하다고 퇴출당할 지경에 이르렀다. 개혁주의 신학의 기초 위에 수립된 기독교 세계관 운동도 이런저런 이유로 좀처럼 세력을 확장하지 못한 채 사그라들고 있다.

보수적 기독교는 한편으로는 과학 자체를 무시하는 반(反)지성주의 전략을 택하면서, 다른 한편으로는 학력과 학벌을 중요하게 생각하는 이중성을 보인다. 이는 주류에서 밀려났다는 열패감(劣敗感)에서 나온 전형적 반응이다. 또한 정보통신 기술이 이루어놓은 유튜브를 통해 정보를 얻으면서도 같은 과학을 통한 방역을 부정하는 모순적 행태를 보인다. 코로나19 진단 키트나 ICT 기술을 응용한 추적이나 통계학적 수치 전망 같은 과학 기술을 불신한다. 사회과학이나 인문학에 대한 열등감을 가진 목회자들은 학문 세계로 깊숙이 들어가 대화하고 배우며 비판하는 대신 과학 세계 자체를 부정한다. 그들은 자신이 모든 지식을 가진 것처럼 설교하지만, 그 내용은 음모론이 지배하는 극우 유튜브에서 따온 내용들로 가득 차 있다.

지성적 전문인이 많이 모인 교회 역시 이상하리만치 반지성적이다. 목회자들은 감성에 호소함으로써 기독교 복음과 사회의 전문 영역들이 아무런 관계가 없는 것처럼 보이게 만든다. 하늘을 우러러 손을 들고 흐느끼듯 떨리는 음성으로 부르는 찬양에 영혼을 맡김으로써, 메마른 전문인의 삶에서 다소 간의 활력과 힐링을 얻을 뿐이다. 자신이 가진 과학 지식이 어떤 토대 위에 놓여 있는지, 자신의 관료적 충성이 누구의 이익에 봉사하는지를 따져볼 엄두도 내지 못한다.

신학자의 경우는 어떤가? 외국에서 유학한 학자도 많고, 외국 학회에서 발표하고 유수한 신학 잡지에 글이 실리는 경우도 많다. 그러니 반(反)지성이라고 할 수는 없다는 생각이 든다. 그러나 나는 보수 진영에 속한 신학자들이 공론장(公論場)에서 사회 문제에 대해 글을 쓰거나 과학 세계와 대화를 시도하는 것을 자주 보지 못했다. 그들은 자신이 관심을 두는 구약이나 신약의 한 책, 한 구절, 교부 시대, 청교도 시대 등 과거의 저자들과 씨름하다 보니, 과거에 갇혀 있기 십상이다. 자신이 가진 전문지식으로 몇 학점의 신학교 교육 과정을 담당할 뿐, 현실 인식에 기반을 둔 자기반성도 개혁 의지도 상실했다. 신학교를 찾는 젊은 구도자들의 영혼을 일깨워 현실을 마주할 용기를 갖게 하는, 진정한 의미의 지성인 신학자를 찾기는 하늘의 별 따기다.

교회가 진심으로 미안합니다

나는 위에서 '능력'을 '전광훈 소요 사태'를 해석하는 키워드로 보고 한국 기독교의 과거와 현재를 훑어보았다. '능력'을 기독교 복음의 핵심으로 생각해오던 보수적 기독교가 정치, 경제, 과학의 분야에서 상실한 능력을 무리한 방식으로 되찾으려고 한 것이 이 사태의 본질이다. 극우적 그리스도인들이 이런 방향으로 가면 갈수록 그 입지는 더욱 좁아지고, 한국 기독교는 더욱 비난을 받고 다음 세대에 소멸의 길로 접어들 것이다. 이 물줄기를 되돌리는 것은 상당 기간 불가능하다는 것이 나의 예측이다. 적어도 한 세대 이상 훨씬 많은 시간이 지난 다음에야, 그것도 여기저기서 솟아난 새로운 교회 운동의 작은 샘들이 모여서 시냇물을 이룰 때에야 가능할 것이다. 그때를 준비하면서 지금 우리가 할 수 있는 몇 가지를 생각해본다.

첫째, 한국교회는 이번 기회에 성경이 말씀하는 진정한 성령의 능력이 무엇인지를 정립해야 한다. 죄를 이기는 내적 능력, 고난 속에서도 주저앉지 않을 능력, 과거의 상처를 딛고 일어서는 능력, 원수까지도 사랑하고 덮어주는 능력 등이 성령이 주시는 진짜 능력이다. 능력을 많이 가진 사람은 그렇지 못한 사람을 섬기기 위해 은사를 사용하고, 갖지 못했다고 주눅 들지 않으며, 갖고 있던 것을 잃었다고 해서 좌절하지 않는 것이다. 이는 기적적인 치유를 일으키고, 귀신을 쫓아내며, 방언과 예언을 말하는 초자연적 은사와 능력을 무시하는 것이 아니다. 나는 성령이 지금도 이런 은사들을 사용하여 사람들의 영혼을 구원하신다고 믿는다. 특히 신(神)을 부정하는 현대인들에게 기적이 일어나는 것을 보여줄 수 있다면 전도에 결정적인 힘이 된다. 나는 단지 이런 모든 능력이 우리의 죄를 용서하시는 예수님의 십자가 복음에 철저하게 종속되어야 한다는 것을 강조하고 싶다.

진정한 능력을 갖춘 그리스도인들은 대한민국을 다시 일으켜 세울 수 있다. 이 일은 잃어버린 정치적 권력을 되찾기 위해 극단적인 언사로 상대를 비방하고 저주하는 것이 아니라, 정치적 권력의 무상함을 알고 현 정부와 대통령을 위해, 또한 심지어 나와 반대 주장을 하는 사람을 위해서도 긍휼의 마음으로 기도함으로써 대한민국을 재건하는 것이다. 경제적으로 힘들어하는 노인층, 미래를 불안해하는 가장들, 꿈과 희망을 잃은 젊은이들에게 복음만이 살길을 열어주는 힘이라는 사실을 보여주는 것이다. 단순히 학과 공부를 잘해서 전문직에 진입하여 자신의 미래를 보장받는 것이 능력이 아니다. 우리 시대가 가진 문제의 핵심을 이해하고 문제 해결을 위해 자신을 던지는 것이 진정한 그리스도인의 능력이다.

이야기가 너무 거창해졌는데, 사상은 글로벌하지만 실제의 삶은 소박한 것이어야 한다. 통찰력 있는 정교한 담론에서 소박한 실천이 나온다. 나의 경우, 내 주변에 있는 사람들에게 악한 영향력을 미치지 않는 것, 나와 깊은 관계를 맺고 있는 한두 사람을 구원하는 것, 그리고 우리의 다음 세대가 살아가야 할 지구를 덜 망가뜨리다가 슬며시 사라지는 것을 소망하며 산다.

둘째, 극우파 기독교도 우리 역사의 일부라는 사실을 인정하고 그들을 이해하려고 노력해야 한다. 즉 극단적인 주장을 하는 사람과 그 주장 자체를 분리해서 보는 것이다. 나는 오랜 세월 목회 활동을 했다. 내가 처음 담임 목회를 했던 교회의 대다수 장로님과 권사님들은 이북에서 월남한 분들로서 지극히 보수적인 생각을 갖고 계셨다. 다음에 시무한 교회는 강남 한복판에 자리 잡고 있었는데 보수적인 교인들이 다수였다. 그들과 오래 교제하면서 나는 하나님을 향한 그들의 충성과 영혼에 대한 열정을, 그리고 병약함, 좌절, 인간적인 번뇌를 가까이서 목격하고 경험했다. 내가 존경하고 좋아하는 스승과 동료들은 2020년 광화문에는 안 갔지만, 2019년 개천절 집회에는 참여했다. 더 말할 것

없이 바로 우리 아버지가 어린 나이에 공산군에게 아버지를 잃은 분이다. 너무 나이브하다고 비난해도 할 수 없지만, 나는 가끔 태극기 집회에 나오는 분들이 너무 외로워서 그러는 것이라는 생각이 든다. 그들을 몰아세우고 비난하기보다는 그들의 이야기를 들어주고, 그들을 이해하며 보살펴주는 편이 낫지 않을까? 가끔씩 함께 외식도 하고 손자들 재롱도 보여주다 보면 유튜브를 덜 보게 되지 않을까?

셋째, 나 자신을 살펴 '능력 종교'의 요소들을 짚어내어 회개하고 돌이켜야 한다. 앞서 나는 '능력 종교'의 요소들이 어떻게 기독교 복음과 결합되어 우리의 역사 속에서 작용했는지를 길게 논했다. 기독교 극우파들만 그런 문제를 가지고 있는가? 다수 목회자의 혈관에 능력 종교의 DNA가 새겨져 있고, 나 자신도 예외는 아니다. 결국 '능력'이라는 것은 상처받기 쉬운 연약한 인간들이 늘 추구하는 것이 아니던가? 예를 들어 전광훈을 비판하는 의식 있는 학자들도 자신의 지위와 학문적 업적을 자랑하면서, 힘없는 대학원생들 위에 군림하고 힘 있는 사람들 앞에서 비굴해지는 사람들임을 나는 안다. 그들 역시 종류는 다르지만 능력을 숭상하는 것이다. 나는 지금 양비론(兩非論)에 빠져 이 사태의 책임을 물타기하려는 것이 아니다. 이는 타인을 권유하면서 자신에게 악한 요소가 있는지를 살피라는 갈라디아서 6:1의 말씀을 실천하는 것이다. 사실 사람 사는 게 다 거기서 거기다. 할리우드 영화에서처럼 선인과 악인으로 깔끔하게 구분되지 않는다. 악인 속에서 나의 죄와 약함을 보고 선인 속에서 하나님의 자비하심을 보는 법을 배워야 한다.

많은 교회가 "교회가 진심으로 미안합니다" 배너를 거는 운동에 동참하고 있는데 이는 참으로 환영할 일이다. 그러나 만일 그 운동이 우리는 전광훈을 따르는 "일부 교회"와 아무런 관계가 없음을 표시하기 위한 것이라면, 위선에 불과하다. 나의 무의식에 자리 잡고 있는, 능력을 향한 갈망과 권력의지를 성령의 밝은 빛 아래로 끌어올려 이를 극복하려는 노력을 병행할 때 비로소 진정한 사과가 될 것이다. 우리가 전광훈 소요 사태로부터 아무것도 배우지 못한다면, 우리 사회와 교회는 곧 또 다른 변종이 나타나는 것을 목격할 것이다.

8

진보적 그리스도인과 태극기파(派)가 화해할 수 있을까?

2019년의 분열

2019년은 어쩌면 우리 생애에 다시 볼 수 없을 대한민국의 분열을 경험한 해로 기록될 것이다. 2016년 대통령 탄핵 이후 숨죽이고 있던 보수가 여러 차례의 패배(2017년 대선, 2018년 지방선거)에도 불구하고 시대의 흐름을 인정하지 않고 세력을 결집하려는 마지막 시도를 했다. 야당의 극한투쟁, 야당의 원내대표가 '대통령은 김정은의 수석대변인'이라고 말한 연설, 당 대표의 삭발과 단식, 그리고 마침내 2019년 하반기 대한민국을 둘로 짝 갈라놓은 이른바 '조국 대전'…, 단체 카톡방과 유튜브의 닫힌회로가 뜨겁다 못해 벌겋게 달아올랐다. 2019년 9월 28일 서초동에서는 조국을 무리하게 기소한 검찰을 개혁하자는 진보 측의 집회가 열렸고, 이어 10월 3일 개천절에는 광화문에서 조국의 구속과 대통령의 하야를 요구하는 태극기파(派)의 집회가 열렸다.

이 시대적 분열에 기독교가 한 축을 담당했다. 청와대 길목에 천막을 쳐놓고 연일 저주 섞인 기도회를 열었던 전광훈 목사가 길 잃은 대한민국을 이끌 예언자로 등극했다. 전도사 출신인 독실한 그리스도인 야당 대표가 그 옆에 나란히 섰다. 대형 교회 목사들의 공공연한 혹은 암묵적인 동의에 힘입어 다수의 보수적 그리스도인들이 세력을 결집했다. 요컨대 2020년 4월의 총선이 자유 민주주의냐 사회주의냐라는, 대한민국 체제를 결정하는 중대한 선거라는 것이었다. 그들은 진보 세력이 행정부에 이어 의회마저 장악하면, 사회주의 경제가 도입되고, 미국·일본이 아닌 북한·중국과 교류하며, 이슬람 세력과 동성애자들이 득세할 것이라고 했다. 내가 존경하는 교회 지도자들과 노(老) 교수들, 충성스러운 성도들이 개천절 광화문 집회에 참여했다. 대부분이 연세가 드신 분들인데, 머릿수라도 채워야겠다는 심정으로 나오셨다고 했다. 이로써 기독교 신앙과 애국심 그리고 우파적 가치가 결합되었다.

그 세력에 눌려 진보를 지향하는 그리스도인들의 목소리는 잘 들리지 않았다. 많은 성도가 보수적 목사들의 설교를 애써 참다가 너무 힘이 들면 '가나안 교인'이 되었다. 기존의 진보적 교단들은 이전처럼 활발하게 움직이지 않았고, 개혁적 복음주의 단체들은 양비론(兩非論)적 성명을 발표하는 데 그쳤다. 양식이 있는 지성인과 젊은 제자들은 삼삼오오 모여 기독교의 미래를 염려하고, 몇 안 되는 페북의 스타들만이 진보의 불을 밝혔다.

기독교는 전부 보수적인 성향인 줄 알았지만 막상 투표 결과를 보니 실제 그리스도인들의 정치적 지향은 진보와 보수가 비등했다. 21대 국회의원 당선자 가운데 그리스도인은 100명 내외인데, 이 가운데 절반가량이 더불어민주당 소속 의원이었다. 또한 그리스도인이라고 해서 특히 보수 진영 후보에게 투표하지는 않는다는 사실도 드러났다. 다행인지 불행인지 교인들이 목사의 정치적 조언을 진지하게 듣지 않았다. 미국의 백인 복음주의 그리스도인이 80대 20으로 공화당을 지지하는 것과는 대조적이다. 전광훈 목사가 이끄는 기독자유당은 2020년에도 국회 입성에 실패했다.

이런 사태를 바라보면서, 내 걱정과 관심은 크게 세 가지다. 첫째, 그리스도인으로서 이 분열상을 어떻게 평가하고 어떤 대안을 제시해야 하는가다. 우리 시대에 깨어 있는 그리스도인들이라면, 사회적 통합에 관심을 가지는 것은 물론이요, 혼란의 시대에 대한민국이 나아가야 할 방향을 제시해주어야 한다. 나는 우리 시대의 그리스도인 지성들이 아직까지 경험해보지 못한 힘든 세상을 맞아 성령의 인도를 구하며 서로 머리를 맞대야 한다고 생각한다. 이 문제에 대해서는 본서의 부록 "한국 기독교 사회 선언(Korean Christians' Social Manifesto)을 제안하며"에서 상세하게 밝혔다.

둘째, 다음 세대의 교회가 나아갈 길이 잘 보이지 않는다는 점이 큰 걱정이다. 기독교와 극우파가 동일시됨으로써 기독교는 극우를 싫어하는 젊은 세대의 신뢰를 잃어버렸다. 2020년 2월 발표된 기독교윤리실천운동(기윤실)의 사회적 신뢰도 여론 조사에 따르면, 20대의 75퍼센트, 30대의 85퍼센트가 기독교와 목사들의 말을 신뢰하지 않는다고 한다. 어떻게 이들의 신뢰를 회복하고 복음을 전할 수 있을까? 코로나19 시대를 지나면서 교회의 성장이냐 퇴보냐가 아니라 생존을 염려해야 할 때가 되어버린 것 같아 더욱 마음이 어두워진다. 지금 우리는 과거의 방식을 답습할 것이 아니라 새로운 메시지와 새로운 형태의 교회를 고민해야 한다. 이 문제에 대한 답을 제시하려고 한 필자의 저서가 바로 『포스트크리스텐덤 시대의 한국 기독교』다.

셋째, 진보적 그리스도인과 태극기파(派) 지도자들이 어떻게 화해할 수 있을까 하는 문제다. 대한민국에서뿐 아니라 전 세계적으로 진보와 보수의 사이는 이전보다 더 벌어졌다. 지지하는 정당과 이해관계에 따라 역사를 보는 시각이 판이하게 다르고, 살아온 삶의 세계와 미래의 비전이 다르다. 정보를 얻는 매체가 다르고, 소셜 네트워크의 알고리즘이 유사한 성향의 콘텐츠를 연이어 제공하고 비슷한 유저들을 친구로 추천한다. 넷플릭스의 다큐멘터리 "소셜 딜레마"(Social Dilemma)는 SNS와 유튜브 등 매체의 알고리즘의 작동 방식이 어떻게 세계의 분열에 기여하는지를 잘 보여준다. 정치 지도자들이 선거에서 이기기 위해 편 가르기를 서슴지 않는 것도 큰 몫을 한다. 후진국의 독재자들이 그렇게 하는 것이 아니라 무려 미국의 대통령이 말이다!

그리스도인의 경우에는 둘 사이의 화해를 어렵게 만드는 요소가 한 가지 더 있으니 바로 신앙이다. 극단적으로 사고하기 때문인지 아니면 복잡한 사고를 하지 못하기 때문인지, 그리스도인은 자신의 사회적 이념과 신앙을 쉽게 동일시하는 경향이 있다. 이념의 한가운데 신앙이 자리 잡고 있으며, 신앙/이념을 형성하고 공고하게 해주는 공동체와 지도자, 전달 방식과 성경 해석 및 신학이 있다. 신앙의 이름으로 자신을 정당화하고 신앙의 이름으로 상대를 저주한다. 같은 하나님을 섬기고 한 중보자 그리스도를 믿는 성도들이라고 하기에는 진보와 보수의 골이 너무 깊다. 내가 무척 존경하는 신학자 한 분이 소셜 네트워크를 통해 가짜 뉴스를 퍼 나르는 것을 보며, 게다가 그것이 가짜임이 판명되었음에도 불구하고 아무런 변명이나 사과가 없는 것을 보며, 마음 한구석이 내려앉는 것을 느꼈다.

그러나 나는 진보적 그리스도인과 극우적 그리스도인이 화해할 수 있다고 믿는다. 아니 그렇게 되어야 한다고 생각한다. 그들은 한 분 하나님을 함께 섬기는 자녀들이고, 예수 그리스도의 피로 구속함 받은 형제들이며, 함께 천국을 상속할 동료들이기 때문이다. 이게 쉽다는 뜻은 결코 아니다. 이런 종류의 분열을 극복하는 것은 언제나 쉽지 않았다. 분열을 극복하고 화해와 일치로 나아가려는 노력은 성경에 많이 있는데, 특히 사도행전 21-26장의 바울의 행적이 감명 깊게 다가온다. 우리의 교회 안에서 진보와 보수 간에 화해의 가능성을 기대하면서 잘 알려지지 않는 바울의 예루살렘 방문 이야기를 풀어볼까 한다.

바울이 동쪽으로 간 까닭은?

사도행전은 크게 두 부분으로 나뉜다. 1-12장은 예루살렘과 유대 지역에서의 복음의 확산을 기록하는데, 그 주인공은 베드로다. 제2부인 13-28장은 바울을 중심으로 한 이방인 선교의 기록이다. 제2부를 또다시 구분하면 13-20장은 세 번에 걸친 선교 여행의 기록이고, 21-26장은 바울이 예루살렘으로 가는 여정과 그곳에서 겪은 일을, 27-28장은 로마로 가는 과정을 다룬다. 여기서 이런 질문이 생긴다. 21-26장, 무려 여섯 장에 걸쳐 예루살렘에서의 바울의 사역을 다루는데, 이게 그렇게 중요한 일인가 하는 질문이다. 복음서들이 예수님이 마지막 한 주간 예루살렘에서 하신 일에 할애한 위치나 분량은 얼추 비슷하다. 하지만 사도행전 21-26장은 클라이맥스라기에는 내용이 약간 맥 빠진다. 흥미진진한 선교 여행의 주인공 바울이 무리하게 예루살렘에 갔다가 체포되어 옥에 갇히고 몇 차례 심문을 받는 이야기가 전부다. 아마 사도행전 매 장을 시리즈로 설교하는 목사님들은 이 부분을 다룰 때 듬성듬성 건너뛰면서 설교 본문을 정할 것이다.

그런데 이게 사도행전의 기록자 누가나 바울에게는 매우 중요한 일이었나 보다. 나도 이 부분이 복음의 본질을 드러내는 중요한 부분이라고 생각한다. 3차 선교 여행을 마치고 예루살렘으로 간 사건을 기록한 성경은 사도행전 외에 또 있다. 3차 선교 여행을 마무리할 즈음에 쓰인 두 권의 바울 서신, 고린도후서와 로마서는 예루살렘 여행에 대한 바울의 입장을 알려준다. 고린도후서 8장과 9장은 예루살렘 성도들을 돕기 위한 연보의 의미에 대해 길게 설명하며, 로마서의 끝부분(15:22-33)에도 이 여행을 언급하면서 로마의 성도들에게 기도를 부탁하는 장면이 나온다.

이 예루살렘 여행은 바울 사역의 중장기 선교 계획을 생각할 때 쉽게 이해되지 않는다. 알다시피 바울은 이방인의 사도로 부름을 받아 로마 제국 대도시들을 다니며 복음을 전하고 교회를 세웠다. 그는 세 번에 걸친 선교 여행을 통해 터키와 그리스의 도시들을 다녔다. 에게해(海)를 중심으로 빌립보, 고린도, 에베소 등의 해안 도시들에서 복음을 전했다. 물론 그가 한 일은 대단한 일이지만, 전체 로마 제국을 생각하면 아직도 할 일이 많이 남아 있었다. 터키와 그리스 내륙까지 깊숙이 들어가지 못했고, 중앙 유럽이나 북아프리카는 계획조차 못 세우고 있었다. 3차 여행을 마친 후 서쪽으로 가서 로마에 들르고, 그들의 후원을 얻어 땅끝 스페인까지 여행하여 복음을 전하는 것이 그가 남은 생애를 바쳐야 할 필생의 과업이었다(롬 15:28). 자, 그런데 그는 지금 로마와는 정반대 방향, 동쪽 예루살렘으로 간다. 때는 기원후 57년경, 3차 전도 여행을 마치고 로마서 집필을 막 끝냈을 무렵이었다. 지금 있는 고린도에서(행 20:2) 예루살렘까지는 해상과 육로로 1,300킬로미터를 가야 하는 거리다. 고린도에서 직접 로마에 가는 것보다 두 배 이상 시간이 소요된다. 당시의 항해는 크루즈선에서 편안히 여행하는 것이 아니라 목숨을 건 모험이었다.

바울은 예루살렘에서 누가 기다리고 있기에 그리도 가고 싶어 한 것일까? 그를 기다리는 사람은 아무도 없고, "결박과 환난"이 그를 기다린다! 바울이 예루살렘으로 가려고 할 때 많은 사람이 만류했다. 심지어 아가보라는 예언자는 바울의 띠를 풀어 자기 수족을 잡아매면서 예언했다. **"성령이 말씀하시되** '예루살렘에서 유대인들이 이같이 이 띠 임자를 결박하여 이방인의 손에 넘겨주리라'"(행 21:11). 이 말을 들은 바울의 제자들은 한결같이 그가 예루살렘에 가는 것을 반대했다. 바울 자신도 예루살렘에서 잡힐 것을 예견하고 있었다. 그러나 그는 신념을 굽히지 않고 다음과 같이 자신의 결심을 말했다.

나의 달려갈 길과 주 예수께 받은 사명, 곧 하나님의 은혜의 복음을 증언하는 일을 마치려 함에는 나의 생명조차 조금도 귀한 것으로 여기지 아니하노라(행 20:24).

여러분이 어찌하여 울어 내 마음을 상하게 하느냐? 나는 주 예수의 이름을 위하여 결박당할 뿐 아니라 예루살렘에서 죽을 것도 각오하였노라(행 21:13).

유대인 그리스도인과 이방 그리스도인의 화해를 위하여

이렇게 위험한 여행이고 바울의 미래 선교 계획과도 어긋나는데, 왜 그는 예루살렘으로 가야 했을까? 첫째, 바울이 예루살렘을 방문한 표면상의 이유는 예루살렘 성도들에게 구제 헌금을 전달하기 위해서다. 사도행전에는 자세한 설명이 없지만, 로마서와 고린도후서에서는 예루살렘 방문의 목적을 다음과 같이 밝힌다.

> 그러나 이제는 내가 성도를 섬기는 일로 예루살렘에 가노니, 이는 마게도냐와 아가야 사람들이 예루살렘 성도 중 가난한 자들을 위하여 기쁘게 얼마를 연보하였음이라(롬 15:25-26).

> 너희가 모든 일에 넉넉하여 너그럽게 연보를 함은 그들이 우리로 말미암아 하나님께 감사하게 하는 것이라(고후 9:11).

예루살렘 성도들이 흉년을 만나 고생한다는 소식을 들은 바울은 마게도냐와 고린도 등 자신이 세운 이방인 교회들에서 모금을 했다. 그는 그 헌금을 전달하기 위해 몇몇 제자와 함께 예루살렘으로 가려는 것이다.

그러나 과연 이 목적이 전부였을까? 예루살렘에 구제 헌금을 전달하는 것이 로마와 스페인에 가서 복음을 전하는 것보다 더 중요한가? 믿을 만한 사람이 그렇게 없어서 바울이 직접 가야 했을까? 그리고 더 이상한 것은 예루살렘 방문을 길게 기록하는 사도행전에서 구제 헌금에 관한 이야기가 전혀 나오지 않는다는 사실이다. 예루살렘에 가기 전 마게도냐와 고린도에 들른 것을 간단히 기록할 뿐(행 20:1, 2), 헌금을 모으는 이야기도, 예루살렘에서 헌금을 전달했다는 기사도 찾아볼 수 없다.

바울이 예루살렘을 방문한 좀 더 중요한 두 번째 이유가 있다. 바로 예루살렘의 유대인 교회와 바울이 세운 이방인 교회의 화해를 위함이다. 당시 상황을 간략하게 정리해보자. 예수님이 승천하신 후 최초의 교회가 예루살렘에 세워졌다. 초기의 박해를 딛고 20여 년의 세월이 흐르는 동안 수만 명이 그리스도께로 돌아왔다. 예수님의 동생 야고보를 수장으로 하는 예루살렘 교회는 예수를 믿으면서도 계속해서 유대인의 율법을 지켰다. 남자들은 할례를 받고, 율법에서 규정한 깨끗한 음식만을 먹고, 안식일에 모임을 가지고, 성전을 둘러싼 제사나 결례 등도 지속되고 있었다. 기존 유대인들과의 충돌은 더 이상 없다. 기독교가 유대교의 일파로 인정받은 것이다.

한편 안디옥에서 시작된 이방인 교회는 바나바와 바울의 노력으로 로마 제국의 대도시 곳곳에 세워졌다. 사도행전은 바울이 주도한 세 번의 선교 여행으로 에게해(海) 연안의 도시들에 교회가 세워지는 과정을 자세히 설명한다. 바울이 세운 교회들의 면면을 살펴보자. 이 교회들은 주로 이방인들로 구성되어 있었는데, 그들 가운데는 이미 유대교에 반쯤은 동조하던 소위 '하나님 경외자'(God-fearer)들도 많았다. 성경은 교회의 규모에 대해 자세히 언급하지 않지만, 도시마다 수십 명이 가정에서 모이는 작은 모임 몇 개가 있었으리라고 추측된다. 이방인 성도들이 할례, 안식일, 음식법 등 유대인의 성결법을 지켜야 하느냐 하는 문제를 다룬 것이 사도행전 15장의 예루살렘 총회다. 이 총회의 결정에 따라 이방인들이 유대인의 성결법을 지키지 않고 예수를 믿는 길이 열렸다. 이 교회들에서는 헬라적 삶의 환경이 고려된, 그리스도인으로서 나름의 삶의 표준이 형성되었다.

　　문제는 야고보를 수장으로 하는 예루살렘의 유대인 교회와 바울의 영향력하에 있는 이방인 교회 사이에 점차 깊은 골이 생겨나고 있었다는 점이다. 이 두 교회는 한 분 예수를 주로 섬기지만 계율, 관습, 문화가 달랐다. 오랜 세월 교제를 나누지 않다 보니 자연히 서로에 대한 오해와 불신이 쌓였다. 예루살렘 총회의 결정에도 불구하고 유대인의 성결법 문제가 완전히 해결된 것은 아니었다. 예루살렘 교회 출신의 제자들 몇 사람이 바울이 세운 교회들을 방문했는데, 이들은 그 교회에서 구약의 계율을 지켜야 한다고 가르침으로써 적잖은 혼란을 일으켰다. 그들은 갈라디아 지방과(갈 2:4) 고린도에도 방문했다. 고린도 교회는 안 그래도 친(親) 바울파와 반(反) 바울파로 나뉘어 있었는데, 예루살렘에서 온 방문자들이 반 바울파와 한패가 되어 바울을 공격했다. 역시 논쟁의 주제는 비슷했다. 고린도후서에서 바울은 이 방문자들을 천사로 가장한 사탄의 일꾼이요 거짓 사도라고 거세게 공격했다(고후 11:13-15). 바울의 주장이 설득력을 얻어 고린도 교회에서 반(反) 바울파를 몰아내는 것으로 분란은 매듭지어졌다(고후 7:7). 그러나 논란이 완전히 종식된 것은 아니었다.

　　사도 바울은 이런 오해와 불신이 지속되는 것을 견디기 어려워했다. 갈라디아나 고린도에서 논란을 일으켰던, 예루살렘에서 온 제자들은 예루살렘 교회의 수장인 야고보가 인정한 사람들인가? 한 분 예수님을 믿는 교회가 이런 일로 갈등을 겪어야 하는가? 바울은 이방인 교회와 예루살렘 교회가 오해를 풀고 복음 안에서 하나가 될 수 있는 방책을 고심했다. 바로 이때 바울은 유대인 교회의 굶주림 소식을 들었고, 이방인 교회에서 그곳으로 연보를 보냄으로써 갈등 해소에 보탬이 되어야겠다고 생각했다. 위험을 무릅쓰고라도 오해의 중심에 있는 자신이 직접 헌금을 들고 가서 화해를 성사시켜야겠다고 결심한 것이다.

모금을 하는 것도 쉬운 일은 아니었다. 이방인 교회 성도들도 가난한 사람이 대부분이었는데 만난 적도 없는 예루살렘 성도들을 위해 헌금하도록 그들을 설득해야 했기 때문이다. 바울의 간곡한 설득 장면이 고린도후서 8-9장과 로마서 15장에 기록되어 있다. 그의 논지는 "만일 이방인들이 그들의 영적인 것을 나눠 가졌으면 육적인 것으로 그들을 섬기는 것이 마땅"하다는 것이었다(롬 15:27). 그 결과 바울은 "거액의 연보"를 모으는 데 성공했다(고후 8:20).

그런데 예루살렘에 가는 바울의 마음을 누르는 두 가지 근심이 있었다. 하나는 예루살렘에 사는 비(非)그리스도인 유대인들이 바울을 잡아 죽이려고 할 것이라는 걱정이다. 바울은 가는 곳마다 유대인의 반대에 부딪혔었고 그에 관한 안 좋은 소문이 예루살렘까지 도달하여 이미 증오의 표적이 되어 있었다. 다른 하나는 예루살렘의 그리스도인들이 자신이 가져간 헌금을 기쁘게 받고, 그동안 쌓였던 불신이 해소될 수 있을까 하는 염려다. 그는 로마서의 말미에 로마 성도들에게 두 가지 기도를 부탁한다.

나로 유대에서 순종하지 아니하는 자들로부터 건짐을 받게 하고, 또 예루살렘에 대하여 내가 섬기는 일을 성도들이 받을 만하게 하고(롬 15:31).

구제를 위한 헌금을 들고 가는 사람이 하는 기도치고는 대단히 겸손한 기도다. 바울은 예루살렘 성도들의 자존심을 상하게 하지 않으면서 구제 헌금을 전달하여, 예루살렘 교회와 이방인 교회 간에 좋은 관계가 형성되기를 원했다. 예루살렘에 도착해서도 그는 유대인 그리스도인들의 관습을 존중하는 의미에서 전통적인 결례를 행했고(행 21:20-26), 유대인 교회 지도자들과 교제를 나누기도 했다(행 21:19).

바울의 결심과 행동은 분열된 교회를 당연한 것으로 여기며 사는 우리를 부끄럽게 만든다. 대한민국의 교회는 신학, 관습, 전통, 지역, 이념에 따라 수백의 교단으로 나누어졌다. 이는 자기의 명예와 이익을 따라 이합집산을 거듭하는 소인배 지도자들과 이들을 맹신하는 성도들의 책임이다. 교단 정치를 하는 사람들은 기득권을 잃지 않기 위해 분열을 기정사실화하고, 신학자와 교회사가(史家)들은 자파의 신학과 대의가 옳다는 것을 증명하기 위해 학문적 기량을 발휘한다. 특히 서론에서 말한 보수와 진보의 분열은 다른 모든 분열을 능가할 만큼 한국교회의 앞날을 어둡게 만들고 있다. 혹시 어르신 지도자들이 이 글을 읽으신다면, 하나님 앞에 가시기 전에 매듭을 풀고 가시라고 간청드리고 싶다. 또한 젊은이들은 선대로부터 물려받은 분열된 교회를 당연한 것으로 여기는 패배주의에 빠지지 않길 바란다.

은혜의 복음의 완성

지금까지 바울의 예루살렘 방문에 대해 구제 헌금의 전달은 하나의 구실이고, 이 방문을 통해 바울은 예루살렘의 유대인 교회와 자신이 설립한 이방인 교회 사이에 화해를 이루려는 목적이 있었음을 이야기했다. 그런데 여기서 또 하나 꼬리를 무는 질문이 생긴다. 화해가 왜 그렇게 중요한가? 물론 그리스도 안에서의 화해는 좋은 일이다. 예수님은 평화를 이루는 사람이 하나님의 아들이 될 것이라고, 또 형제와 화목하지 않으면 하나님이 그 예배를 받지 않으신다고 가르치셨다. 평화주의자 바울은 할 수만 있으면 모든 사람과 화평을 유지하려고 애썼다. 그러나 사람들 사이의 수평적 화해가 정말 그렇게 중요한 일인가? 하나님과의 화해의 복음을 전하기 위해 로마와 스페인으로 가는 것을 뒤로 미룰 만큼 중요한가? 결국 바울은 예루살렘에서 잡혀 죽을 고생을 하고, 가이사랴의 감옥에 2년 동안 미결수로 수감되어 세월을 허비하지 않았는가? 혹 우리가 다 헤아리지 못하는 깊은 뜻이 있었던 게 아닐까? 바울이 예루살렘을 방문한 세 번째 이유가 바로 여기에 있다.

다음 구절에서 바울의 논리와 심정을 엿볼 수 있다. 이는 예루살렘으로 가는 것을 만류하는 제자들에게 바울이 한 말로서, 소명받은 신학생과 목회자들이 즐겨 암송하는 유명한 말씀이다.

> 내가 달려갈 길과 주 예수께 받은 사명, 곧 **하나님의 은혜의 복음을 증언하는** 일을 **마치려** 함에는 나의 생명조차 조금도 귀한 것으로 여기지 아니하노라(행 20:24).

여기 세 단어에 주의를 기울여보자. 첫 번째는 '증언하다'라는 단어다. 이는 그리스어 '디아마르튀로마이'(διαμαρτύρομαι)의 번역으로서, 일반적으로 '증언하다'라는 뜻으로 쓰이는 '마르튀로마이' 앞에 '디아'라는 강조 접두어가 붙었다. 같은 단어를 우리말 성경 개역개정은 사도행전 18:5에서는 "밝히 증언하다"로, 디모데전서 5:21에서는 "엄히 명하다"로 번역했다('testify solemnly', NASB). 바울은 항상 복음에 대해 진지했지만, 이번에는 더욱 진지하고 엄숙하게 자신이 믿는 복음을 증언하려고 한다.

두 번째 단어인 '마치다'(τελειόω)를 살펴보자. 이는 단순히 '끝마치다'라는 뜻도 있지만, 그보다는 '완성하다'라는 함의가 강하다. 다른 우리말 번역본들에서는 이 단어가 '임무를 다하다', '완성하다' 등으로, 영어 번역에서는 'finish'와 더불어 'accomplish', 'complete' 등으로 번역되었다. 바울은 지금 예루살렘으로 가는 것을 **진정한 복음 증거의 완성**으로 생각하고 있다. 그런데 바울이 복음 전도를 완성하려면 예루살렘이 아닌 서쪽 로마와 스페인으로 가야 하는 것이 아닌가?

여기서 세 번째 표현이 중요하다. 바로 "하나님의 은혜의 복음"(the gospel of God's grace)이다. '은혜의'에서 소유격 '~의'는 어떤 의미를 가지고 있을까? 이는 특징을 나타내는 소유격일 수 있는데, 이 경우 형용사적으로 해석되어 "하나님이 베푸신 은혜로운 복음"이라는 의미다.[1] 아니면 동일성을 의미하는 소유격으로서 "복음, 즉 하나님의 은혜"일 수도 있다. 둘 중 어느 것을 취하더라도 상관이 없다. (두 번째 동일성의 소유격이 좀 더 강한 의미이긴 하지만 말이다.) 중요한 것은 바울이 '복음'을 묘사하기 위해 "하나님의 은혜"라는 용어를 사용했다는 사실이다. 복음을 묘사하기 위해 "구원의 복음", "화평의 복음", "영광의 복음" 등의 다른 수식어를 사용할 수도 있다. 그런데 바울이 여기서 "하나님의 은혜의 복음"이라고 한 데는 특별한 이유가 있는 것이 아닐까? 바울이 예루살렘으로 가는 것이 어떻게 하나님의 은혜의 복음 증언을 완성하는 것이 되는가?

---

1   우리말 번역은 '하나님'이 수식하는 것이 '은혜'인지 '복음'인지가 모호하다. 후자의 경우 "하나님께서 은혜로 주신 복음"이라는 의미가 되는데, 이는 원문의 의미를 잘 전달하는 것은 아니다.

차별 없이 주어지는 하나님의 선물

여기서 우리는 바울 신학에서 '하나님의 은혜'라는 개념이 차지하는 중요성을 좀 더 숙고해야 한다.[2] 갈라디아서와 로마서에 따르면 하나님의 은혜는 바울이 전하는 복음의 출발점이자 핵심이다. 복음은 하나님의 은혜 곧 선물이며, 받는 사람의 가치를 고려하지 않고 차별 없이 주어진다는 특징이 있다. 이는 하나님께서 구원을 베푸실 때 유대인과 이방인 사이에 차별을 두지 않으신다는 말이다.

　　　여기까지는 누구나 쉽게 동의할 것이다. 그러나 "차별 없이 주어지는 하나님의 은혜"라는 말은 생각할수록 엄청난 함의를 가진 사상이다. 이는 인간이 사는 사회, 국가, 문명을 구별하는 모든 사회적·문화적·윤리적 경계들을 무력화하는, 전복적이며 혁명적인 함의를 지니고 있다. 바울은 이 사실을 깊이 깨닫고 이를 현실 세계에서 실현하려고 노력한 사람이었다. 무슨 말인지 좀 더 설명해보겠다. 앞에서 잠시 언급했지만, 1세기 중엽 교회의 가장 중요한 이슈는 바로 구약성경(토라)이 명령하는 규례들(할례, 음식법, 절기 등)을 예수를 믿는 이방인에게 강제해야 하느냐는 문제였다. 예수를 믿으려는 이방인에게 이 모든 것을 지키라고 강요하는 것은 예수를 믿기 전에 먼저 유대인이 되라고 하는 것으로서, 이방인들이 지기 어려운 불필요한 짐이었다. 그래서 사도행전 15장에 기록된 예루살렘 총회에서 이방인에게 우상숭배와 피 등 네 가지 외

2　2015년에 출판되고 2019년에 우리말로 번역된 영국 신약학자 존 M. G. 바클레이의 『바울과 선물: 사도 바울의 은혜 개념 연구』(송일 역, 서울: 새물결플러스, 2019)는 바울 신학의 핵심을 '선물' 혹은 '은혜'라는 개념으로 정리한 명저다. 저자는 고대 세계에 통용되던 일상 언어인 '선물' 개념을 중심으로 갈라디아서와 로마서에 나타난 복음의 특징인 은혜에 대한 통찰력 있는 해석을 제시한다.

에는 다른 짐을 지우지 않기로 결의했다.

　　　　그러나 예루살렘 총회를 통해 이 문제가 완전히 해결된 것은 아니었다. 예루살렘에 있는 유대인 그리스도인들은 예수를 믿으면 구약의 규례들을 더 잘 지켜야 한다고 생각했을 것이다. 그러나 이방인 교회에서는 어땠을까? 이방인들만 있는 교회라면 아무 문제가 없었을 것이다. 할례를 받지 않아도, 돼지고기를 먹어도, 질책하는 사람은 아무도 없었다. 그렇다면 안디옥과 같이 유대인과 이방인이 함께 사는 도시에서는 어땠을까? 여기서는 문제가 좀 더 복잡해진다. 안디옥의 유대인 그리스도인은 교회에 속한 신자이면서 동시에 안디옥의 유대인 공동체의 일원이기도 했다. 유대인의 삶을 고집하는 다수의 비그리스도인 유대인들의 압박이 있었을 것이다. 안디옥 교회의 유대인 그리스도인과 이방인 그리스도인들은 따로 식사를 하든지, 아니면 함께하더라도 유대인을 고려한 코셰르(kosher) 음식을 제공하든지 했을 것이다. 이런 방식으로 교제하는 안디옥의 그리스도인들 사이에는 유대인처럼 사는 것이 일급 그리스도인이라면, 할례와 음식 규정을 지키지 않는 이방인 그리스도인은 이급 그리스도인으로 여기는 사고가 암묵적으로 전제되어 있었다. 이는 마치 남아프리카공화국의 아파르트헤이트 시대의 흑·백 분리 화장실이나 1960년대 미국 남부의 버스처럼 두 집단을 분리시키는 장벽이 쳐져 있었던 것과 유사하다. 예루살렘 총회(행 15장)의 결정은 이방인 전도의 편의를 위한 결정일 뿐, 유대인과 이방인 사이의 차별의 철폐에 대해서는 애매한 영역이 남아 있었던 것이다.[3]

3　바울의 안디옥 사건에 대해서는 마이클 F. 버드, 김수진 역, 『혁신적 신학자 바울』(서울: 새물결플러스, 2019), 제4장 "안디옥 사건(갈 2:11-14): 바울 신학의 시작"을 참고했다.

이 점에서 사도 바울은 단호했다. 그리스도인에게 필요한 것은 토라의 법이 아니라 하나님이 선물로 주신 그리스도를 믿는 믿음뿐이다. 유대인이 지켜온 외적인 규정들은 모든 그리스도인이 지켜야 하는 보편적인 하나님의 명령이 아니라 모세를 통해 그리스도가 오실 때까지 임시로 주어진 법일 뿐이다. 아브라함은 무할례 시에 은혜를 받았고 이를 확증한 것이 할례이기에, 아브라함은 할례자의 조상일 뿐 아니라 믿음을 가진 무할례자의 조상이기도 하다(롬 4:11). 음식이나 안식일 준수와 같은 문제도 반드시 지켜야 하는 것이 아니라 각 사람이 마음에 정한 대로 지키면 되는 규례들이다(롬 14:1-12). 만일 이런 율법의 규례들 때문에 유대인과 이방인 사이에 차별을 둔다면 예수님은 헛되이 죽으신 것이고, 하나님의 은혜를 폐하는 것이다(갈 2:21).

간단히 말하자면, 모든 사람에게 차별 없이 주어지는 하나님의 은혜를 믿는 바울은 천 년 이상 내려온 토라의 규례들을 **상대화**시킨 것이다. 예수를 믿은 유대인들이 그 규례들을 지키는 것에 대해 그는 어떤 문제도 제기하지 않았다. 그는 자신 역시 유대인이었기에 유대인처럼 살 수도 있었고(고전 9:20), 복음 전도의 효율성을 위해 유대인과 이방인 사이에서 난 디모데에게 할례를 받게 할 수도 있었으며(행 16:1-3), 심지어 자신이 나실인의 서약을 준수하기도 했다(행 21:26) 그러나 바울은 이방인들은 유대인의 율법(할례, 음식법, 안식일)을 지킬 필요가 없음을 분명히 했다. 대신 그는 신자가 지켜야 할 삶의 표준으로서 이방인의 상황에 적합한 새로운 규례를 제시했다. 그리고 이 두 그룹의 신자 사이에는 우열이나 차별이 없다.

우리의 논의를 정리해보자. "차별 없이 주어지는 하나님의 은혜"(롬 3:22; 10:12)는 이방인과 유대인 사이를 가로막는 경계의 표식인

할례, 음식법, 안식일 등을 상대화시킨다. 유대인들은 그들이 지켜오던 것들을 계속 지킬 수 있으나, 이방인들에게 이를 강요하면 안 된다. 바꿔 말하면 만일 어떤 사람이 자신이 가진 전통을 고집함으로써 다른 전통을 가진 성도들을 이등 교인 취급한다면, 그는 "하나님의 은혜의 복음"을 알지 못하는 사람인 것이다. 자신의 전통 가운데 복음의 정신이나 토라의 정신과 일치하는 것들을 내버릴 필요는 없다. 중요한 것은 **상대화**다. 이는 내가 가진 모든 죄악을 용서받고 죄를 이길 수 있을 정도로 하나님의 은혜가 크기 때문에 거룩한 삶을 위한 외적 규례들이 사소하게 보이는 것이다.

이를 깨달은 성도들은 다른 전통을 가진 그리스도인과 교제하는 데 아무런 어려움도 느끼지 않을 것이다. 바울이 볼 때, 유대인의 전통을 상대화해서 이방인과 거리낌 없이 교제하는 것, 이것이 바로 "하나님의 은혜의 복음을 증언함을 완성"하는 것이다. 이는 복음을 믿는 것이 우선이고 이후에 차별하지 않는 것이 아니라 은혜의 복음 안에 차별하지 않는 것이 전제되어 있다는 말이다. 자신의 전통을 다른 사람보다 우월한 것으로 알고 그를 차별하는 사람은 복음이 무엇인지, 은혜가 무엇인지를 잘 모르는 사람이다. 바울이 원했던, 예루살렘 성도와 이방인 성도들의 화해는 바로 이런 하나님의 은혜에 기초한 화해다. 바울이 죽음을 무릅쓰고 예루살렘에 간 것은 유대인 그리스도인과 이방인 그리스도인은 서로 다른 삶의 방식과 문화와 윤리를 가지고 있지만, 하나님의 은혜의 복음을 믿기 때문에 이런 것들을 상대화시켜야한다는 사실을 몸으로 보여준 행동이었다. 만일 이게 불가능하다면, 로마나 스페인으로 가서 복음을 확장하는 것은 무의미하다.

예루살렘 방문과 로마서

바울의 이런 정신이 잘 나타난 문서가 있으니, 바로 예루살렘 방문 직전에 저술한 로마서다.[4] 바울은 은혜의 복음이 이방인과 유대인의 문제를 어떻게 해결해주는지를 로마서를 통해 보여주고자 했다. 로마서는 1세기 지중해 세계에서 복음을 만난 사도 바울의 신학적 반성에 대한 기록이고, 유사한 문제를 안고 있는 로마 교회에 제시한 해결책이기도 하다. 즉 하나님이 베푸신 은혜의 복음이 유대인의 율법을 어떻게 뛰어넘는지를 보여줌으로써 유대인도 자랑할 것이 없고, 당연히 이방인도 자랑할 것이 없음을 설명하는 것이다.

이 설명은 단순한 것이 아니다. 왜냐하면 이는 유대인의 전통적 삶의 양식과 사고 구조를 혁명적으로 바꾸어놓는 것이었기 때문이다. 다시 말해 수백 년에 걸쳐 수없이 많은 랍비와 학자들이 쌓아놓은 체계, 즉 율법의 해석과 이에 대한 해석이 통합된 조직신학을 근본부터 뒤집는 것이었다. 가장 어려운 것은 한 획 한 획이 하나님의 말씀인 구약성경의 명백한 명령들(할례, 음식법, 안식일, 성전 제사 등)이 폐지되었다고 말해야 하는 것이었으리라.

바울은 어떻게 이런 혁명적인 발상을 하게 되었을까? 바울은 자신이 겪은 은혜의 체험으로부터 동력을 얻었다. 자신과 같은 박해자를 찾아오신 측량할 수 없는 하나님의 은혜를 생각할 때 뛰어넘지 못할 장벽은 없었다. 그리스도와의 연합이 너무도 생생하여 제도와 형식이 이를 대체할 수 없었다. 그는 인간 실존에 뿌리 깊이 박혀 있는 죄의 문

---

4   바클레이, 『바울과 선물』 766 이하.

제를 완전히 해결하신 위대한 용서의 복음과 성령의 힘에 압도되어, 죄를 이기기 위한 오랜 관습들은 아주 작은 의미밖에 지니지 못함을 확신하게 되었다. 유대인이 그 관습에 집착하는 것은 죄를 이기는 능력을 주는 것이 아니라 위선과 교만의 죄를 더하는 것일 뿐이다. 바로 과거의 자신이 그러했던 것처럼 말이다.

바울 신학의 기초는 체험뿐이 아니었다. 바울은 성경을 읽는 법을 다시 배웠다. 즉 자신이 깨달은 은혜의 복음이라는 관점으로 구약성경을 재구성한 것이다. 그는 율법을 지킴으로써 의(義)를 얻을 것이라는 구약의 말씀을, 믿음으로 말미암는 의(義)라는 관점에서 재해석했다. 바울이 쓴 로마서는 아브라함에게 주어진 할례의 의미, 다윗에게 베푸신 용서의 복, 아담에게까지 거슬러 올라가는 죄와 사망의 보편성과 그리스도로 말미암는 더 보편적인 구원, 예언자들에게 주신 남은 자(remnant) 사상 등이 결국 차별 없이 주어지는 은혜의 복음을 가리키고 있음을 잘 보여준다. 로마서는 사도행전 21-26장의 예루살렘 방문을 뒷받침하는 이론이고, 예루살렘 방문은 로마서의 실천이다.

성령에 결박당하여

바울 자신이 받은 은혜 체험의 반추, 그리고 그로부터 시작한 구약의 재해석, 이것들만으로 천 년 이상의 전통을 근원부터 다시 생각할 수 있을까? 자신이 태어나고 성장해온 기반을 허물 수 있을까? 이는 자기 목숨까지 걸 만큼 확실한 것인가? 신앙적 체험이나 성경적 지식만으로는 이런 혁명적 발상과 자기희생이 불가능하다. 오늘날 큰 체험을 가진 목회자들이 자본의 힘에 굴복하고, 공부를 많이 한 신학자들이 교묘하게 기존 질서를 합리화하는 것을 목도하지 않는가?

인간의 힘으로는 안 된다! 성령께서 하나님과 세상을 보는 안목을 급진적으로 바꾸어주시고, 이를 증언하고 싶은 불 타는 심령을 주실 때 가능하다. 바울은 위험이 도사리고 있는 예루살렘으로 갈 결심을 말하면서 이런 표현을 사용한다.

> 보라, 이제 나는 **성령에 매여** 예루살렘으로 가는데 거기서 무슨 일을 당할는지 알지 못하노라(행 20:22).

"성령에 매여"(bound in the Spirit)라는 말을 글자 그대로 번역하면 "나는 성령에 결박당하여 예루살렘으로 간다"는 뜻이다. 그는 예루살렘에서 대적에게 결박당할 것을 예상하고 있었는데(행 20:23; 21:11), 그보다 먼저 성령에 결박당했다. 바울은 성령의 결박이 더 강하기 때문에 대적에게 결박당할 위험이 있어도 예루살렘으로 가야 했다. 성령은 바울의 예루살렘행(行)을 재가하고 축복하셨을 뿐 아니라 끈질기고 강하게 충동질하셨다. 성령은 하나님의 은혜의 복음이 어떻게 유대인과 이방인 사이의 차별을 없애는지, 그리고 그들이 어떻게 동등한 위치에서 화해로 나아갈 수 있는지 그들에게 가르쳐주기를 간절히 원하셨다. 복 있도다, 성령에 결박당한 이여!

거의 모든 것의 상대화

회심 전 바울의 정체성을 규정하는 가장 중요한 요소는 유대인으로서의 정체성과 그 핵심인 율법이었다. 바울이 유대인의 정체성과 율법을 상대화시켰다는 말은 다른 어떤 것도 모두 상대화할 수 있다는 뜻이다. 당시 가치 있다고 여겨지던 것들 가운데 바울이 상대적 중요성만을 갖는다고 생각하게 된 것들, 그래서 그것들의 유무에 따라 사람을 차별하는 것이 무의미하고 사악하다고 생각하게 된 것들의 목록을 만들어보자.

- 로마의 시민권(빌 3:20)
- 가문과 족보(빌 3:5)
- 헬라의 지혜와 수사학(고전 2:4)
- 자유인, 노예 등의 신분(갈 3:28; 고전 7:22)
- 로마 황제를 포함한 제국의 관리들(롬 13:1)
- 남자와 여자(고전 11:11)
- 결혼과 비혼(고전 7:38)
- 가진 자와 가난한 자(고전 7:30, 31; 빌 4:12)
- 재판에서 승소와 패소(고전 6:7)
- 세례 준 사람의 숫자(고전 1:17)
- 헌금의 액수(고후 8:12; 9:7)
- 교회 리더의 유명세(갈 2:6; 고전 3:5)
- 영적 은사의 크기(고전 13:1-3; 고후 12:5)
- 금욕(골 2:21-23)

- 복음 전파를 위해 헌신한 것(빌 3:13)
- 삶과 죽음(빌 1:21)

이 목록은 끝없이 이어질 것 같다. 그리고 이 목록은 시대가 지나고 상황이 바뀌면서 계속 추가되었다. 결국 이것은 21세기 대한민국에서 살아가는 진보적 성향의 그리스도인과 태극기파(派) 그리스도인에게까지 다다를 수 있다.

은혜받은 사람의 상대화와 소위 양비론(兩非論)은 구분되어야 함을 강조하고 싶다. 둘은 언뜻 보기에 비슷한 것 같지만 전혀 다르다. 양비론은 초월적이며 전지적(全知的) 입장에서 양쪽을 싸잡아 비판하는 것이다. 세상의 모든 문제에 대해 다 아는 척하며 양 진영을 동시에 비난하는 종편 방송의 정치 평론가들을 생각하면 된다. 영혼의 고뇌와 헌신적 삶이 동반되지 않는 그들의 혀 놀림은 한없이 가볍기만 하다.

그러나 바울식(式)의 상대화는, 첫째로 양자를 충분히 경험하고 그 가치와 중요성을 인정하는 것으로부터 시작된다. 예를 들어 바울은 자신이 유대인으로서 태어나고 살았기 때문에 유대인의 우월한 지위(양자 됨, 영광, 언약, 율법, 예배, 약속, 신앙의 조상, 예수님의 혈통 등, 롬 9:4, 5)를 잘 안다. 동시에 그는 이방 세계에서 복음을 전하면서 이방인의 고통, 죄악, 두려움, 절망에 대해서도 충분히 경험했다. 위에서 언급한 목록을 자세히 보라. 어느 하나 쉬운 것이 없다. 모두 인간의 삶에 큰 영향을 미치는 것들이고, 한 사회가 자랑하는 긴 전통의 결과물이다. 예를 들어 재판에서의 승소와 패소는 한 사람의 인생을 뒤바꾸어놓는다. 바울이 "차라리 불의를 당하는 것이 낫지 아니하냐?"(고전 6:7)라고 말할 때, 아무 생각 없이 말하는 것이 아니다. 그는 자신이 그동안 받은 불의

한 재판들과, 앞에 놓여 있는 예루살렘과 가이사랴 그리고 로마에서의 불합리한 재판의 결과를 예견하면서 말하는 것이다. 이를 잘 알면서도 하나님의 은혜가 너무 크기 때문에 초월할 수 있다는 뜻이다.

양쪽의 가치와 중요성을 인정하는 방법을 말씀드리겠다. 내가 역사 공부를 하면서 줄곧 사용해온 방법이다. 바로 전기(傳記)를 읽는 것이다. 한 입장을 대표하는 지도자가 왜 그런 주장을 하게 되었는지를 역동적이며 감동적으로 보여주는 것이 바로 전기다. 우리는 그 사람의 성장 배경과 그가 경험한 세상, 그가 만난 사람들, 그가 겪은 고통, 슬픔, 소망, 이를 통한 신념의 형성 과정을 전기를 통해 그의 입장에서 흥미진진하게 읽을 수 있다. 예컨대 박형룡을 따르는 보수주의자라면 진보주의의 대표자인 김재준 박사의 전기를 함께 읽는 것이다. 비판을 위해 선별적으로 읽지 않고 그의 입장에 호의를 가지고 읽는다면 김재준의 소위 '신학적 자유주의'의 주장을 마음으로부터 이해할 수 있을 것이다. 영화를 보는 것은 더 좋은 방법이다. 정치적으로 보수적 입장을 가진 분들이 "아름다운 청년 전태일"이나 "변호인" 같은 영화를 보고, 진보적 입장을 가진 젊은이들이 영화 "국제시장"을 보는 것이다. 꼬투리를 잡기 위해 보는 것이 아니고, 주인공의 입장이 되어 공감하며 즐기는 것이다.

둘째, 양쪽의 가치를 충분히 인정했으면 이제 양편의 주장을 비교해야 한다. 좀 더 깊은 분석을 위해 양쪽의 입장을 지지하는 학자들의 글을 읽거나 지지자들의 말을 들어야 할 때도 있다. 이런 과정을 거치다 보면 자연스럽게 양자의 장점과 부족한 점이 보인다. 나의 경우 조정래의 『아리랑』을 읽으면서 사회주의 계열의 소작 쟁의와 노동 운동에 대한 이해가 넓어졌으며, 현재의 진보적 운동과의 연계를 추측할 수 있게 되었다. 또한 김윤희의『이완용 평전』을 읽으면서는 근대적 합리주의자 이완용의 정신이 우리 시대의 삶과 사고에 얼마나 깊이 뿌리박혀 있는지를 알게 되었다.[5] 나 자신을 포함하여 우리 시대에 대한 반성이 빠져서는 안 된다. 과거의 사건을 기록한 자료들을 읽으면서 나는 '내가 그때 그 자리에 있었다면 어떻게 행동했을까? 나는 과연 독립군의 후손인가, 친일파의 후손인가?'를 끊임없이 묻는다.

　　마지막 단계는 과연 내가 가진 기독교 신앙이 이런 사람과 사상들을 평가할 수 있는지를 탐구하는 것이다. 장점을 파악하고 부족한 점을 비평하려면 일정한 준거점이 있어야 한다. 하나님의 무궁한 지혜를 나누어 받은 그리스도인이라면 양자의 장점과 단점을 비평적으로 볼 수 있는 기본적인 안목이 있을 것이다. 그 안목에 기초하여 양자를 인정하거나 비판하는 과정에서 사람과 사상을 평가하는 안목이 더 풍요롭고 날카로워진다. 이 모든 비평의 기초에는 하나님의 은혜의 광대함이 있다. 너무 넓기 때문에 인간 세상의 모든 것을 포용하고, 너무 높기 때문에 세상의 모든 높아진 것을 비웃으며 내려다보는 하나님의 은혜 말이다. 소(小)우주인 내 안에는 우리 시대를 지배하는 이슈와 이데올로기와 사상들이 녹아들어 있다. 나의 은혜 체험이 이것들을 상대화할 수 있다면, 또한 성령의 풍요로움이 나의 모든 두려움과 유혹을 뛰어넘을 수 있게 해준다면, 그래서 사소하며 자잘한 이해관계를 아무것도 아닌 것으로 여길 수 있게 된다면, 나는 이제 세상을 향해 하나님의 은혜 앞에서 모든 것의 상대화를 말할 준비가 된 것이다.

5　김윤희,『이완용 평전: 극단의 시대, 합리성에 포획된 근대적 인간』(서울: 한겨레출판, 2011).

복음의 영광

우리 시대의 진보적 그리스도인들에게 부탁드린다. 우파적 가치는 우리 부모님 세대의 고난과 영광의 체험 속에서 형성되었음을 기억했으면 좋겠다. 나라 잃은 삶의 아픔, 생사를 가르는 전쟁터에서의 경험, 산업화를 가능하게 했던 근면과 금욕, 가족을 위한 책임 있는 희생, 집을 팔아 헌금하는 충성, 한 영혼을 위한 눈물의 기도, 신앙 때문에 당하는 박해와 사회적 따돌림 등이 대한민국의 선배 그리스도인들의 몸에 새겨져 있다. 그리고 이것들을 뒷받침하는 설교와 성경 해석과 가치 체계와 세계관이 그들의 영혼 깊숙이 각인되어 있다. 여기에 어르신들의 곤고하고 가난하며 외로운 현실, 그래서 '시간 고향' 즉 과거의 영광으로 돌아가고 싶은 간절한 소망이 있다.[6] 부모님 세대가 겪은 모든 것은 하나님이 주신 은혜와 영광의 결과이므로 존중받아야 마땅하다. 물론 그것은 그 은혜와 영광 자체가 아니기 때문에 상대화되어야 한다.

우리 시대의 태극기파(派) 어르신들께도 부탁드립니다. 젊은 이들은 전쟁의 아픔과 두려움을 경험하지 않았고, 산업화 시대의 고생과 희망을 알지 못합니다. 태어나 보니 풍요롭고 자유로운 세상입니다. 과거에 조상들이 받은 박해 덕분에 모태신앙으로 나서 편안히 예수 잘 믿고 있습니다. 이 점 잊지 않고 늘 감사하게 생각하고 있습니다. 그러나 어르신들이 만들어놓으신 세상이 유토피아는 아닙니다. 세상이 정

---

6   '시간 고향'이라는 개념은 전상진, 『세대 게임: '세대 프레임'을 넘어서』(서울: 문학과 지성사, 2018), 제6장에서 배운 개념이다. 예컨대 어르신들은 박정희 시대를 자신들의 시간 고향으로 공유하고 있다. 진보적 지식인들이 박정희와 그의 시대를 평가 절하할 때, '시간의 실향민'인 어르신들은 자신이 돌아갈 고향을 송두리째 부정당한 것 같아 분노한다.

신없이 변해가는 탓도 있고, 코로나19 사태나 기후 변화와 같이 과거에는 상상조차 못했던 재난도 일어나고, 일자리가 없어 청년들이 놀고 있습니다. 탐욕에 근거하는 경제 시스템으로 인한 양극화나 위태위태한 한반도 상황 같이 과거로부터 물려받은 숙제도 있습니다.

과거에 어르신들이 하나님의 은혜를 의지해야 했듯이 지금 젊은 세대도 마찬가지입니다. 어르신들이 답을 찾기 위해 하늘의 지혜를 구했듯이, 그들도 바늘구멍 만한 답을 찾으며 힘겹게 살아갑니다. 그들도 나름 성경에 대한 이해와 신앙 체험이 있고, 교회와 세상을 위한 헌신과 결단도 있습니다. 그러니 진보적인 사람들을 비난하고 저주하지 마시고 함께 기도해주시지 않겠습니까? 어르신들의 삶이 가능했던 것이 전적인 하나님의 은혜였으니, 그들에게도 새로운 하나님의 은혜가 임하기를요.

그래서 비신자들에게 보여줍시다. 기성세대와 젊은이, 진보와 보수가 의견이 달라도 하나님의 이름 안에서 서로를 이해하고 존중하는 아름다운 모습을요. 이게 서로에 대한 분노와 혐오로 상처를 주고받는 분열된 대한민국을 치유하는 유일한 방법이라고 저는 믿습니다. 또 그리스도인들이 입장이 달라도 화해하는 모습을 보여줌으로써 복음의 위대함을 증명할 수도 있습니다. 복음의 영광과 매력을 무엇으로 증명할 수 있습니까? 화려한 장식과 멋진 음악과 세 줄 박사가운과 명품 두른 고관의 아내들입니까? 그런 것들은 헤롯의 왕궁에나 있습니다. 측량할 수 없는 하나님의 은혜, 그 은혜 받은 사람들의 차별 없는 사랑, 모든 사회적 차이를 뛰어넘는 화해, 이것이 복음의 영광이 아닐까요?

9

『그 일이 일어난 방』

트럼프 vs 볼턴

2020년 여름 미국의 전직 국가안전보장회의(NSC) 보좌관 존 볼턴의 회고록 『그 일이 일어난 방』(*The Room Where It Happened*)을 둘러싼 공방이 여러 날에 걸쳐 헤드라인을 장식했다. 그 책에는 특히 2018년 6월의 싱가포르 정상회담과 2019년 2월 하노이 노딜 회담, 2019년 6월 판문점 남북미 깜짝 만남 등에서 그가 보좌했던 트럼프식 외교에 대한 뒷이야기가 자세히 기록되어 있다고 한다. 네오콘 출신에 대북 강경파인 볼턴이 자신의 입장에서 이야기한 것이기에 주관적인 평가가 많이 포함되었을 것이다. 하지만 그가 하는 이야기들을 통해 우리는 오벌 오피스(백악관의 대통령 집무실)에서 어떤 일들이 일어났는지 분위기를 엿볼 수 있다. 볼턴에 따르면 트럼프의 목적은 오로지 극적인 상황을 연출하여 자신의 정치적 입지를 유리하게 가져가려는 것뿐이었다. 트럼프는 이런 취약점을 잘 아는 문재인 대통령과 김정은 위원장에게 '낚여서' 세 번씩이나 회담을 했다고 한다. 정작 트럼프는 비핵화 협상에 관심도 없었으며, 자신의 재선을 위한 사진 찍기용(用) 회담이었을 뿐이라고, 볼턴은 트럼프를 비난한다.

특히 하노이 정상회담 때 트럼프는 우크라이나 스캔들을 증언하는 옛 개인 변호사와 관련된 '코언 청문회'를 보느라고 밤을 지새웠다고 한다. 그는 짜증이 난 상태였고, '스몰딜'을 타결하는 것과 협상 결렬 중 어떤 것이 청문회를 덮을 만한 기사가 될 것인지 궁금해했다. 비핵화 일정이나 이에 상응하는 북미관계 개선이나 제재 완화의 타임 테이블에는 큰 관심이 없었다. 볼턴은 지속적으로 '리비아 방식'을 주장했고 결국 하노이 회담은 노딜로 끝나고 말았다. 트럼프는 나중에서야 '정신 나간' 볼턴 탓에 북미관계가 악화되었다고 그의 핑계를 댔다.

뒷이야기를 듣고 보니 북한의 행보가 이해되었다. 2018년 6월 싱가포르 회담을 마칠 때 김정은은 유엔 제재 해제와 정전 협정 등에 대한 낙관적 기대를 품고 회담장을 떠났다. 8개월 후 김정은은 이를 믿고 하노이 회담에 나왔다가 수모를 겪었다. 알고 보니 트럼프의 희망 섞인 언사는 북한 문제에 대한 진지한 연구가 없는 즉흥적 립서비스에 불과했다. 회담은 결국 중요한 고비마다 미국의 전통적 강경파의 의견에 끌려갈 수밖에 없는 구조였던 것이다. 게다가 2019년 6월 판문점 남북미 정상회담 이후에는 아예 북한에 대한 관심 자체가 없어졌다. 북한으로서는 정상 국가로서 국제 외교 무대에 등장했고, 핵보유국 지위를 공식화한 이익이 있었다지만, 미국과 불가침 조약을 맺고 경제 제재를 푸는 데까지 나아가지는 못했다.

천재일우(千載一遇)

역사를 공부한 그리스도인으로서 아니 국민의 한 사람으로서 나는 한반도 평화를 위해 하루도 빼놓지 않고 기도한다. 문재인 대통령이 취임한 이후 한반도 평화 프로세스가 진행되는 것을 지켜보면서, 드디어 70년 유수(幽囚)가 끝날 때가 왔는가 보다 생각하며 큰 기대를 걸었다. 나는 평창 동계 올림픽 개회식에 북한 지도부가 참석하고, 여자 아이스하키 남북 단일팀이 링크에서 함께 뛸 때 가슴이 벅찼다. 캐나다인 감독이 팀을 이끌어 마침내 한 골을 넣었을 때 덩달아 기뻐 뛰었다. 우여곡절 끝에 기다리던 4.27 남북정상회담이 열렸고, "판문점 선언문"을 낭독한 두 정상은 서로 끌어안았다. 나는 73년이라는 긴 세월의 다툼을 뒤로하고 평화로운 한반도를 후손들에게 물려줄 수 있게 되었다고 생각하며 그 감격을 가눌 길이 없었다. 저녁 무렵 퇴근하면서 운전 중에 선언문 낭독 뉴스를 듣다가 마음을 진정시키기 위해 차를 한쪽에 세워놓고 눈물을 훔쳤던 기억이 난다.

　　　2018년 6.12 싱가포르 북미회담을 앞두고서 나는 개인적인 일로 미국에 갔다. 허리 디스크가 도지는 바람에 복대를 하고서도 진통제를 먹어야 했다. 정상회담이 열리느냐 미뤄지느냐를 놓고 하루가 멀다 하고 엎치락뒤치락했던 것을 독자들도 기억하실 것이다. 나는 매일 아침저녁 뉴스를 듣고 검색하며 아픈 허리를 부여잡고 간절히 빌고 또 빌었다. 당시 내 머리와 입에서 떠나지 않은 한 단어가 있었으니 바로 '천재일우'(千載一遇)다. 이번 기회를 놓치면 천 년 후에나 또 올 것 같기에 이번에는 반드시 잡아야 한다는 절박함이 마음을 사로잡았다.

　　　2019년 2월 하노이 회담이 열릴 때 나는 그야말로 세계사적 변혁을 기대했다. 회담이 점심시간을 넘기며 이어졌고 TV 화면이 텅 빈 만 찬장을 계속 비출 때 불길한 예감이 들었다. 오후 늦게 굳은 표정의 정상 들이 회담장에서 나와 노딜 성명을 발표할 때는 속에서 쿵 소리가 났다. 볼턴의 흰 콧수염을 얼마나 미워했던가. 그리고 그 배후의 미국식 근본 주의 기독교에 대해 같은 그리스도인으로서 실망스럽고 미안했다. 그 후 한두 해가 흘렀다. 여러 차례 남북관계, 북미관계가 천당과 지옥을 오가 는 동안 기대와 흥분이 점차 사그라들었다. 아마 대한민국 국민의 대다 수가 정도의 차이는 있을지 몰라도 한반도 평화에 대한 간절함과 실망을 함께 경험하며, 각자 자신이 믿는 신에게 기도했을 것이다.

　　　그런데 말이다, 알고 보니 우리 5천만 대한민국 국민과 북의 2천5백만 인민이 놓칠 수 없어 안타까워하던 천재일우의 기회는 아예 존재하지도 않았던 것이다! 이른바 '탑다운' 방식은 애초부터 불가능 했고, 미국을 움직이는 보이지 않는 힘과 사사건건 훼방을 놓는 얄미운 일본만이 있었을 뿐이었다. 우리 대통령과 국가안보실장과 국정원장 과 외교부·통일부 관계자들은 모두 미국의 국익을 위한, 아니 트럼프의 사익을 위한 체스판의 졸(卒)이었다. 볼이 발갛게 상기된 북의 최고 존 엄의 긴장된 표정은 미국 대통령 홍보 사진의 배경으로 사용되었다. 너 무 분하고 허망해서 맥이 풀리고 가슴이 답답하다. 어찌해볼 수 없는 상 수(常數), 우리의 지정학적 위치가 이렇게도 원망스러울 수 없다. '깡패' 같은 두 정상 사이에서 어떻게든 기회를 잡아보려고 노력을 기울였던 대통령의 진정성과 책임감이 안쓰럽다. 이런 와중에도 행여 철군을 할 까, 전쟁의 위협이 더 커질까, '상황 관리'라는 이름으로 큰소리 한번 못 내고 눈치를 봐야 하는 대한민국 정부의 저자세가 슬프다. 도대체 어느 나라 사람들인지, '그러기에 내가 뭐랬어, 다 쇼라고 했잖아'라며 비웃는 일부 정치인과 언론의 한없이 가벼운 언사에 눈길을 돌리고 만다.

야웨의 어전(御前) 회의(The Divine Council of Yahweh)

이런 일이 트럼프의 오피스에서만 일어나는 것은 아닐 게다. 경영권과 지분을 확보하기 위한 재벌 기업의 미래전략실 회의에서 노동자의 삶과 투쟁이 차지할 자리는 없다. 과거 정부 수석과 비서관들의 회의에서 블랙리스트에 올라간 예술가들은 영문도 모른 채 의문의 일패를 당했다. 유력 정치인과 기업가와 언론인의 룸살롱 미팅에서 기득권의 이익을 조정하는 은밀한 거래가 이루어진다. 신입사원을 뽑는 채용위원회에서 유력 인사의 자제를 위해 순위가 조정되기도 하고, 인사위원회에서 석연치 않은 이유로 승진에서 누락되기도 한다. 원래 세상이 그렇게 돌아가는 것을 아는 사람이 뭘 그리 새삼스럽게…, 국제정치라고 뭐가 다를까?

　　절망을 가득 안고 무거운 발걸음으로 교회에 갔다. 이런 기분으로 무슨 예배를 드린단 말인가? 하나님이 과연 한반도 상황에 개입하시는가? 그들이 그 방에서 은밀하게 회의할 때 그곳에도 하나님의 통치가 있었나? 나를 비롯한 수많은 성도의 진지한 기도가, 아니 수용소 순교자들의 신음과 절규가, 트럼프 홍보팀의 선거 전략과 볼턴의 셈법 담긴 서류 봉투 앞에서 어떤 의미를 지녔나?

　　절망 속에서 눈을 감자 어디선가 어린아이들의 노랫소리가 아련히 들리는 듯했다. "He's got the whole world in His hands." 동시에 성경 한 구절이 퍼뜩 떠올랐다.

내가 어쩌면 이를 알까 하여 생각한즉 그것이 내게 심한 고통이 되었더니, 하나님의 성소에 들어갈 때에야 그들의 종말을 내가 깨달았나이다(시 73:16-17).

성소(聖所)에서 악인들의 종말을 깨닫는다? 묵상 중, 구약성경에 간혹 등장하는 "야웨의 어전 회의"(the Divine Council of Yahweh) 장면이 눈앞에 펼쳐졌다. 왕이신 하나님께서 높은 보좌에 앉아 주재하시는 천상의 회의다. 천사들이 좌우에 도열해 있고 때로 마귀도 참고인으로 참석한다. 회의에서 결정된 것을 신속히 시행하기 위해 '그룹'(Cherubim)이 대기하고, 그 결정을 칭송하는 '스랍'(Seraphim)의 무리도 시위(侍位)하고 있다. 왕들이 연합하여 전쟁을 모의할 때 천상에서도 어전 회의가 열린다. 지상에서 병력의 배치와 진군의 시간을 의논할 때, 천상에서는 그 전쟁을 통해 어떤 악인을 징벌할까 의논한다. 지상의 회의에서 가짜 현인과 예언자들이 그럴듯한 요설(요즘 말로 fake news)을 늘어놓는 것은, 천상회의에서 보냄을 받은 거짓말의 영이 그 입에 들어갔기 때문이다. 그 회의에서 어떤 제왕을 몽둥이로 쓸까, 어떤 장군을 졸(卒)로 쓸까 결정한다. 서슬 퍼런 독재자도 그 회의에서 부적합 판정을 받으면 그날로 끝이다.[1]

그 회의에서는 놀랍게도 낮은 사람들의 신음 소리가 중요한 고려 사항이다. 스랍들이 탄식 섞인 기도를 향로에 받들어 야웨께 올리면, 야웨께서는 그 기도들을 하나씩 펼쳐보신다. 강제 노역에 죽어가는

---

1   구약성경 왕상 22장, 욥 1, 2장, 시 2편, 사 6장, 렘 23장, 겔 1장, 단 5장, 슥 3장 등을 보라. 신약에서 야웨의 어전 회의 장면을 배경으로 기록된 대표적인 성경은 계 4장과 5장이다. 신약성경 요 15:15에서 예수님이 제자들을 가리켜 '친구'라고 불렀는데, 여기서의 친구는 왕에게 자문해주는 왕실의 자문단을 가리키는 말로서, 구약의 야웨의 어전 회의를 암시한다.

노예들의 비명, 자식 잃은 어머니들의 울부짖음, 권력자에게 당한 억울함을 풀어달라는 간청, 하나님의 부재(不在) 상황에서 회의(懷疑)하는 자들의 항변…. 이 소리들은 낮에는 권력자를 위한 용비어천가에 묻혀 들리지 않지만, 밤이 되면 보랏빛 연기처럼 여기저기서 스멀스멀 기어 나와 한데 엮여 하늘로 올라간다.

아주 가끔 선택된 사람들이 이 회의를 목격할 특권을 얻는다. 그들은 아름다우면서도 무서운 장면에 압도되어 며칠 동안 혼절과 고열에 시달린다. 그 영광 앞에서 제후의 궁정과 오벌 오피스와 G7 회의장도 모두 시시한 소꿉놀이처럼 보인다. 거기서 얻어들은 진리가 너무 확실하여 이전에 알았던 모든 권세자의 포고령과 석학의 이론들이 초등학교 아이들의 낙서로 보인다. 하물며 그 영광 앞에서 자기 자신의 추한 모습은 말해 무엇하랴? 오물을 뒤집어쓴 자신의 모습을 깨닫고 "아, 나는 망할 인생이구나"라는 절망의 탄식이 절로 나온다. 그 회의를 목격한 사람은 영락없이 자신이 본 것을 다른 이들에게 알리려는 마음으로 불타오른다. 하지만 사람들은 그를 미친 자로 취급하거나 세상을 어지럽히는 자로 여겨 박해하고 죽이는 경우가 허다하다.

'정신 승리'와 믿음

나는 믿는다. 하노이 회담이 있던 그날 바로 그 시간, 천상에서도 어전 회의가 열렸다는 것을 말이다. 한반도의 운명과 7천만 민족의 미래가 메트로폴 호텔 회의가 아니라 야웨의 어전 회의의 결정에 달렸다는 것을 믿는다. 그 회의에서 한번 정해진 것은 변개됨이 없고, 한번 선포된 말씀은 반드시 이루어진다. 하노이 회의장에 있던 정상과 참모들의 머리 위에는 전쟁을 불러일으키는 탐욕과 분열의 악마적 영들이 날뛰고 있었지만, 사실은 그 영들도 야웨 하나님의 손아귀에 있었던 것이다.

어떤 이들은 나를 비웃으며 '정신 승리'라고 말할 것이다. 실제로 존재하는 것은 지상의 어전 회의뿐이고, 천상의 어전 회의라는 개념은 지상에서 억울한 일을 당한 사람들의 정신적 보상을 위한 상상의 산물이라고 말이다. 과연 천상의 어전 회의는 지상의 불완전한 법정에 대한 보상심리로 생긴 무의식적 상상력의 산물인가, 아니면 그 반대로 지상의 회의가 천상회의의 불완전한 모사(模寫)인가? 정신 승리와 믿음은 한 걸음 차이인데, 내가 가진 것이 믿음인지 아니면 정신 승리인지는 어떻게 증명되는 것일까? 증명할(prove) 방법은 없다. 보이지 않는 세계를 본 사람이 보이는 것밖에 믿지 못하는 사람들에게 보이지 않는 것을 보여주는 것은 불가능하다.

다만 나는 나의 말과 행동을 통해 나의 믿음을 증언할(testify) 뿐이다. 천상의 어전 회의를 믿는 사람들의 삶의 모습은 어떨까? 하나님의 신원하심만을 바라보며 그분의 때를 기다리면 되는 것일까? 아니면 내가 하나님의 뜻을 이루는 사역자가 되어 힘으로 대항해야 하는 것일까? 가이사랴 헤롯 궁의 법정에서 비루한 행정관들에게 자기 운명을 결정지을 재판을 받은 바울로부터 배워보도록 하자.

가이사랴 헤롯 궁에서

사도 바울은 가이사랴의 헤롯 궁에 약 2년 동안 수감되어 있으면서, 두 총독(벨릭스와 베스도)과 아그립바 왕(헤롯 아그립바 2세)의 재판을 받았다. 사도행전 24장부터 26장은 이 재판의 과정을 비교적 상세히 기록하고 있다. 가이사랴는 이스라엘 북부 서쪽 지중해 해안의 항구 도시다. 영아 학살의 주범인 헤롯 대왕이 로마 황제로부터 하사받은 땅에 로마식 도시를 건설하고, 가이사(Caesar)의 이름을 따서 가이사랴(Caesarea)라고 명명했다. 헤롯이 해안가에 건설한 헤롯 궁은 온갖 부대시설과 위락시설을 갖춘 로마 시대 최고의 건축물 가운데 하나다. 헤롯 궁 옆에는 엄청난 규모의 마차 경기장과 9천 명을 수용할 수 있는 야외 음악당이 있는데, 그 음악당에서는 지금도 음악회가 열린다. 성지순례를 갔을 때 지중해에서 불어오는 시원한 바람을 맞으며 커피를 마셨던, 야외 음악당 옆 커피숍의 분위기가 생각난다. 사도 바울 당시 가이사랴는 유대를 다스리는 총독들이 예루살렘과 번갈아 상주하던 행정 도시였다. 빌라도 총독이 예수님을 십자가에 못 박은 곳은 예루살렘이었고, 바울이 재판을 받게 된 곳은 가이사랴 헤롯 궁이었다.

자, 그러면 바울을 재판한 세 사람과 이들이 주재한 재판에 대해 알아보자. 첫 번째는 총독 벨릭스(Felix)였다. 그는 유대 지역을 다스리는 로마의 총독으로서 기원후 52년부터 60년까지 꽤 긴 기간 동안 총독의 자리를 유지했다. 그는 노예 출신의 군인으로서 로마 황제의 신임을 얻어 총독 자리에 올랐으며, 헤롯 가문의 딸인 미모의 드루실라와 결혼했다. 드루실라는 다른 사람의 아내였는데, 벨릭스가 자신의 지위를 이용하여 빼앗았다. 그에게 드루실라는 세 번째 여자였고, 이 여인의 남성 편력도 벨릭스에 뒤지지 않았다.

　　바울을 고소하는 사람이 벨릭스를 칭송한다. "벨릭스 각하여, 우리가 당신을 힘입어 태평을 누리고 또 이 민족이 당신의 선견(先見)으로 말미암아 여러 가지로 개선된 것을 우리가 어느 모양으로나 어느 곳에서나 크게 감사하나이다"(행 24:3). 재판장에 대한 아부성 모두 발언이라는 점을 감안해야 하겠지만, 이게 벨릭스에 대한 당대의 평가이기도 했다. 그는 소요와 반란이 많은 유대 지역에서 때로는 채찍을, 때로는 당근을 제시하며 적절하게 상황을 관리한 노련한 정치인이었다. 지중해변의 웅장한 궁에서 미모의 아내와 함께 재판정에 앉아 죄인들을 심판하는 로마 제국의 고위 관리, 그가 바로 벨릭스였다.

　　그러나 사람은 겉보기와는 다른 법이다. 그는 남의 아내를 빼앗은 부도덕한 사람이요, 죄수에게서 뇌물을 받을 궁리를 하는 부패한 관리의 한 사람일 뿐이다. 아직도 노예근성이 남아 있는 것일까? 그의 속사람은 늘 쫓기고 불안하다. 그는 강자에게는 약하고, 약자에게는 가혹하며, 크고 작은 이익을 밝히는 옹졸한 사람이다. 그의 내면세계를 간파한 바울은 "의(義)와 절제와 장차 오는 심판을 강론"했다(행 24:25). 그가 저지른 모든 불의와 억압에 대해, 성적(性的) 방종에 대해, 그리고 그런 사람에게 내려지는 하나님의 심판에 대해 설교했다. 벨릭스는 바울의 말을 두려워할 만큼 허약한 정신의 소유자였으나, 그럼에도 회개하지 않을 만큼 완고한 사람이었다. 벨릭스는 자신의 임기가 끝나 떠날 때 바울을 석방할 수 있었지만 그렇게 하지 않았다. 제국의 복잡한 정치적 환경에서 뒤끝 있는 유대인들을 정치적 원수로 만들 필요는 없었다. 이게 벨릭스의 '선견'이다.

　　두 번째 바울을 재판한 사람은 벨릭스의 후임 베스도(Porcius

Festus)다. 그의 재위 기간은 기원후 60년부터 62년 사망 때까지 약 2년 간이었다. 베스도는 부임 직후 예루살렘으로 올라가서 유대인 지도자들을 접견했다. 그들은 바울을 예루살렘으로 다시 호송하여 재판받게 해달라고 베스도에게 부탁했다. 2년 전 예루살렘에서 바울을 죽이려는 암살대가 조직된 적이 있었는데, 이번에는 예루살렘으로 오는 길에 매복했다가 그를 죽이려는 심산이었다. 이들의 속셈을 몰랐을 리 없는 베스도는 이들의 제안을 완곡히 거절하고 가이사랴에서 재판을 속개할 것이라고 대답했다. 앞으로 유대인들과 밀당을 해야 하는데 바울이라는 좋은 지렛대를 그렇게 쉽게 내줄 수는 없었다. 들어주더라도 상대의 애를 태운 후에 들어주는 것이 협상의 기본이다.

두 주 후 가이사랴에서 재판이 열렸다. 유대인 대적들이 바울을 고소했고, 바울은 율법이나 성전이나 가이사에게도 죄를 지은 적이 없다고 자신의 무죄를 주장했다(행 25:8). 로마의 관리인 베스도는 본래 율법이나 성전과 같은 유대인의 종교적 문제에 대해서는 관여하지 않는 것을 원칙으로 하고 있었다. 그의 관심은 반(反)로마 운동이 일어나지 않도록 유대 지역의 상황을 관리하는 것뿐인데, 바울은 (표면상으로는) 제국에 적대적이지 않았다. 그러니 바울을 놓아주는 것이 원칙이다. 하지만 베스도는 앞으로 좋은 관계를 맺어야 할 유대인 권력자들에게 줄 선물을 생각하고 있는 중이었다. 그래서 그는 바울에게 예루살렘에 올라가서 재판받기를 권유했다. 호송 도중 바울을 암살할 것이라고 짐작은 하고 있었지만, 바울이 암살당하더라도 베스도 자신이나 로마 제국에는 큰 손해가 없었다. 황제를 포함한 로마 제국의 고위 관리들 중 어느 한 사람도 '정의'(正義)에 대해 관심을 가지는 사람은 없었다. 헬레니즘 시대에 정의에 관한 철학자와 법률가들의 논의는 무성했지만 말이다.

예루살렘에 가서 재판을 받는다면 가는 길에 죽을 것임을 바울 자신도 알고 있었다. 그래서 그는 베스도의 권유를 거절하고, 대신 "내가 가이사에게 상소하노라"고 말했다. 여기서 '상소'라는 말은 하급심에 불복하여 상급 법원에 재심을 요청한다는 의미가 아니다. 로마 시민인 바울이 자기 재판의 관할권을 옮겨달라는 의미다. 그는 예루살렘으로 이송되다가 암살당하는 것보다는 로마의 법정에서 재판받는 것이 낫다고 생각했다. 바울이 가이사 앞에서 재판을 받겠다고 한 것은 로마의 법정이 더 정의롭다거나 최고의 권위를 가진 법정이라서가 아니다. 가이사랴 유대 총독의 법정이나 황제가 주관하는 로마의 최고 법정이나 모두 사익을 추구하는 추잡한 인간들의 모임이라는 것을 바울은 잘 알고 있었다.[2]

헤롯 궁에서의 세 번째 재판은 헤롯 아그립바(Agrippa) 2세(앞으로는 아그립바로 부름) 앞에서였다. 바울이 로마 시민의 권한을 사용하여 자신의 재판 관할권을 황제에게 옮겨달라고 했으므로, 베스도는 그를 로마로 보내야 했다. 로마의 법정에 보내려면 적절한 죄목이 있어야 하는데, 베스도는 도대체 바울이 무슨 죄를 지었는지 감을 잡을 수 없었다. 마침 좋은 기회가 왔다. 팔레스타인 북부를 다스리는 아그립바가 베스도 총독의 부임을 축하하기 위해 가이사랴를 방문한 것이다. 헤롯 가문의 자손들은 여러 대에 걸쳐 유대 주변 지역을 통치해왔기 때문에, 그라면 바울의 죄목을 찾아낼 수 있을 것 같았다. 또 이런 기회에 그의 고견을 구하게 되면 정치적으로 좋은 관계를 맺는 일이기도 하다. 마침 베

---

2   2019년 대한민국의 소위 '사법농단 사건' 과정은 대법원장을 비롯한 대법원 판사들이 특별히 더 정의로웠기 때문에 그 자리에 올라간 것은 아니라는 사실을 새삼 깨닫게 해 주었다.

스도가 살고 있는 공관인 헤롯 궁은 아그립바의 증조부인 헤롯 대왕이 남긴 건축물이다.

바울의 재판이 (공식 재판정이 아닌) 환영 만찬의 한 순서로 잡혔다. 아그립바가 베스도의 자문에 응하는 것은 베스도와 아그립바의 사이가 좋다는 것을 보여줄 수 있는 이벤트였고, 또 공식 행사 후 여흥을 즐기기에 이보다 더 좋은 소재는 없었을 것이다. 잘 차려입은 가이사랴의 고관과 군인들이 만찬장에 속속 입장했고, 마침내 베스도의 소개로 잔뜩 멋을 부린 아그립바와 그의 아내인 미모의 버니게(Bernice)가 함께 들어왔다. 그들은 금으로 수놓은 옷을 입고, 화장품과 향수로 치장했으며, 머리에는 왕관이 찬란하게 빛나고 있다. 여기서 잠깐, 바울을 재판하는 아그립바와 그 곁에 앉은 버니게는 사실 남매 관계다. 그녀는 16세 때 숙부와 결혼하여 두 아들을 두었다. 남편이 죽자 자신의 친동생 아그립바와 함께 살고 있다.

수인사를 마치고 적당히 취기가 올랐을 때 죄수 바울을 불러들였다. 바울은 2년 감방 생활에 남루하고 냄새나는 옷을 입고, 몸은 형편없이 쇠약하며, 손에는 쇠사슬을 감고 발에는 족쇄가 채워져 있다. 바울이 꿇어앉혀지자 사람들은 모두 코를 막으며 수군거린다. 코미디도 이런 코미디가 없다. 가장 비루한 인간들이 자신들의 정치적 목적을 위해 가장 고상한 사람을 재판하고 있다. 이 재판은 27년 전 예루살렘에서 있었던 재판의 데자뷰다. 예수님도 유대인들의 고소를 받아 재판을 받았는데, 로마 총독 빌라도와 헤롯 가문의 한 사람인 헤롯 안디바 왕 사이를 오가며 심문을 받았었다(눅 23:1-12).

땅의 법정, 하늘의 법정

바울은 어렸을 적 구약성경에서 야웨의 어전 회의에 대해 읽었다. 그는 실제로 그런 것이 존재한다고 생각하기보다는 그것을 상징의 언어로서 받아들였을 것이다. 그런데 바울에게는 이것이 단순한 상징이 아니라는 것을 알게 되는 계기가 있었다. 바울이 회심하기 전에 신흥 종교인 기독교를 앞장서서 박해할 때였다. 스데반이라는 이단자가, 하늘이 열리고 성부와 성자가 나란히 서 있는 것을 본다고 말한 후 웃으며 죽었다. 바울은 한편으로는 돌에 맞아 죽어가는 스데반이 헛것을 보았으리라고 생각했지만, 다른 한편으로는 천사처럼 빛나는 스데반의 얼굴이 눈에 어른거렸다. 얼마 안 가서 결국 그 자신도 하늘의 문이 열리고 그리스도의 음성을 듣는 경험을 했다. 이후로는 수시로 하늘을 들락거렸다.[3] 바울이 베스도의 법정에 끌려 들어왔을 때에도 그의 머릿속에는 야웨의 어전 회의가 어른거렸을 것이다.

　　겉보기에는 바울이 피고로서 심문을 받고 있고, 저 높은 보좌에는 베스도 총독과 아그립바 왕이 나란히 앉아 있다. 그러나 눈을 감고 영의 눈으로 보니, 별들을 넘어 저 높은 보좌에 야웨 하나님과 그리스도께서 나란히 앉아 계신다. 놀랍게도 바울 자신도 그 보좌 곁에 한 자리를 차지하고 앉아 있는 것이 아닌가! 그 하늘 법정에서는 베스도와 아그립바가 피고다. 그들과 더불어 그들을 배후에서 조종하던 영적 존재들도 무장 해제를 당하고 벌거벗겨진 채로 결박당하여 꿇어앉혀져 있다. 그때 야웨 하나님의 음성이 들린다. "땅의 법정은 하늘 법정의 모사

3　　바울 자신의 천상 경험은 행 9장, 고후 12장 등에 기록되어 있다.

(copy)고 하늘 법정은 땅의 법정의 원형(archetype)이다. 전능자가 권세의 일부를 왕과 총독들에게 나눠주었는데, 이는 양심에 따라 다스리고 정의를 세우도록 하기 위함이다. 그런데 너희는 너희에게 주어진 권한을 남용했다. 자신의 사욕을 위해 정의 아닌 불의를 택했으며, 지연된 정의, 선택적 정의를 행하고 있다. 너희 위에 심판자가 있는지 정녕 몰랐더냐?"[4]

바울이 다시 눈을 뜨니 헤롯 궁의 연회장이다. 그는 총독과 왕을 두려워하지도 않았고 그렇다고 무시하여 함부로 대하지도 않았다. 그는 자신에게 일어난 일을 담담한 어조로 말했다. 이는 죄를 면하기 위해 자신을 변호한 것이 아니었다. 바울은 육신의 굴레에 얽매여 있는 그들에 대해 불쌍한 마음이 들어 그들도 복음의 빛을 받기 원했던 것이다. "또 너희가 나로 말미암아 총독들과 임금들 앞에 끌려가리니, 이는 그들과 이방인들에게 증거가 되게 하려 하심이라"(마 10:18)라고 하신 예수님의 말씀이 글자 그대로 이루어졌다. 왕과 총독이 보기에 바울은 분명 광신자다. 그들은 바울을 물려낸 후, 가라앉았던 여흥의 분위기를 다시 돋우기 위해 무희들을 불렀다. 바울을 로마로 실어 보내기만 하면 베스도의 임무는 끝이다. 이 미치광이에 대한 생각은 그의 뇌리에서 사라졌다. 그가 구원을 얻을 천재일우(千載一遇)의 기회도 이렇게 날아갔다.[5]

---

4   바울 서신에서 구약성경의 "야웨의 어전 회의"를 반향하는 구절들은 다음과 같다. 엡 2:6; 6:12; 골 2:15; 3:1; 롬 13:4.
5   하노이 정상회담에서는 남북 간 평화를 위한 천재일우의 기회만 사라진 것이 아니었다. 트럼프가, 아니 그가 대표하고 있는 미국이 인류 역사에 공헌할 수 있는 거의 유일한 기회도 사라졌다.

"모든 죽어가는 것을 사랑해야지"

윤동주의 유고 시집 이름은 "하늘과 바람과 별과 시"다. 하늘은 절대적 세계, 바람은 현재의 시련, 별은 그가 추구하는 이상적 삶, 시(詩)는 "별을 노래하는" 그 이상적 세계를 드러내는 상징이다. 그런데 막상 그의 삶은 어떤가?

> 모든 죽어가는 것을 사랑해야지
> 그리고 나한테 주어진 길을 걸어가야겠다.

2년 전 바울이 가이사랴의 헤롯 궁에 감금되었을 때만 해도 이런 상황이 이렇게 오래 가리라고는 생각하지 못했을 것이다. 한두 번 재판해보면 바울이 죄가 없다는 것이 쉽게 드러날 것이기 때문이다. 그러나 이렇게 2년을 질질 끌었다. 그리고 그 결과는 관할권을 옮겨 로마에서 처음부터 다시 재판을 받는 것이다. 허탈함을 느낄 법도 하고 미래에 대한 두려움이 몰려올 법도 하지만, 우리의 바울이 누구인가? 하나님의 어전에 나아가는 사람 아닌가? 가이사랴 헤롯 궁에서 2년의 감금 생활이 아무런 소득이 없는 지루한 허송세월의 기간은 아니었다. 바울은 구약성경을 그리스도의 관점으로 다시 해석하고, 지중해를 둘러싼 이방 교회가 가진 현안들에 대한 답을 생각하고, 그간의 행적과 생각들을 글로 적었다. 동료 죄수들이나 자신을 지키는 간수들을 비롯하여 그가 접촉할 수 있는 모든 사람에게 성의껏 복음을 전하기도 했다. 이제 로마로 갈 일이 정해졌다. 그의 마음은 크게 흔들림이 없다. 옷가지와 필기도구, 성경 두루마리 등을 챙기니 가방 하나도 차지 않는다. 그간 사귀었던 사람들과 인사를 나누고, 어떤 항로를 거쳐 로마로 가게 될까 지도를 펼쳐 보았다.

　　잘못 없이 옥살이하는 것이 억울하지도 않았다. 앞서 말한 시편 73편에는 "하나님의 성소에 들어갈 때"(17절) 악인의 상태와 종말을 깨달았기 때문에 모든 억울함과 회의가 해소되었다는 고백이 있다. 그런데 바울에게는 바로 자신이 성소(聖所)다. 그는 자신의 육체와 영혼 속에 성령님을 모시고 있으므로 예수님의 영과 매일 교제한다. 그에게는 매일의 삶이 그리스도 안에서 기쁨을 누리는 삶이고, 처해 있는 모든 자리가 사역의 자리다. 그는 로마로 가는 배 안에서 276명의 승객을 돌보았고, 배가 난파하여 표류한 섬에서는 원주민을 치유했으며, 로마에서는 황제의 시위대원들에게 복음을 전했다. 하나님의 어전 회의에 참여한 바울은 그 환상 속에 빠져 넋을 놓고 있지 않았다. 하나님이 인류의 역사를 이끄신다는 것을 믿은 그는 바른 역사의 흐름을 놓치지 않기 위해 최선을 다했다. 멀리 내다보면서도 발밑의 사람들을 돌봤다. 어찌 보면 별 변화를 만들지 못하는 지루한 일상이지만, 그리스도와 함께하는 하루하루가 모여서 결국 역사의 방향을 바꾼다.

　　다시 21세기 대한민국으로 돌아온다. 한반도 평화 프로세스의 시계는 멈추었고, 우리는 미국의 새로운 대통령 조 바이든과 외교 참모들의 성향을 분석하며 앞으로 있을 일들을 초조하게 기다린다. 북미관계가 싱가포르 회담 이전으로 돌아가지는 않을 것이라는 기대 섞인 예상을 하면서 말이다. 야웨의 어전 회의를 믿는 그리스도인들은 일이 어떤 식으로 진행되더라도 두려워하거나 조급해하지 않는다. 기도가 향연이 되어 하나님 어전에 도달한다는 믿음을 가지고 날마다 간절히 기도할 뿐이다. 그리고 우리에게 주어진 길을 묵묵히 걸어간다. 평화를 향한 정부의 노력을 응원하고, 통일 운동에 앞장서는 기독교 NGO 단체에 적은 액수라도 보태고, 북한 주민에 대한 편견을 가진 주변 사람들을 설득하면서 말이다.

10

포스트크리스텐덤 시대 차별금지법 반대 운동의 전략[1]

2020년 6월 정의당 장혜영 의원 등 10명이 "차별금지법안"을 발의했고, 국가인권위원회에서도 비슷한 내용의 "평등 및 차별금지에 관한 법률" 시안을 마련했다. 차별금지법은 2007년 이후 7번의 발의 시도가 있었으나 모두 무산되었고, 8번째 만에 법안 발의에 성공했다. 이는 우리 헌법 제11조의 평등권 조항을 시대에 맞도록 확대한 것이다.[2] 이 법안의 '차별'에 해당되는 23가지 사유 가운데 문제가 되는 것은 '성별', '성적 지향', '성별 정체성' 등 성 정체성 관련 3가지다.[3] 또한 '가족 및 가구의 형

---

1   이 장은 개혁주의생명신학회 학회지인 「생명과말씀」 제28권(2021년 1월)에 실린 논문을 수정한 것임을 밝힌다.
2   대한민국 헌법 제11조 1항 "모든 국민은 법 앞에 평등하다. 누구든지 성별·종교 또는 사회적 신분에 의하여 정치적·경제적·사회적·문화적 생활의 모든 영역에 있어서 차별을 받지 아니한다."
3   차별금지법안 제2조 1항, "성별"이란 여성, 남성, 그 외에 분류할 수 없는 성을 말한다. 제2조 4항, "성적 지향"이란 이성애, 동성애, 양성애 등 감정적·호의적·성적으로 깊이 이끌릴 수 있고 친밀하고 성적인 관계를 맺거나 맺지 않을 수 있는 개인의 가능성을 말

태와 상황'에 대해서도 차별을 금지하는데, 만일 동성 간의 결혼이 인정되면 동성 커플에 대해 차별하는 것도 문제가 될 것이다.

2007년 이 법안이 태동될 때부터 보수적 기독교계에서는 지속적으로 강한 반대의 목소리를 냈다. 각 교단들과 기독교 연합 단체에서 동성애 반대 성명을 발표하고, 목회자들은 지역의 공무원과 정치인들을 위협하다시피하고, 관계 기관에 연명 탄원서를 제출하고 전화를 거는 등 의사를 표시했다. 이에 더하여 십 수년 동안 기독교가 주최하는 각종 집회나 기도회에 이 문제는 빠지지 않고 등장했다. 기독교계에서 차별금지법을 가장 강하게 반대하는 이유는, 이 법이 결국 LGBTQ(레즈비언, 게이, 양성애자, 성전환자, 성 정체성에 의문을 가지는 사람 등의 성적 소수자)를 장려하고 동성 간의 결혼을 인정하게 됨으로써 우리 사회의 삶의 양식을 비기독교적으로 바꾸어놓을 것이라는 염려 때문이다.

포괄적 차별금지법이나 이른바 "생활동반자법"(동성 간의 혼인 허용)이 통과될지는 불투명하다. 21대 국회에서 장혜영 의원 등이 발의한 "차별금지법안"이 통과되기는 어려워도, 처벌 조항이 약화된 국가인권위원회의 법안이 통과될 가능성은 있다. 아니면 다수의 국민이 동성애나 동성혼을 받아들일 만한 준비가 되어 있지 않기에 둘 다 통과되지 않을 수도 있다.[4] 그러나 언젠가는 이 법이 통과될 것으로 예상된다. 미국이나 유럽의 경우 전반적으로 동성애와 동성혼을 허용하는 사회적

한다. 제2조 5항, "성별 정체성"이란 자신의 성별에 관한 인식 혹은 표현을 말하며, 자신이 인지하는 성과 타인이 인지하는 성이 일치하거나 불일치하는 상황을 포함한다.

4   2020년 8월 28일 문재인 대통령이 교회 지도자 16명을 초청한 자리에서도 차별금지법을 막아달라는 이야기가 나왔다. 문 대통령은 현재 제출된 법안은 동성애를 장려하고 동성혼을 열어놓는 법이라기보다는 동성애자를 차별해서는 안 된다는 정도고, 앞으로 상당한 숙의가 필요하니 너무 걱정하지 말라고 대답했다고 전해진다.

분위기고, 우리도 그 뒤를 바짝 좇고 있다.

전략적 접근

이 글에서는 차별금지법을 반대하는 그리스도인들이 어떤 전략을 가지고 이 문제에 접근해야 하는지를 다루려고 한다. 우선 짚고 넘어가야 할 점은 포괄적 차별금지법은 단순한 한 법안의 문제가 아니라는 점이다. 로드 드레허는 성(性)을 둘러싼 사회적 갈등을 '성 혁명'(sexual revolution)이라고 불렀다.[5] 이는 우리의 사고를 지배하는 영적 전쟁이고, 세계를 변혁시키려는 세계관 전쟁이다.[6] 전쟁에서 가장 필요한 것이 바로 전략이다. '전략'(戰略, strategy)이란 무엇인가? 전략은 군사용어로서 흔히 전술(戰術, tactic)과 구별되는데, 전술이 특정한 전투 상황에 대처하기 위한 기술이라면, 전략은 장기적이고 광범위한 전망을 포함하는 책략을 가리킨다. 전략을 세울 때 가장 중요한 것은 현실을 넓게 아는 것이다. 예컨대 대한민국의 전략적 목표를 세우기 위해서는 우리나라의 지정학적 위치와 군사력, 경제력, 역사 등을 고려해야 한다. 현실을 무시한 채 이상(理想)을 앞세워 무리한 정책을 세운다면, 목표를 달성하지 못하는 것은 둘째치고 상황을 더욱 악화시키기 쉽다. 전략적으로 행동하는 사람은 드러내놓고 막무가내로 일을 추진하지 않는다. 현실을 고려하면서

---

5   로드 드레허, 이종인 역, 『베네딕트 옵션: 탈기독교 시대를 사는 그리스도인의 선택』 (서울: IVP, 2019), 특히 제2장을 보라.
6   김필균, "개혁주의생명신학 관점에서의 영적 전쟁 이해와 기독교 세계관", 「생명과말씀」 제25권 3호(2019년 12월), 14-19.

양보하기도 하고 한 발 물러서 타협하기도 한다. "전략적 인내"라는 표현처럼 기다리고 인내하는 것은 전략의 기본이다. 물론 전략적으로 사고하고 행동하는 것은 화끈하지 않을 뿐 아니라 믿음이 부족한 것처럼 보일 수도 있다. 이런 모습은 이리저리 재다가 게도 구럭도 놓치고 마는, 배운 사람들의 우유부단한 행태로 비친다.

그러나 실상은 정반대다. 전략적 사고야말로 가장 신앙적이다. 전략적 접근을 하는 사람은 하나님의 최후 승리에 대한 믿음이 있는 사람이다. 그는 하나님의 때를 기다리면서 자신의 감정과 행동을 스스로 제한한다. 전략적 사고는 사랑으로부터 비롯된 지혜다. 현실을 안다는 말은 현실을 사는 사람들을 이해한다는 의미다. 현실을 살아가는 모든 사람은 실수와 약점을 가지고 있는 사람들이고, 그것들로부터 형성된 편견과 입장을 가진 사람들이다. 따라서 현실을 아는 것은 그들을 이해하면서 기다려주는 것이다. 나의 '신앙적' 행동으로 신앙이 약한 사람들에게 큰 상처를 입힘으로써 구원으로부터 멀어지게 하면 안 된다.

한번은 어떤 강연 끝에 나이 지긋하신 목사님으로부터 이런 질문을 받은 적이 있다. 내 말에 미심쩍은 부분이 있어 확인하고 싶으셨는가 보다. "교수님은 그럼 동성애를 죄라고 생각하지만, 학생들에게 가르칠 때는 그 말을 하지 않는다는 거지요? 그러나 진정한 스승이라면 목에 칼이 들어와도 옳고 그른 것은 똑바로 가르쳐야 하지 않습니까?" 내가 반문했다. "목사님, 이렇게 생각해보십시다. 지금 제가 가르치는 20대 대학생들은 동성애에 대해 거의 거부감이 없습니다. 비신자는 말할 것도 없고 교회에 다니는 학생들도 주변에 동성애자 친구들 한두 명은 있습니다. 동성애를 반대하는 교수에 대해서는 그 말을 듣지도 않을 뿐 아니라, '에타'[7]에서 완전히 싸이코 취급을 합니다. 제 동료 교수 한 분도 동성애자를 폄하했다가 무려 200여 명의 학생들로부터 공격과 비난을 받아 마음에 큰 상처를 입은 적이 있습니다. 제가 비신자 학생들에게 기독교 이해 과목을 가르치는 목사인데, 만일 제가 동성애를 대놓고 반대한다면 학생들은 제 강의에 귀를 막을 것이고, 기독교를 편견으로 가득 찬 집단으로 생각할 것이며, 결국 전도를 위한 저의 노력도 모두 수포로 돌아갈 것입니다. 자, 목사님이 제 입장이라면 어떻게 하시겠습니까? 내 신앙과 양심을 위해 동성애를 죄라고 담대히 말함으로써 비신자 학생들이 복음을 듣는 귀를 막도록 하시겠습니까, 아니면 일보 후퇴하여 이 문제에 대해 침묵함으로써 그들에게 구원의 기회를 주시렵니까?" 내 대답을 들은 질문자는 아무 말도 못했다. 그러나 토론에서 상대를 이겼다고 내가 의기양양해진 것은 아니다. 한 학기 중 언젠가 한 번은 동성애가 잘못이라는 것을 말할 기회를 엿보며 기도하고 있다.

예수님의 말씀처럼 우리가 사는 세상은 밀과 가라지가 함께 자라는 곳이다. 가라지를 당장 뽑기 원하는, 신앙을 가장한 무모한 사람들을 예상이라도 하듯이, 예수님은 말씀하셨다. "가만 두라. 가라지를 뽑다가 곡식까지 뽑을까 염려하노라"(마 13:29). 사탄이 다스리는 세상 속으로 하나님 나라가 침범해 들어왔다. 완성된 천국이 이루어지기 전까지 우리는 두 왕국에 속하여 살아야 한다. 이미 세속적 가치에 물든 사람들과 함께 살아야 한다. 하나님 나라의 가치가 확산되어야 하지만, 여기서 완전한 정복은 불가능하다. 하나님의 뜻을 이 땅에서 완전히 성

---

7   대학생들만의 SNS 커뮤니티인 '에브리타임'의 준말이다. 이 커뮤니티를 통해 강의나 교수에 대한 정보를 공유하고, 학내 문제가 있을 때 의견을 주고받는다. 학생들만의 전용 공간이므로 막말과 욕설이 난무한다.

취하려 하다가는 더 큰 상처를 입힐 수 있다.

　　이혼(離婚)의 경우를 예로 들어보자. 이혼에 대한 성경의 원리는 명백하다. "하나님이 짝지어 주신 것을 사람이 나누지 못할지니라"(마 19:6). 그러나 성경의 다른 부분은 이혼 증서를 써서 아내를 내보내는 것을 허용했다(신 24:1-4). 이런 허용은 불신앙에서 비롯한 타협으로 보이지만, 사실은 천국이 완성되기 전까지의 현실적인 대안이다. 만일 현실을 고려하지 않고 원리에만 충실하려 한다면 더 큰 악이 생길 가능성이 크다. 언어적·물리적 폭력에 노출되어 한 여성의 인생이 완전히 망가질 수도 있고, 이 모습을 본 자녀들의 가슴에 씻을 수 없는 상처가 남을 수도 있다. 아니면 결혼을 하지 않은 채 동거하는 사실혼 커플이 늘어나거나, 실제로는 이혼 상태면서 서류상으로만 부부인 편법을 택하는 사람들도 생겨날 것이다. 물론 그렇다고 해서 이혼을 너무 쉽게 허용하면 또 다른 부작용이 생길 테지만 말이다.

　　사도 바울은 가장 탁월한 전략적 태도를 취한 사람이었다. 한 가지만 예를 들어보자. 로마 제국의 수많은 사회악 가운데 가장 악한 것 하나를 꼽으라면 노예제를 꼽을 사람이 많을 것이다. 어느 모로 보나 노예제는 하나님 나라와 양립할 수 없다. 당연히 바울도 사악한 노예제가 토라의 계율과 어긋나는 것이며 복음의 정신과도 어울리지 않음을 잘 알고 있었다. 그러나 그는 노예제에 대해 전략적 유연성을 보인다. 노예들에게 봉기를 선동하는 대신 종말의 때를 고대하면서 참고 주인에게 복종하라고 말한다.[8] 노예 신분인 오네시모의 해방을 위해 그의 주인인

---

8 예를 들어 다음과 같은 구절들을 보라. "각 사람은 부르심을 받은 그 부르심 그대로 지내라. 네가 종으로 있을 때에 부르심을 받았느냐? 염려하지 말라. 그러나 네가 자유롭게 될 수 있거든 그것을 이용하라"(고전 7:20-21). "종들아, 두려워하고 떨며 성실한

빌레몬에게 바울이 보낸 편지에서도 마찬가지다. 바울은 "네게 마땅한 일로 명할 수도 있으나 도리어 사랑으로써 간구"한다고 말한다(몬 1:8-9). 빌레몬은 바울이 전도한 그리스도인이니 그에게는 하나님 나라의 가치를 직설적으로 말할 수도 있지만, 바울은 그에게마저도 완곡하게 돌려서 부탁조로 말한다. 바울이 염려했던 것은 무엇인가? 노예들이 노예제 폐지에 관한 급진적인 사상을 듣고 반란을 일으키다가 몰살을 당할까 염려되고, 주인들에게 복음을 받아들이기 어려운 장벽을 두는 것도 염려되었다. 물론 노예들이 예수를 믿고 하나님 나라의 가치를 알게 되면 자유를 위해 모든 노력을 기울일 것이고, 주인들 가운데서는 자발적으로 노예를 해방시킬 사람도 생길 것이다. 하지만 바울은 때가 무르익을 때까지 전략적 인내 작전을 구사했다.

유사 크리스텐덤은 지나갔다

차별금지법을 반대하는 그리스도인들이 전략적 사고를 위해 고려해야 할 현실은 어떤 것인가? 가장 먼저 고려해야 할 것은 대한민국이 기독교 국가(크리스텐덤)가 아니라는 사실이다. 대한민국은 역사적·법적으로 정치와 종교가 분리된 세속 국가(secular state)다. 이론적으로 이를 부인하는 사람은 아무도 없을 것이다. 하지만 실제 반동성애 운동의 선봉에 선 그리스도인들은 대한민국이 기독교 국가가 아니라는 사실이 무

마음으로 육체의 상전에게 순종하기를 그리스도께 하듯 하라"(엡 6:5). 바울의 노예제에 대한 태도를 좀 더 자세히 알고 싶으면, 장동민, 『포스트크리스텐덤 시대의 한국 기독교』(서울: 새물결플러스, 2019), 526-528을 보라.

엇을 함의하는지를 제대로 인지하지 못하는 듯싶다. 성경이 동성애를 반대하기 때문에 동성애를 허용하는 법이 만들어져서는 안 된다는 것이 그들의 기본적인 주장인데, 이게 바로 우리 사회를 크리스텐덤으로 이해한 데서 오는 것이다.

많은 그리스도인이 대한민국이 기독교 국가라고 오해하게 된 데는 역사적 이유가 있다. 연세 드신 기독교 지도자들은 우리나라를 기독교 국가라고 생각할 만한 시대를 살았던 것이다. 지금부터 135년 전 기독교가 전파될 때, 기독교는 단순한 외래 종교의 하나가 아니었고, 정신적·물질적으로 우리나라를 구원할 사회 이념으로 각인되었다. 구한말과 일제강점기에 기독교는 반봉건·반외세 투쟁에 앞장섬으로써 일반 국민의 환영을 받았다. 해방 후 반공과 산업화가 우리의 시대적 과업이었던 시절, 교회는 반공주의와 시장 경제라는 이념을 최일선에서 구현하는 집단이었다. 정부는 교회를 이용하여 체제를 수호했고, 교회도 정부로부터 많은 혜택을 받았으며, 국민들은 기독교의 배후에 있는 미국의 국력과 문화에 열광했다. 소위 '유사(類似) 크리스텐덤'을 경험한 것이다.[9] 우리 기독교의 어르신 지도자와 성도들은 그 시절 교회의 메시지와 형태와 업적과 영광과 희망을 체득했고, 지금도 그 세계 속에 살고 있다. 그들은 교회가 하나님의 뜻대로 국가를 지도하는 지위에 있고, 국가가 번영하기 위해서는 교회의 가르침을 받아야 한다고 진심으로 믿고 있다.

그러나 80년대 들어서면서 정부와 교회의 밀월은 식어갔다.

---

9   장동민, 『포스트크리스텐덤 시대의 한국 기독교』(서울: 새물결플러스, 2019), 제2장을 보라.

87체제 성립 이후 우리의 사회적 의제는 민주화에서 양극화 해소와 한반도 평화로 계속 진화하고 있다. 반공·산업화 시대의 이념에 속박된 (아니 그 이념에 스스로를 속박시키는) 기독교는 시대를 이끌 만한 이념과 운동과 인물을 만들어내지 못했다. 그리고 진정한 의미의 다원주의 시대, 포스트크리스텐덤 시대가 대한민국에 도래했다. 그리스도인들은 하나님 나라가 세상에 펼쳐져야 한다고 믿지만, 다수의 일반 국민은 기독교의 주장을 여러 이념 가운데 하나로 여긴다. 좋게 말해서 그들은 기독교를 한물간 것으로, 나쁘게 말하면 청산해야 할 적폐(積幣) 세력 중 하나로 여긴다. 그리스도인들이 인정하건 인정하지 않건 이미 시대가 바뀐 것이다. 이런 시대에 반(反)동성애와 같은 기독교적 가치를 법과 정책에 반영하기 위해서는 어떤 전략을 취해야 할까?

교회가 사회적 의제를 이끌던 (유사) 크리스텐덤 시대의 사회 참여 방식과 포스트크리스텐덤 시대의 방식은 달라야 한다. 크리스텐덤 시대에는 교회가 가르치는 주장들이 그 사회에서 법적·제도적으로 일관성 있게 구현될 수 있었다. 예컨대 칼뱅 시대의 제네바에서 동성애가 이슈로 떠올랐다고 가정해보자. 이 사안의 중대성을 인식한 칼뱅은 동성애에 관한 성경 구절을 찾아 이를 설교할 것이다. 또한 그 설교의 내용대로 동성애자에게는 성찬을 주지 말자고 당회에서 결의한다. 교회가 결의안을 시 의회에 보내면, 시 의회에서 논의한 후 동성애자의 공민권을 제한하자는 법률안을 통과시킨다. 시를 다스리는 행정관과 법원은 위반의 경중에 따라 동성애자에게 벌금형이나 태형을 가하고 치료를 강제할 것이다.

지금 우리나라의 반(反)동성애 운동을 하는 많은 단체와 교회는 이런 형태의 투쟁을 마음에 두고 있다. 동성애와 동성 결혼이 하나님의 말씀에 위배되는 죄이므로 국회는 포괄적 차별금지법을 통과시켜서는 안 된다는 것이다. 이는 교회에서 목회자들이 반동성애 내용을 담은 설교를 하고, 교인들의 서명을 받아 지방 의회나 국회에 제출하고, 국회의원이나 정당 관계자들에게 전화를 걸어 법안 통과를 막는 방식이다. 지난 2007년 차별금지법이 맨 처음 발의되었을 때 많은 그리스도인의 반대로 법률안을 무산시킨 전례가 있다. 2020년에도 똑같은 방식으로 투쟁하고 있다.

그러나 앞으로는 이런 방식으로 법 통과를 저지할 수 없다. 교회에서 동성애를 반대하는 설교를 하는 것은 자유고, 성도들이 그 설교에 동의할 수도 있다. (하나님의 말씀을 믿는 나 역시 그렇게 설교했던 적이 있고, 지금도 기쁘게 그렇게 할 것이다.) 그러나 다종교적 세속 국가인 대한민국의 차원에서 보면 차별금지법에 반대하는 의견은 기독교라는 한 종교의 견해에 불과하다. 동성애를 금지하는 것이 하나님의 뜻이라는 주장은 하나님도 성경도 믿지 않는 사람들에게는 별 의미가 없다. 힘으로 밀어붙인다고 될 일이 아니다. 동성애 혐오가 가득 담긴 성명서를 발표하고 길거리 집회에서 큰소리로 주장하는 것은, 역설적으로 차별금지법 제정의 필요성을 보여줄 뿐이다. 이는 기독교의 사회적 신뢰를 떨어뜨려 전도를 방해하는 요인이 된다.

그렇다고 패배주의에 빠져서 지레 겁을 먹고 뒤로 물러서자고 주장하는 것은 아니다. 다만 바른 현실 인식을 가짐으로써 효과적인 투쟁 전략을 수립하자는 말이다. 그렇다면 포스트크리스텐덤 시대에 세속화된 다원주의 시대를 살아가는 그리스도인들은 어떻게 반(反)동성애 운동을 펼쳐나가야 할까? 기독교계의 포괄적 차별금지법 반대 운동

전략의 주안점을 제안하려고 한다.[10] 첫째는 운동의 목표에 대해, 둘째는 방식에 대해서다.

차별금지법 반대 운동의 목표

무릇 차이를 만들어내기 위한 사회 운동은 타깃을 좁고 분명하게 잡아야 한다. 전선(戰線)을 너무 길게 늘여놓으면 전력이 분산되어 효율성이 떨어진다. 내가 보기에 현재 기독교계의 반동성애 운동은 너무 여러 가지를 한꺼번에 주장하는 것이 문제다. 반동성애는 반(反)진보-반정부-반문재인과 결합되고, 반(反)이슬람, 반북, 반중(反中)까지 더해진다. 반동성애 운동을 하는 그리스도인들은 중요한 사회적 이슈가 불거질 때마다 개입하여 (주로 보수적인, 그리고 때로는 비상식적인) 자신의 의견을 표출한다. '성(性) 혁명'에 대항하는 전략을 제시하는 『베네딕트 옵션』의 저자 로드 드레허는 다음과 같이 충고한다. "신중하고 성취 가능한 목표에 집중하라. 문화 전쟁 전체로 전선을 확장하지 말고, 희박한 정치적 자산을 의미 없고 쓸데없이 선동적인 표현으로 탕진하지 말라."[11] 현재 기독교는 이 충고와 글자 그대로 정반대의 길로 가고 있다.

      반동성애 운동의 최선의 목표는 물론 포괄적 차별금지법이 통

---

10   아래 논의들의 중요한 부분은 다음 책에서 영감을 얻었다. 로드 드레허, 이종인 역, 『베네딕트 옵션: 탈기독교 시대를 사는 그리스도인의 선택』(서울: IVP, 2019), 특히 제4장을 보라. 이 책의 저자는 미국이 이미 탈기독교 시대(포스트크리스텐덤)에 접어들었음을 인식하면서, 그 사회 속에서 그리스도인이 세상을 변화시키기 위해 어떤 전략을 취해야 하는지, 특히 "성(性) 혁명"에 어떻게 저항해야 하는지에 대한 방식을 제시한다.
11   위의 책, 138-39.

과되지 않도록 하는 것, 혹은 통과를 최대한 늦추는 것이다. 그러나 안타깝게도 간통죄나 낙태죄 폐지와 같이 포괄적 차별금지법도 언젠가는 통과될 것으로 예상된다. 통과를 예상하면서, 그 과정에서 그 법의 조문과 적용을 상세하게 규정함으로써 종교의 자유를 지키는 것이 차선책이다. 아니 그것이 어쩌면 다원주의 사회 속에서 우리가 취할 수 있는 최선의 방책일 것이다.

종교의 자유(Freedom of Religion)

운동의 목표를 분명히 하기 위해 대한민국 헌법을 살펴보자. 헌법을 잘 들여다보면 우리가 사는 세상을 이해할 수 있고, 세상을 변화시키는 방식도 배울 수 있다. 종교의 자유를 규정하는 대한민국 헌법 제20조는 다음과 같다. "① 모든 국민은 종교의 자유를 가진다. ② 국교는 인정되지 아니하며, 종교와 정치는 분리된다." 우리 헌법의 조문은 1791년 통과된 미국 헌법 수정조항 제1조의 전반부를 약간 변형한 것이다.[12]

　　　미국 헌법 수정조항 제1조는 크리스텐덤을 둘러싼 논의에서 매우 중요한 위치를 차지한다. 세속 국가(secular state)라는 새로운 세계를 꿈꾸던 당시의 미국 건국 지도자들은 정치와 종교의 분리를 천명하여,

---

12　1791년 통과된 수정조항 제1조의 전반부는 다음과 같다. "의회는 종교의 국교화와 관련된 법이나, 종교의 자유로운 시행을 금지하는 법을 만들어서는 안 된다"(Congress shall make no law respecting an establishment of religion, or prohibiting the free exercise thereof). 미국 헌법은 1776년 제정되었는데, 헌법을 수정할 필요가 있을 때 수정조항을 덧붙인다. 최초의 수정조항은 1791년 비준되었는데, 그중 1-10조까지를 '권리장전'(Bill of Rights)이라고 부른다. 이는 기본적 인권조항들로 구성되어 있다.

이를 수정조항 제1조의 앞부분에 넣었다. 미연방의 차원에서 이미 이때부터 미국은 정교가 분리된 세속 국가였다. 비록 각 주 정부와 국민 다수가 이를 받아들이는 데는 향후 200년이라는 세월이 필요했지만 말이다. 당시 미국교회도 세속 국가의 이상을 받아들였다. 1789년 미국 장로교회가 창립 총회를 열었는데, 1647년 영국에서 작성·반포된 "웨스트민스터 신앙고백서"(Westminster Confession of Faith)를 수정하여 자신들의 신앙고백서로 채택했다. 다른 교리적인 부분은 그대로 수용한 반면, 국가 공직자들이 교회 문제에 간섭할 수 있다는 조항은 배제했다. 교회 편에서 포스트크리스텐덤을 인정하고 세속 국가를 천명한 것이다. 비록 미국교회는 200년이 지나도 이를 받아들이지 못하고 있지만 말이다. 우리나라의 경우는 조선시대 이후로 죽 세속 국가였고, 제헌국회에서도 아무런 저항 없이 세속 국가의 이념을 채택했다. 제헌국회 때 제정된 정교분리의 조항이 지금까지 큰 수정 없이 지속적으로 이어져 내려온다.

　　　　미국 헌법 수정조항과 대한민국 헌법이 공히 주장하는 것은 국교(establishment) 금지와 종교의 자유(freedom of religion) 두 가지다. 국교를 금지하면 모든 종교에 자유가 주어지니, 동일한 내용을 반복한 것이라고 생각할지 모르겠는데, 이 둘은 엄연히 다른 것이다. 국교 금지는 다수파 종교의 횡포를 막기 위한 조항이고, 종교의 자유는 소수 종교를 보호하기 위한 조항이다. 만일 한 종교가 다수파라면 헌법 20조 2항 때문에 제약을 받지만, 소수파 종교라면 1항에 근거하여 보호를 받는다. 미국의 경우 국교 금지 조항에 근거하여 다수파 기독교의 권리 행사가 제약되고, 종교의 자유 조항에 의해 여호와의 증인이나 몰몬교와 같은 소수 종파들이 혜택을 받는다. 기독교의 권리가 제약된다고 하니 너무 마음 아파하지 마시라. 터키와 같은 이슬람이 다수파인 나라에서는 똑

같은 인권법에 따라 기독교가 혜택을 받을 것이기 때문이다. 우리나라에서도 사찰이 국립공원 입장료와 사찰 입장료를 합쳐서 받는 것이 국교 금지 조항에 위배된다.

그렇다면 기독교계의 차별금지법 반대 운동은 이 둘 가운데 어느 조항과 관계가 있는 것일까? 우선 국교 금지 조항과 어떤 관계가 있는지 생각해보자. 만일 기독교계가 기독교의 가르침을 근거로 차별금지법을 반대한다면, 즉 동성애는 성경에서 죄로 규정하고 동성혼은 창조 질서를 어지럽히기 때문에 금지해야 한다고 주장한다면, 동성애를 찬동하는 쪽에서는 국교 금지 조항을 자신들의 근거로 내세워 기독교의 주장을 반박할 것이다. 다원적 세속 국가인 대한민국에서 기독교라는 하나의 종교가 자신의 가르침을 공적(公的) 영역에 적용하려 한다고 말이다. 아마 차별금지법을 반대하는 그리스도인들도 우리나라가 기독교 국가라는 생각, 혹은 기독교 국가가 되어야 한다는 크리스텐덤 이상을 은연중에 가지고 있을 것이다. 그러나 현재 우리 사회에서 성경의 가르침을 세속적 영역에 그대로 적용해야 한다는 주장은 실패할 수밖에 없는 방식이다. 그리스도인의 바람과는 달리 대한민국은 기독교 국가인 적이 없었던 세속 국가이며, 기독교는 경쟁하는 여러 종교 가운데 하나이기 때문이다.

차별금지법을 반대하는 그리스도인들이 집중해야 할 조항은 바로 헌법 20조 ①항에서 말하는 종교의 자유다. 우리는 기독교가 우리나라의 여러 종교 가운데 하나이며, 소수파라는 사실을 잊지 말아야 한다. 차별금지법을 반대할 때 집중해야 할 목표는, 차별금지법 때문에 기독교의 신앙, 예배, 신앙 교육, 포교(布敎) 등이 위축되지 않도록 보호받아야 한다는 점이다. 만일 차별금지법이 시행된다면 우리 신앙의 어떤 부분이 침해될 것인가? 첫째, 교회 예배에서의 설교는 금지하지 못할 것이다. 동성애 비판 설교를 하면 벌금을 물고 감옥에 갈 것이라는 루머가 돌고 있는 모양인데, 이는 한마디로 공포를 조장하는 가짜 뉴스다. 설교 내용 때문에 목사를 잡아넣는다는 것은 대단히 강한 전체주의 정부에서나 가능한 일인데, 자신의 성별(性別)을 마음대로 택할 수 있는 사회는 전체주의와는 거리가 먼 사회일 것이기 때문이다. 가짜 뉴스에 기대어 논리를 전개하면 양식 있는 사람들의 비웃음을 살 것이고, 혹시 일말의 진실을 말해도 양치기 소년 취급을 받게 된다. 그러니 예배 시간에 동성애를 금지하는 설교를 못하게 될 것이라는 생각은 하지 않아도 된다. 물론 차별금지법의 영향으로 동성애 혐오 발언을 자제하기는 해야 할 것이다. 소셜 미디어가 발달한 오늘날 상황에서 교회 내에서 한 설교가 일파만파 퍼지는 환경적 요인도 고려해야 한다. 사실은 어떤 사회 집단에게든지 혐오 발언을 하는 것은 양식 있는 성도들의 눈살을 찌푸리게 할 것이고 기독교의 정신에도 어긋난다.

둘째, "재화·용역·시설 등의 공급이나 이용"에서 차별을 금지하는 것은 문제가 될 소지가 있다.[13] 우선 사기업의 경우, 이런 문제로 소송을 당하더라도 재판에서 종교의 자유 조항에 호소하여 다퉈볼 수 있다. 예컨대 신앙을 이유로 제과점에서 동성 간 결혼식에 쓸 케이크 만들기를 거부하는 경우다. 기성 제품을 팔지 않으면 법에 저촉되겠으나, 자신의 예술적 가치가 포함된 작품이라면 만들기를 거부할 수 있을 것이다. 결혼을 앞둔 동성 부부도 자신들의 사랑을 인정하지 않는 사람이 만든 케이크를 꼭 사고 싶어 하지는 않을 것이다. 일반 공산품의 상행위

---

13   차별금지법안, 제3조 1항 1호 나목

는 큰 문제가 되지 않을 것인데, 예컨대 그리스도인들이 낙태를 반대하지만 그렇다고 해서 낙태한 사람에게 물건 파는 일을 거부하지는 않는 것과 비슷하다.

하지만 공공의 영역에서는 문제의 소지가 많다. 예를 들면 그리스도인 국선 변호인이 동성혼 부부를 대리하는 것을 거부하는 경우나, 군목이 동성혼 주례를 거부하는 경우, 구청 공무원이 동성혼 부부의 혼인 신고를 받지 않는 경우 등이다. 공직에 근무하는 사람이 종교의 자유에 호소하여 자신들의 업무를 거부할 수 있을까? 나는 할 수 있다고 본다. 신앙과 양심에 어긋나는 업무를 거부할 수 있는 양심에 따른 기피 제도를 생각해볼 수 있다. 이는 여호와의 증인 신도가 신앙을 이유로 병역을 거부하고 대체 복무를 택하는 것과 유사하다. 지금은 그리스도인들이 양심적 병역거부자의 대체 복무제를 가장 앞장서서 반대하지만, 언젠가 그리스도인들이 양심적 병역거부자에 관한 판례의 혜택을 받게 되는 날이 올 것이다. 이는 차별금지법 반대 운동을 하는 사람들이 기존 국내외 판례들을 분석하여 정교한 논리를 만들어야 하는 부분 중 하나다.

셋째, 기독교 기관에서의 채용 문제다. 교회에서 부교역자를 채용할 때는 아무 문제가 없다. 문제는 기독교적 정체성을 가지고 있으면서도 준(準) 공공 기관의 성격을 띤 방송사, 신문사, 복지 기관, 교육 기관 등이다.[14] 이 중에서 교육 기관의 예를 들어보자. 기독교학교에서

---

14 이 글에서 방송사나 신문사에 대해서는 언급하지 않았다. 그러나 2020년 7월 CTS 기독교TV가 방송한 "생방송 긴급대담-포괄적 차별금지법 통과 반드시 막아야 한다"라는 프로그램이 방송통신심의위원회의 방송심의소위원회의 심의 결과 '공정성' 조항을 위반했다고 하여 '경고' 처분을 받았다. 잘못된 사실관계를 바탕으로 편견을 조장하는 내용이 많다는 것이다. 방송사의 경우 기독교적 특수성이 있지만 정부의 허가를

교직원을 채용할 때 동성애를 찬동하는 지원자에게 "기회를 주지 아니하거나 제한하는 행위"는 차별금지법 위반이 될 소지가 있다.[15] 차별금지법에 따르면, 채용에서 차별을 허용하는 정당한 사유도 있는데, 반드시 그런 특징을 가진 사람을 뽑아야만 직무를 수행할 수 있는 경우다.[16] 예를 들어 여성이라는 이유로 검사 임용을 거부하면 차별에 해당되지만, 남자 교도소의 직원으로는 여성을 뽑지 않아도 차별이 아니다. 이를 기독교학교에 적용시키면, 종교적 이유로 동성애를 거부하는 기독교학교의 정체성을 유지하기 위해 동성애자나 동성애 찬동자를 뽑지 않을 수 있다는 논리가 성립된다. 아마도 기독교학교에서 단순 사무 업무를 보는 직원을 뽑을 때는 동성애 여부에 따라 뽑으면 차별금지법에 저촉될 가능성이 있다. 그러나 "직무나 사업 수행의 성질상 그 핵심적인 부분"을 수행할 교사나 교수를 뽑을 때는 동성애자를 뽑지 않도록 허용되어야 한다.[17] 그리스도인 법률가들이 이 부분에 관한 논리를 개발하고 판례를 찾아야 한다.

넷째, 교육 기관에서의 교육 내용이다. 이는 차별금지법에서

받아 설립되었고 방송통신심의위원회의 관리 감독을 받는 공적(公的) 특성을 지닌 기관이다. "방통심의위, CTS 기독교TV '용납할 수 없는 방송' 법정 제재 추진", 「미디어오늘」 2020년 10월 21일, http://www.mediatoday.co.kr/news/articleView.html?idxno=209929 참고.

15 차별금지법안 제10조 1항.

16 차별금지법안 제3조 1항 1호, "특정 직무나 사업수행의 성질상 그 핵심적인 부분을 특정 집단의 모든 또는 대부분의 사람들이 수행할 수 없고, 그러한 요건을 적용하지 않으면 사업의 본질적인 기능이 위태롭게 된다는 점이 인정되는 경우. 다만, 과도한 부담 없이 수용할 수 있는 경우에는 그러하지 아니하다."

17 필자가 공부하던 미국 웨스트민스터 신학교에서 여성 교수를 뽑지 않는다고 하여 차별금지법 위반으로 소송당했던 적이 있다. 신학교가 신학적 이유로 여성 목회자를 반대하므로 신학교의 정체성을 유지하기 위해서는 여성 교수를 뽑지 않아도 된다는 이유로 승소했다. 그러나 그 학교에서 근무하는 일반 직원 가운데는 여성도 많다.

가장 핵심적인 부분이고, 차별금지법을 반대하는 그리스도인들이 가장 염려하는 부분이다. 차별금지법 제32조는 교육 내용에서의 차별금지를 명문화한다.[18] 기독교 사립학교 교사가 동성애가 하나님의 창조 질서에 어긋난다고 가르치거나, 교과 과정의 일부인 채플에서 동성애를 반대하는 설교를 하면 차별금지법을 어기는 것이라는 의미다. 이는 다투어 볼 여지가 많은 부분이다. 우리 헌법에는 차별금지법의 근거가 되는 평등권(제11조)만 있는 것이 아니라, 차별금지법과 충돌하는 여러 조문이 있기 때문이다. 종교의 자유(제20조)뿐 아니라, 양심의 자유(제19조), 표현의 자유(제21조), 학문의 자유(제22조), 교육의 자주성과 대학의 자율성(제31조 4항) 등이다. 이는 교사나 교수가 양심의 자유와 학문의 자유라는 기본권에 근거하여 동성애를 반대하는 자신의 사상을 표현할 수 있다는 말이다. 차별금지법 반대 운동을 하는 그리스도인들은 국내외 판례 가운데 이런 케이스들을 수집하고, 타협할 것은 타협하고 반대할 것은 반대하는 지혜가 있어야 한다.

우리나라의 경우 사립학교(혹은 사립대학)는 매우 특이한 위치에 있다. 모든 초중등 사립학교 재정의 99퍼센트가 국가의 지원금이고, 대학도 정부의 보조가 없으면 운영이 어렵다. 사정이 그렇다보니 교육부에서 재정 지출뿐 아니라 교육 과정도 통제한다. 더욱이 다수의 평준화 지역의 초중등학교는 학생 모집도 뜻대로 할 수 없다. 한마디로 사립

---

18   차별금지법안 제32조(교육 내용의 차별금지) 교육 기관의 장은 다음 각 호의 어느 하나에 해당하는 행위를 하여서는 아니 된다. 1. 교육 목표, 교육 내용, 생활지도 기준이 성별 등에 대한 차별을 포함하는 행위, 2. 성별 등에 따라 교육내용 및 교과 과정 편성을 달리하는 행위, 3. 성별 등을 이유로 특정 개인이나 집단에 대한 혐오나 편견을 교육 내용으로 편성하거나 이를 교육하는 행위, 4. 그밖에 교육 내용 등에 있어 성별 등을 이유로 불리하게 대우하거나 현존하는 차별을 유지·심화하는 행위.

학교가 공교육 시스템에 거의 완전히 편입되어 있어, 사립학교로서 학교의 설립 이념 구현이 불가능한 실정이다. 임의 배정된 중고등학생이 채플에 의무적으로 들어가 종교를 강요당하는 것은 학생의 입장에서는 인권의 문제다. 사립대학의 경우 학생이 대학을 선택하여 입학했기에 종교 교육이 가능하긴 하지만, 이 역시 교육부의 평가 시스템에 의해 평가받아야 하기에 마냥 자유롭지만은 않다.

교육의 공공성과 학생 인권이라는 명분이 너무 강하여, 사립학교의 자율성이나, 교육 주체로서 부모나 교사의 권한이나, 학교 설립자의 포교의 자유와 같은 또 다른 중요한 헌법적 가치들은 무시되고 있는 것이 문제의 핵심이다. 기독교학교에서 채플과 기독교교육을 금지하는 것은 학생이나 학부모의 선택권이 없는 상태에서 사립학교들의 권리가 일방적으로 침해되고 있다는 뜻이다. 설립자가 자신의 전 재산을 공익법인에 희사하여 학교를 세울 때는 설립 이념을 펼치기 위한 것인데, 이것이 전적으로 무시되고 있다.

우리나라의 사립학교 제도 자체가 문제의 핵심이다. 진정한 의미에서의 사립학교는 존재하지 않는다고 보아도 무방하다. 나는 앞으로 큰 틀에서 사립학교 제도를 손봐야 한다고 생각한다. 초중고 사립학교나 사립대학에 주는 보조금은 교육부가 내리는 시혜가 아니다. 교육부는 국민이 낸 세금을 나누어주는 기관에 불과하다. 그 세금이 기독교계 사립학교와 기독교 부모와 학생들을 위해 공정하게 사용될 수 있는 법적 제도의 마련이 시급하다. 학생 개인의 인권이 무시되지 않으면서 교육 내용을 학교의 자율에 맡길 수 있는 제도를 고안해야 한다. 예컨대 사립학교가 자율적으로 학생을 모집하고, 교육부가 학생 개인에게 들어갈 교육비를 학교에 지원하는 바우처(voucher) 제도 같은 것을 생각해볼 수 있을 것이다. 미국이나 호주의 경우도 참고할 수 있다. 정부가 운영하는 공립학교도 있지만, 가톨릭 등의 종교 기관이 운영하는 학교와, 학부모가 학교 운영의 주체인 학부모관리학교(Parent-Controlled School), 홈스쿨링 등이 공존하고 있다.

그리스도인의 최선의 목표는 차별금지법이 통과되지 않도록 하는 것이다. 그러나 그들은 간통죄나 낙태죄 폐지와 같이 차별금지법이 통과될 때를 대비해야 한다. 통과되는 과정에서 그 법의 조문과 적용을 상세하게 규정함으로써 종교의 자유를 지키는 것이 차선책이다. 나는 그런 과정을 통해 기독교계가 염려하는 것이 상당히 해소되리라 믿는다. 이는 세세한 법적 논의 과정을 거쳐야 하는 전문가의 영역이다. 종교의 자유나 학문의 자율성에 관한 국내외 판례들이 많이 있다. 법 전문가들이 교회의 재산권 관련 소송에 매달릴 것이 아니라 이런 문제에 서로 머리를 맞대야 한다.

공적(公的) 영역에의 참여

여기까지 읽으면서 무언가 부족함을 느낀 분들이 많을 것이다. 하나님의 뜻을 세상에 널리 펼쳐야 할 텐데, 종교의 자유에 호소하여 그리스도인의 권리를 보호하는 데 만족하자는 것은 너무 소극적이지 않나? 대한민국이 세속화된 사회라는 것을 전제로, 이미 권력은 저쪽으로 넘어갔으니 거기에 적응하면서 조용히 살라는 것인가? 기독교학교에서 기독교 교사가 기독교적 진리를 가르치는 것까지는 좋은데, 정작 그 진리를 배우고 세상으로 나간 학생들은 또다시 믿는 사람끼리의 공동체를 이루고 살라는 말인가? 결국 기독교학교를 세워 거기서 마음 놓고 성경의 진리를 외치라는 것일 뿐, 타락해가는 세상에 대해서는 아무런 책임도 지지 않으려는 일종의 패배주의가 아닌가?

이미 세속화된 세상에서도 그리스도인이 공적 영역에 참여하여 영향을 줄 수 있는 길이 있다. 나는 앞에서 '국교'(國敎, establishment)의 방식으로 참여할 수는 없다는 것을 이야기했다. 그러나 그렇다고 해서 세속적인 세계를 그대로 방치하자는 것은 아니다. 한 시민으로서, 여러 종교 가운데 하나의 자격으로, n분의 1의 지분을 가지고 공적 영역에 참여하자는 것이다. 대한민국은 정교분리 입장을 고수하고 있다. 하지만 실제로 정치와 종교는 칼로 무 자르듯 분리되지 않는다. 정교분리에도 여러 방식이 있다. 정치와 종교 사이에 가능한 한 '담'(wall)을 높이 쌓아 서로 얽히지 않아야 한다는(unentanglement) '분리주의'(separationism) 입장도 있고, 서로 협력할 부분을 협력하자는 '조화주의'(accommodationism) 입장도 있다. 대한민국은 후자의 입장을 취해왔다. 교육, 복지, 군목 등에서 오래전부터 정부와 교회는 서로 협력 관계를 맺어왔다. 이는 그리스도인 혹은 교회가 공동선(共同善, common good)의 구현을 위해 공공 영역의 각 분야에 적극적으로 참여해서 목소리를 낼 여지가 있다는 뜻이다. 우리는 공적인 일에 참여하여 협조할 것은 협조하고 막을 수 있는 것은 막아야 한다.

예를 들어 교육의 경우를 생각해보자. 앞서 기독교계 학교에서 "종교의 자유"에 근거하여 채용과 교육 내용의 자율성을 확보하는 것에 대해 이야기했다. 그렇다면 공립학교의 경우는 어떠한가? 공립학교는 동성애가 아무런 제재 없이 가르쳐지도록 내버려두어야 하는 영역인가? 공립학교 교사들 가운데서도 포괄적 차별금지법의 전제들을 반대하는 그리스도인들이 있지 않겠는가? 교육부의 위탁을 받아 초중등 교육 과정을 만드는 학자들 가운데서도 기독교적 세계관을 가진 사람이 있을 것이고, 여성가족부의 정책 입안자 가운데서도 성차(性差)가 후천적이라는 것을 받아들이지 않는 사람이 있지 않겠는가? 그리스도인 학부모는 공립학교에서 교육받는 자신의 아이들이 반(反)기독교적 성 교육을 받지 않도록 해야 할 권리가 있지 않은가? 그리스도인 납세자들은 자신들이 낸 세금이 자신들의 신념에 반하는 교육을 위해 사용되는 것에 항의할 권리가 있지 않겠는가?

이들도 자신의 목소리를 낼 권리가 있다! 기독교도 우리 사회구성원의 하나로서 자신들이 믿는 바에 따라 의견을 진술할 권리가 있다. 공립학교에서 일하는 그리스도인 교사가 자신의 신앙에서 나온 반(反)동성애 견해를 학생들에게 강요하면 안 되겠지만, 그렇다고 기독교적 성(性) 개념이 공립학교에서 하나의 견해로서 가르쳐지는 것이 금지되어서도 안 된다. 교육 현장에서 동성애자를 차별하고 혐오하지는 말아야 하겠지만, 동시에 동성애를 반대하는 견해가 있다는 사실도 알려져야 한다. 학교는 여러 의견이 편견 없이 공평하게 논의되고 전달되는 "공론장"(公論場)이어야 한다. 다시 한번 말하지만, 이는 과거 기독교 국가에서 기독교적 윤리를 강요하는 것과는 전혀 성질이 다르다. n분의 1에 해당하는 권리를 요구하는 것이다. 가톨릭도, 불교와 원불교도, 무신론자도, 여성주의자도 같은 지분을 가지고 자신의 이야기를 할 수 있을 것이다. 이게 진정한 다원주의 아니겠는가?[19]

19 이런 점에서 2020년 8월 문재인 대통령과 교계 지도자들의 대화에 아쉬움이 남는다. 대통령에게 차별금지법이 통과되지 않도록 해달라는 것은 큰 의미가 없는 발언이었다. 대통령이 국회의 토론과 결정 과정에 일일이 참여하기도 어려울 뿐 아니라, 그가

정치를 통한 변화?

다시 한번 강조하지만 지금 우리 사회는 기독교가 신(神)의 이름으로 기독교적 가치를 강요한다고 해서 이를 받아들이는 사회가 아니다.[20] 정치권 인사들이 표를 의식해서 편파적으로 교계의 주장을 들어주는 경우가 있는데, 일반 시민들은 이를 매우 불편한 시선으로 지켜본다. 대한민국은 좀 과하게 말하면 기독교를 혐오하는 사회고, 아무리 좋게 보아도 기독교에 특혜를 줄 수 없는, 여러 종교와 이념이 경쟁하는 세속 사회다.

우리나라에서 법이 제정되는 과정을 살펴보자. 법이 바뀌는 통로는 정부나 국회일 경우도 있고, 법원이나 헌법재판소의 새로운 법 해석일 수도 있는데, 결국 이들은 국민의 뜻에 따라 결정하는 기관들이다. 법을 제정하는 국회의원들은 당연히 국민 다수의 뜻에 민감하고, 법을 발의하는 정부도 국민이 뽑은 대통령의 공약을 이행한다. 대법관이나 헌법재판소의 재판관들 역시 국회의 동의를 얻어 대통령이 임명한 사람들이다. 그들의 판결이 국민의 법 감정에 배치되면 결국 사람을 교체하여 주권자인 국민의 뜻을 따르게 만든다. 시간의 문제일 뿐이다. 요

반대한다고 법 제정을 막을 수도 없다. 물론 그의 공약 사항이니 반대하지도 않겠지만 말이다. 법을 만드는 위원회에 기독교 대표도 참여시켜달라고 하는 것이 거절하기 어려운 부탁이었을 것이다.

20 2020년 10월 한 정당의 청년 위원 중 한 사람이 "하나님의 통치가 임하는 나라, 자유보수정신의 대한민국"이라는 카드뉴스를 자신의 SNS에 올렸다고 해서 그 당에서 면직당하는 일이 일어났다. 이 일이 법적으로 문제가 되지는 않겠지만 국민 정서에 맞지 않기 때문에 서둘러 조치를 취했다고 생각된다. 대한민국 국민의 대다수는 진보주의자이건 보수주의자이건 정치와 종교가 분리되어야 한다는 생각을 갖고 있다. 특히 기독교는 신앙과 이념을 동일시한 역사가 있어서 사람들은 민감하게 반응한다. 이런 일을 젊은이의 치기로 여겨 넘어갈 만큼 너그럽지 않다.

컨대 지금 우리는 국민이 나라의 주인인 민주주의 사회에서 살고 있다. 2015년 우리나라 헌법재판소의 간통죄 폐지나 2019년 낙태죄 헌법불합치 판정의 과정, 그리고 지금 합법화 과정에 있는 양심적 병역거부 문제 등을 보라. 진보적 정당에서 논의를 이끌고, 이 문제를 다룬 영화나 드라마가 제작되어 사회적 호응을 얻고, 법원에서 소수 의견이 나오고, 마침내 대법원이나 헌법재판소가 역사적 판결을 내린다. 그 판결에 따라 국회가 입법 절차를 밟는데, 보수적 정당도 다수 국민의 뜻이므로 어쩔 수 없다며 마지못해 동의한다. 이런 프로세스를 이해하면, 성(性) 윤리와 관련된 변화의 속도를 늦추거나 방향을 바꾸기 위한 지금의 운동 방식이 효과가 없음을 알게 된다.

또 한 가지, 대한민국 기독교는 미국의 기독교를 많이 닮아 있고 또 닮으려고 노력한다. 교회의 문화나 신학뿐 아니라 대사회적 의제(어젠다) 설정까지도 미국의 것을 수입하며,[21] 투쟁 방식도 미국의 방식을 마치 바이블이나 되는 것처럼 답습하는 경향이 있다. 문제는 기독교의 영향력이 큰 미국의 상황과 기독교가 여러 종교 중 하나인 우리의 상황이 전혀 다르다는 것이고, 더 큰 문제는 그런 미국에서도 도도한 성혁명의 물결을 막지 못했다는 점이다. 미국 복음주의자들은 오랜 세월 권위를 가지고 미국 문화를 지배해왔기 때문에 변화의 물결을 막을 수 있으리라고 생각하면서, 지난 수십 년에 걸쳐 낙태, 안락사, 동성애 등의 문제를 주로 정치적 방법으로 해결하려고 했다.[22] 그리스도인들이

---

21 반(反)동성애, 반(反)이슬람 의제를 생각해보자. 동성애 문제는 세계적으로 이슈가 되는 문제고 우리나라도 이 문제를 비껴갈 수는 없다. 그런데 이슬람교의 문제는 우리의 피부에 와닿는 문제는 아님에도 불구하고 어느 순간 한국 기독교계의 주요 어젠다가 되어버렸다.

22 박찬호, "종교개혁과 세계 기독교의 형성, 그리고 개혁주의생명신학", 「생명과말씀」 제

단합하여 공화당 정치인을 당선시키면 변화의 물결을 막을 수 있으리라고 믿었다. 그러나 결과는 어땠는가? 공화당은 연방대법원의 결정을 막을 수 없었고, 2015년 "오버거펠 대 호지스"[23] 사건으로 결국 동성 간의 결혼마저 합법화되고 말았다. 2016년 미국의 대선은 성(性) 문제에 대해 진보적인 민주당 후보와, 복음주의의 가치에 대한 일말의 헌신도 없으면서 이를 지켜주겠다고 허언을 남발한 공화당 후보 간에 선택을 해야 하는 선거였다. 정치를 통한 방식으로 성공하지 못한다는 것을 배웠을 법도 한데 여전히 트럼프를 지지하는 것을 보면, 미국의 보수 교회도 별 대안이 없는가 보다. 복음주의 기독교가 트럼프를 당선시킬 만큼의 힘을 가진 미국에서도 사정이 이와 같다면, 기독교의 신뢰도와 영향력이 약화되어가는 한국에서는 더 말할 나위가 없다.

폭력과 혐오 조장은 안 된다

진정으로 변화를 주고 싶다면 소리만 요란할 뿐 아무런 결과를 내지 못하는 정치 운동 대신 국민의 의식을 바꾸기 위한 노력이 필요하다. 더딘 것 같지만 이것이 가장 확실한 방법이고, 아마도 유일한 방법이다. 우선 중요한 것은 국민이 싫어하는 방식을 피해야 한다. 우리 국민이 가장 싫어하는 것은 폭력과 혐오 조장이다. 2008년 여름 광우병 쇠고기 문제

25권 3호(2019년 12월), 85.

23 　오버거펠 대 호지스(Obergefell vs. Hodges) 케이스는 미국에서의 동성 결혼이 기본권에 속하는지를 다루는 2015년 미국 연방대법원의 사건이다. 이 케이스의 결정에 따라 미국의 모든 주에서 동성 간 결혼이 인정되었다.

로 시작된 촛불 시위가 정권 퇴진을 주장하는 데까지 확대된 적이 있었다. 그런데 몇 사람의 과격분자가 경찰차를 부수는 등 시위가 폭력으로 변질되어 이에 반대하는 국민의 목소리가 거세지면서 얼마 못 가 소멸되고 말았다. 여기서 교훈을 얻은 2016년 겨울의 촛불혁명은 전혀 폭력을 사용하지 않은 문화제 형식의 집회로 진행되었고, 결국 성공을 거두었다. 우리 국민은 폭력을 싫어한다. 신체적 폭력은 물론 언어적 폭력도 싫어하고, 검찰이나 경찰 등 권력 기관이 행사하는 물리력 사용에 과민하게 반응하며, 위계에 의한 갑질과 성폭력도 그냥 넘어가지 않는다. 전광훈 목사와 일부 극우파 신도들이 주도한 집회가 일반 대중의 호응을 얻지 못한 중요한 이유 중 하나는 집회의 방식과 그 집회에서 사용되는 언어가 폭력적이었기 때문이다.

많은 경우 그리스도인들이 주도하는 반동성애 집회나 강연에서 혐오를 조장하는 폭력적 언사가 난무한다. 이렇게 폭력과 혐오로 얼룩진 발언은 역설적으로 차별금지법 제정의 필요성을 증명할 뿐이다. 국민 정서에 부합하지 않는 이런 투쟁 방식은 반대 운동을 하는 사람들의 신앙적 열심을 증명할 수는 있겠지만, 유의미한 결과를 얻어내기 어렵다. 단언컨대 지금과 같은 무모한 투쟁 방식으로는 성(性) 혁명의 물결을 막을 수 없는 것은 물론, 그 과정에서 그리스도인들이 점점 더 시대에 뒤떨어진 광신자로 여겨질 뿐이다.

신뢰 회복이 우선되어야

국민 대중에 호소하여 그들의 의식을 바꾸기 위한 적극적 방법으로서 세 가지를 제시하고자 한다. 첫째, 합리적 설득의 과정이다. 지금은 선동적 여론 몰이에 넘어가는 세상이 아니다. 동성애와 동성 결혼을 반대하는 논점을 분명히 하고 정확한 논거를 제시해야 한다. 성경에 그렇게 써 있다고 말하는 것으로는 안 되고, 비신자들도 알아들을 수 있는 언어와 논리로 설득해야 한다. 동성애와 관련하여 신자들과 비신자들의 대화에서 가장 큰 문제가 된 예를 하나 들라면 바로 "동성애는 죄다"라는 명제다. 그리스도인은 '죄'를 하나님의 계명을 어기는 죄(sin)로 생각하지만, 이를 듣는 비그리스도인은 감옥에 가야 하는 '범죄'(crime)를 떠올린다. 목사님들이 동성애를 반대하는 설교를 하면 감옥에 가야 한다는 가짜 뉴스 때문에 두려워하는 것처럼, 비신자들은 동성애자를 감옥에 보내야 하는 것으로 오해해서 무서워한다. 사정이 이러하니 '죄'라는 말은 교회의 설교에서 사용하고, 공적 논의의 장(場)에서는 다른 용어를 사용하는 것이 어떨까 한다.

한 가지 더 이야기하자면 그리스도인들은 동성애가 하나님의 '창조 질서'(creation ordinances)에 어긋난다고 말하는데, 이를 혼인과 가족 제도가 "개인의 존엄과 양성의 평등을 기초로 성립되고 유지"되어야 한다는 헌법 제36조 ①항의 언어로 바꾸면 어떨까? 그리스도인에게는 '창조 질서'가 의미 있는 말이지만, 비그리스도인은 창조 질서에 기초하여 동성애를 반대하는 것에 선뜻 동의하기 어렵다. 오히려 우리 민족 고유의 정서와 인류 보편적인 혼인 제도 등에 호소하는 편이 낫다.

또한 과학적으로 입증된 부분에 대해서는 인정하고, 거기서부터 시작해야 한다. 자칫 사이비 과학에 기대어 강변하다가는 완전히 따돌림을 당한다. 진지한 자세로 연구하고 논문을 쓰고 상대와 대화하는 법을 배워야 한다. 우리 국민들은 오래전부터 과학을 신뢰하고 있었는데, 최근 코로나19 사태를 지나면서 더욱 신뢰하게 되었다. 음모론을 주장하는 몇몇 유튜버와 그들의 영향하에 있는 사람들 외에는 말이다.

둘째, 세련된 문화적 접근이 필요하다. 기존 질서를 뒤엎는 상상력은 예술과 문화로부터 출발한다. 할리우드 영화가 성 개방 혹은 성혁명에 준 영향은 이루 말할 수 없다. 동성애자의 차별 문제를 다룬 첫 히트작 "필라델피아"(1993년)가 나온 이후, "브로크백 마운틴", "패왕별희", "해피 투게더" 등의 외화와 "쌍화점", "친구 사이?", "왕의 남자" 등의 방화는 동성 간의 사랑을 아름다운 것으로, 그 사랑을 방해하는 사람들을 시대에 뒤떨어진 사람으로 묘사했다. 지금 방영되는 미드들에서는 LGBTQ가 일상화되어 있고, 2020년 큰 인기를 얻었던 한국 드라마 "이태원 클라쓰"를 통해서도 트랜스젠더가 사회적 편견을 극복하는 스토리에 많은 젊은이가 공감했다. 이들의 문화적 공격에 대해 윤리적 잣대를 들이대어 영화를 가위질하거나 상영 중지 가처분 신청을 내는 방식을 통해서는 이들을 이길 수 없다. 우리는 성 혁명에 의해 만들어진 개인의 삶과 사회가 얼마나 공허한지 진실을 알리는 문화 콘텐츠뿐 아니라, 적극적으로 성경이 말씀하는 성(性)과 가정의 아름다움을 알리는 콘텐츠를 만들어야 한다. 성을 둘러싼 전쟁은 정치 투쟁이 아니라 문화 전쟁이다!

셋째, 말보다 실천이 앞서야 한다. 사람들은 완벽한 논리로 무장한 사람을 신뢰하는 것이 아니라 말과 행위가 일치하는 사람을 신뢰한다.[24] 즉 자신이 믿는 바를 묵묵히 실천하는 사람이다. 반동성애 운동을 하는 그리스도인들이 신뢰를 얻지 못하는 이유 가운데 하나는, 한국의 복음주의 기독교가 동성애를 죄(罪)라고 규정하면서 다른 성적인 죄에 대해서는 관용적 자세를 가지기 때문이다. 예컨대 성경은 동성애보다 이혼에 대해 더 많이 말하고 있는데, 그리스도인들이 이혼에 대해 관용한다는 것이다. 그들은 낙태를 반대하지만 싱글맘을 돌보려 하지 않고, 아이를 낳아서 키울 수 있는 사회적 환경을 만들자는 것을 사회주의적 발상이라고 하며 반대한다. 간통죄 폐지를 반대하면서 성범죄를 저지른 (대형) 교회 지도자들을 단죄하지는 않는다. 동성애자를 포용해야 한다고 말은 하지만, 실제로 그렇게 하는 사례를 별로 들어보지 못했다. 동성애와 동성애자를 구별하는 것은 쉽지 않겠지만, 우선 우리 앞에 있는 사람을 사랑하자.

합리적인 언어로 말하고 사랑으로 대하는 것이 기독교적 정체성을 포기하는 것은 아니다. 기독교의 정체성을 분명히 가지는데, 이를 대중이 알아들을 수 있는 언어로, 또한 그들이 볼 수 있는 실천으로 표현하자는 것이다. 이 점에서 가톨릭교회가 귀감이 된다. 가톨릭교회는 오래전부터 성(性)과 가정에 대해서는 가장 보수적인 입장을 견지해왔다. 최근 2020년 9월에도 한국천주교주교회의 생명윤리위원회에서 차별금지법에 대한 입장을 담은 성명서를 발표했다.[25] 그 내용이 대단히 균형 잡혀 있어서 신앙을 갖지 않은 사람이 보아도 쉽게 이해가 된다.

---

24 채영삼은 신약 본문에 의거하여 동성애를 "생명 없는 사랑", "뒤집어진 사랑", "혼돈 속의 사랑"으로 정의하면서도, 예수님의 모범을 따라 교회도 이들을 받아들여야 한다고 주장한다. 채영삼, "동성애, 혼돈 속의 사랑", 「생명과말씀」 제14권(2016년 4월), 161-63.

25 https://cbck.or.kr/Notice/20201208?gb=K1300에서 원문을 볼 수 있다.

이 성명서는 차별금지법 자체에 대해 찬성하고 동성애자 개인에 대한 차별과 혐오를 반대하면서도, 가톨릭의 가르침(개신교와 크게 다르지 않음)을 분명하면서도 설득력 있게 개진한다.[26] 무엇보다도 그동안 보여준 가톨릭교회의 성과 가정을 보호하기 위한 노력, 민주화 운동을 비롯한 정의와 평화와 환경 보호 운동, 그리고 2014년 프란치스코 교황이 방문했을 때 사회적 약자와의 연대 등등 때문에 사람들은 가톨릭의 말을 신뢰한다. 대중은 최소한 가톨릭이 그렇게 주장하는 데는 나름의 이유가 있다고 생각하여 대놓고 비난하지는 않는다.

같은 주장을 하는 세력들과의 연대

한 가지 이상한 것은 대한민국에 동성애를 반대하는 사람들이 많을 텐데 기독교만 반동성애 운동에 앞장서는 것처럼 보인다는 점이다. 퓨 리서치 센터의 조사에 따르면 2019년 대한민국에서 동성애가 허용되어야 한다고 생각하는 비율이 전 인구의 44퍼센트라고 한다. 이는 2002년의 25퍼센트에 비해 19퍼센트가 증가한 수치로, 대한민국은 미국과 더불어 세계에서 가장 빠른 상승세를 보이는 국가다.[27] 그러나 아직도 동성

---

26 2020년 10월 23일 프란치스코 교황이 동성애 커플에 대해 "법적 보호가 필요하다"고 발언함으로써 동성 커플의 권리 보호를 공개적으로 지지한 것은 유감스러운 일이다. 앞으로 가톨릭교 내에서 커다란 논쟁이 있을 것으로 예상된다. "'동성커플 보호법 필요' 금기 깬 교황 발언…바티칸 '멘붕'", 「뉴스1」, 2020년 10월 23일, https://www.news1.kr/articles/?4096113 참고.
27 https://www.pewresearch.org/global/2020/06/25/global-divide-on-homosexuality-persists.

애를 반대하는 사람들의 숫자가 더 많다. 2019년 한국갤럽의 조사에 따르면 동성 커플의 합법적 결혼에 관해서는 찬성 25퍼센트, 반대 56퍼센트로 나타났다.[28] 이는 적게 잡아도 50퍼센트 이상의 국민이 동성애나 동성 간 결혼에 대해 반대한다는 말이다. 바로 이들이 기독교계가 포괄적 차별금지법을 저지하기 위해 호소하고 연대해야 할 대상들이다.

문제는 그 연대를 어떻게 이끌어내느냐 하는 것이다. 일단 가장 먼저 해야 할 일은 개신교의 여러 목소리를 단일 창구로 집약하는 것이다. 개신교는 가톨릭과 달리 수십 개의 교단이 있고, 진보와 보수가 혼재되어 있으며, 여러 단체와 개인들이 개별적인 목소리를 낸다. 한국기독교총연합회(한기총)가 몰락한 후 한국교회총연합(한교총)이 한국의 보수적 기독교계를 대표하고 있으니, 한교총을 중심으로 여러 단체가 연대하여 의견을 모으는 것도 한 가지 방법이다.

두 번째는 다른 종교들과 대화하는 것이다. 앞서 말한 가톨릭교회는 전 세계적으로 성과 가정 문제에 관해 가장 보수적인 입장을 견지한다. 가톨릭교회는 중앙집권적 형태를 띠고 있기 때문에, 또한 민주화에 참여한 이후 여러 사회 문제에 목소리를 내고 있기 때문에, 정부에서도 그들의 입장에 귀를 기울이는 편이다. 기독교계는 우선 가톨릭교회와 대화하고 연대해야 한다. 정교회(正敎會, Orthodox Church)는 일반적으로 성 문제에 대해 보수적인 입장이므로, 한국 정교회와도 연대할수 있다. 개신교 내에서도 한국기독교교회협의회(KNCC)에 속한 진보적 교단들은 차별금지법에 대해 찬성 의견을 가지고 있는 것으로 알려

---

28   https://www.pewresearch.org/global/2013/06/04/the-global-divide-on-homosex-uality.

졌으나, 과연 그 찬성 의견이 충분한 토의를 거쳐 모든 목회자가 동의하는 의견인지는 잘 모르겠다. 일반적으로 교단의 사무국과 지도부는 일선 목회자들보다 진보적인 성향을 띤다.[29]

기독교 외의 다른 종교들과도 연대해야 한다. 한국종교지도자협의회(종지협)에 가입된 7개 종단(불교, 기독교, 천주교, 원불교, 유교, 천도교, 민족종교 등) 지도자들을 두루 만나 의견을 나누고 연대의 길을 모색해야 한다. 종지협의 주요 설립 취지 중 하나가 생명 경시 풍조가 만연한 현대 사회에서의 도덕성 회복이므로, 반동성애 운동이 그 설립 취지에도 부합한다.[30] 2010년 종지협이 낸 성명서에서는 "사회적 소수자 인권 보호를 빌미로 '동성애 차별금지법'과 같이 우리 사회의 전통적인 사상적 근간과 사회적 통념을 무너뜨리는 입법에 대해서는 적극 반대한다"고 천명한 바 있다.[31] 그 후 불교와 원불교 등의 입장이 동성애 찬성으로 돌아서기는 했지만, 다수의 종교 지도자는 여전히 보수적 견해를 가지고 있는 것으로 안다.

다른 종교와 협력하고 연대하는 데 대해 부담을 가지고 있는 그리스도인이 있을지 모른다. 그러나 우리가 여러 종교가 경쟁하는 세속 국가라는 사실을 인식한다면, 이것은 전혀 이상한 일이 아니다. 게다

---

29 2020년 9월 장로교회 가운데 가장 진보적인 기독교장로회에서 최초로 차별금지법을 지지하는 입장이 나왔다. 기독교장로회 소속 교회와사회위원회에서 그리스도의 마음으로 성 소수자를 대해야 한다고 주장했다. 그러나 총회 석상에서는 경북노회 파송 총대를 비롯한 많은 목회자가 차별금지법 찬성 성명에 대해 교단 탈퇴도 불사하겠다며 강하게 반대했다. "가나안 성도 눈으로 본 한국기독교장로회 총회", 「뉴스앤조이」, 2020년 11월 13일, http://www.newsnjoy.or.kr/news/articleView.html?idxno=301740.

30 한국종교지도자협의회 홈페이지 http://www.kcrl.org/intro1.php?tab=1.

31 "7대 종단 지도자들 '동성애 차별금지법 적극 반대'", 「크리스천투데이」, 2010년 12월 22일, https://www.christiantoday.co.kr/news/243397.

가 우리는 과거 여러 차례 종교 간 연합 운동을 통해 우리 사회에 비전을 준 일이 있다. 대표적인 예가 1919년 삼일 운동으로서, 기독교, 천도교, 불교의 대표자들이 연합하여 만세 운동을 주도했다. 삼일 운동은 단순한 독립 운동을 넘어선 민권 운동의 시초고, 지금의 대한민국을 이루게 한 이념의 시작점이다. 놀랍게도 이 운동을 가능하게 한 것이 종교 간 연합이다. 이후에도 민주화 운동, 환경 운동, 통일 운동 등에서 종교 간 연대가 여러 번 있었다. 특히 오늘날처럼 기독교의 사회적 신뢰가 바닥을 치고 있을 때, 기독교가 반(反)동성애 내지 반(反)차별금지법의 주도세력으로 각인된다면, 반동성애 운동이나 기독교의 미래에도 결코 도움을 주지 못한다.

"함께 서 있으라. 그러나 너무 가까이는 말라."

레바논 출신의 미국인 작가이자 철학자인 칼릴 지브란(Khalil Gibran, 1883-1931년)의 베스트셀러 『예언자』(*The Prophet*, 1923년)에 나오는 멋진 시 한 편을 소개하려고 한다. 이 시는 결혼에 관한 교훈으로서 남편과 아내의 하나 됨에 대한 성찰을 담고 있는데, 이는 나아가 교회생활을 비롯한 사람들 간의 모든 사회적 관계에도 적용될 수 있다. 그 이유는 이 시가 하나님 앞에서 단독자로서의 실존과 공동체의 관계를 아름답고도 심오하게 묘사하고 있기 때문이다. 특히 이 시에서 "함께 서 있으라. 그러나 너무 가까이는 말라"는 구절은 의도한 것은 아니겠지만, 백년 후에나 있을 거리두기를 콕 집어 예견한 듯하다. 좀 길지만 번역 인용해본다.[1]

---

1   칼릴 지브란, 박지은 역, 『예언자』(서울: 동서문화사, 2015), 50. 그러나 위의 시는 웹 사이트의 영어 텍스트를 필자가 새로 번역한 것이다. https://poets.org/poem/marriage-3.

너희는 함께 태어나고, 영원히 함께할 것이다.

죽음의 흰 날개가 너희의 날들을 흩을 때에도 너희는 함께할 것이다.

아, 신의 침묵의 기억에서도 너희는 함께 있을 것이다.

그러나 함께 있을 때에 너희 사이에 공간을 두도록 하라.

그래서 하늘 바람이 너희 사이에서 춤추게 하라.

서로 사랑하라. 그러나 사랑의 줄에 결박되지는 말라.

그보다 너희 두 영혼의 기슭 사이에 출렁이는 바다가 있게 하라.

서로의 잔을 채워주되 한 사람의 잔만을 마시지 말라.

서로의 빵을 주되 한 사람의 빵만을 먹지 말라.

함께 노래하고 춤추며 즐거워하되 각자 혼자 있게 하라.

마치 현악기가 하나의 음악을 연주할지라도

각각의 줄은 따로따로이듯이.

서로 가슴을 주라. 그러나 서로에게 의탁하지는 말라.

오직 생명(Life)의 손만이 너희 둘의 가슴을 품을 수 있다.

함께 서 있으라. 그러나 너무 가까이는 말라.

신전의 기둥들은 서로 떨어져 마주 보고,

참나무와 삼나무는 서로의 그늘 속에선 자랄 수 없다.

함께 그러나 따로

다음은 결혼식에서 흔히 사용되는 성경 본문들이다. "이러므로 남자가 부모를 떠나 그의 아내와 합하여 둘이 한 몸을 이룰지로다"(창 2:24). "그런즉 이제 둘이 아니요 한 몸이니, 그러므로 하나님이 짝지어 주신 것을 사람이 나누지 못할지니라"(마 19:6). '한 몸'이 되었다는 것에는 여러 차원이 있다. 이는 남녀가 만나 법적으로 하나의 가정을 이루었다는 뜻이고, 경제 공동체로서 모든 것을 공유한다는 의미다. 또 자신의 몸을 사랑하는 것처럼 서로를 아끼고 사랑하라는 뜻일 게다. 남편의 몸은 아내의 것이고 아내의 몸은 남편의 것이니, 남편과 아내는 상대의 몸에 대한 독점권을 가지고 있고 서로에게 성적(性的) 의무를 다해야 한다(고전 7:3, 4). 무엇보다 하나님의 뜻에 따라 한 몸이 되었으므로 마음대로 갈라설 수 없다. 남편과 아내는 이 땅에서의 삶이 끝난 후에도 생명의 은혜를 함께 유업으로 받게 될 것이다(벧전 3:7). 성경은 부부 사이의 하나 됨을 강조하는 본문들로 가득 차 있다.

언뜻 보면 "함께 있을 때에 너희 사이에 공간을 두도록 하라" 와 "함께 서 있으라. 그러나 너무 가까이는 말라"는 칼릴 지브란의 권고는 부부가 한 몸이 되었다는 성경의 가르침과 맞지 않는 것처럼 보인다. 그러나 지브란의 경구를 염두에 두고 성경을 다시 보면, 부부가 한 몸이 된다는 것이 그렇게 단순한 것이 아님을 알게 된다. 결혼한 부부는 한 몸이 되어 영원히 함께하는 것이지만, 그렇다고 해서 개별성을 잃고 한 사람에게 흡수되는 것은 아니다. 서로에게 빵을 먹여주고 서로의 잔을 채워주는 것이지, 한 사람의 빵과 잔만을 먹고 마시는 것이 아니다. 부부는 신전의 두 기둥처럼 서로 마주 보고 서 있어야 한다.

남편과 아내는 자기의 몸을 제 것이라고 주장할 수 없을 정도로 서로에게 헌신하지만, 각각 자기만의 은밀한 기도의 골방을 가지고 있어야 한다(고전 7:5). 아브라함의 아내 사라는 남편을 '주님'이라고 부를 만큼 복종적인 태도를 취했지만, 동시에 "아무 두려운 일에도 놀라지 아니할" 정도로 독자적인 신앙을 가지고 있었다. 그녀가 두려워하던

일 가운데는 남편이 자신을 누이라고 속이며 권력자에게 자신을 바치려 한 일도 포함된다. 사라의 후예들이 남편에게 순종하는 것은 노예적 복종이 아니라, 남편을 구원에 이르게 하려는 영악한 전략이다(벧전 3:1-6). 바울은 이렇게 주장한다. 즉 예수 믿는 아내가 믿지 않는 남편을 버리고 자유롭게 주님을 섬기는 것이 더 바람직하지만, 혹시 아내 때문에 남편이 구원을 받게 되는 경우도 있으니, 같이 살아주라고 말이다(고전 7:12-16).

지브란의 종교적 배경이 동방 정교회의 영향을 받은 레바논 기독교회라서 그런지, 동방 정교회 특유의 사회적 삼위일체(Social Trinity)의 메아리가 들리는 듯싶다. 삼위일체 하나님은 서로 독립된 인격이면서 사랑의 관계 속에 계신 분이다. 신자들은 삼위일체 하나님의 사랑의 교제 가운데로 초대받은 존재들로서, 그들이 맺고 있는 모든 인간관계는 삼위일체를 닮아 있고, 또 닮아야 한다. 뒤에서 자세히 이야기하겠으나 교회 공동체의 삶도 삼위일체 하나님을 닮은 사귐을 통해서만 바르게 설 수 있다.[2]

서로 독립된 인격이면서도 서로에게 헌신하는 이상적 부부관계가 과연 가능한가? 어려운 것처럼 보인다. 남편과 아내가 독립된 자아를 주장하다 보면 상대를 지배하고 그의 인격을 흡수하고 싶은 욕망

---

2   사회적 삼위일체론과 그 교회론적 함의에 관해서는 미로슬라브 볼프, 황은영 역, 『삼위일체와 교회: 하나님의 형상으로서 교회에 대한 가톨릭·동방 정교회·개신교적 이해를 찾아서』(서울: 새물결플러스, 2012)를 보라. 이 책에서 볼프는 개인주의와 집단주의 교회론을 비판하면서 개인의 실존적 인격과 공동체가 온전하게 존중되는 교회상을 제시한다. 아래의 논의는 그의 책에서 얻은 착상을 나름대로 적용한 것임을 밝혀둔다. 동방 정교회의 대표적 신학자 중 하나인 지지울라스(John Zizioulas)의 신학에 대해서는 위의 책 제II장을 참고하라.

을 갖게 된다. 하나님이 죄를 지은 여자에게 주신 형벌 가운데 하나는 "네가 남편을 지배하려고 해도 남편이 너를 다스릴 것이다"(창 3:16, 표준새번역)라는 말씀이었다. 아담과 하와는 본래 자신을 내어줌으로써 행복을 느끼도록 설계되었는데, 죄를 지은 이후 상대를 억압하고 지배하려는 욕구가 생겼고, 이 때문에 갈등이 증폭되는 관계가 되고 말았다. 반대로 서로에 대한 사랑이 자존감 없는 맹목적 희생으로 귀결될 때도 많다. 즉 "사랑의 줄에 결박"되거나 의존적이 되어, 자아가 축소되고 상대에게 종속되는 것이다.

인간의 힘으로 이 딜레마를 극복하는 것은 불가능하다. 다시 칼릴 지브란의 설명을 들어보자. 그는 아름다운 은유들을 통해 신적(神的) 간섭이 있어야만 이런 사랑이 가능하다고 말한다. 즉 "하늘 바람이 너희 사이에서 춤추게 하라", "너희 두 영혼의 기슭 사이에 출렁이는 바다가 있게 하라", "오직 생명(Life)의 손만이 너희 둘의 가슴을 품을 수 있다" 등과 같은 표현을 통해 그렇게 이야기한다. '하늘 바람'이 남편과 아내의 안에 그리고 그들의 사이에 있을 때 이 딜레마의 극복이 가능해진다. 여기서 '하늘 바람'이라는 표현에 주의하라. '바람' 혹은 '호흡'을 의미하는 히브리어 단어 '루아흐'나 그리스어 '프뉴마'는 '영'(靈) 혹은 '성령'으로 번역되기도 한다. 따라서 하나님의 영, 하나님의 숨결이 홀로 서 있는 남편과 아내 사이에서 춤출 때 비로소 부부의 사랑이 가능해진다. 그 바람은 두 사람 사이에서 춤추고 있다. 그들은 때론 빠른 템포와 열정적 동작으로, 때론 정지한 채 마주 보는 눈빛의 교감만으로 춤춘다. 가끔씩은 그 바람이 싸늘한 겨울바람으로 느껴질 때도 있지만. 하하.

대면 예배 논쟁

칼릴 지브란 식의 거리두기는 부부관계뿐만 아니라 우리가 맺고 있는 여러 인간관계에도 적용될 수 있다. 넓게 보아 건전한 사회가 되기 위해서는 독립된 실존적 개인과 공동체가 균형을 이루어야 한다. 개인주의와 집단주의의 양극단을 피해야 한다. 우리는 코로나 확산에도 불구하고 마스크 쓰기를 거부하고, 방역 지침에 항의 시위를 하며, 사재기와 약탈 혹은 광란의 파티를 벌이는, 서구 사회의 극단적 개인주의를 목격했다. 그러나 자유에 필연적으로 동반되는 허무감을 감당할 수 없는 허약한 개인은 아주 쉽게 인종주의나 애국주의와 같은 집단주의로 도피한다. 트럼피즘(Trumpism)의 원재료가 되는 것이다.

국가 공동체에서 개인주의와 집단주의의 극복에 대해서는 이미 앞에서(제4장) 상세히 논했다. 여기서는 거리두기의 원리를 신앙생활 혹은 교회생활에 적용시켜보고자 한다. 결론부터 간단히 말하자면, 건전한 신앙을 위해서는 성도 개개인이 하나님 앞에 단독자로 서는 것과 성도들 간의 사랑의 교제, 이 두 가지가 동시에 있어야 한다. 성도 개인은 하나님 앞에 독립된 주체로 올바로 설 때 비로소 타인을 향해 자신의 마음을 열고 의미 있는 교제를 나눌 수 있게 된다. 또한 성도들은 서로 간의 친밀한 교제를 통해 자신이 하나님 앞에서 독자적 주체로서의 인격임을 깨닫게 되기도 한다. 이는 교회생활에도 "함께 서 있으라. 그러나 너무 가까이는 말라"는 원리가 적용된다는 말이다.

정부가 거리두기 지침에 따라 비대면 예배를 강제하면서 목회자들은 과연 비대면 예배가 진정한 예배가 될 수 있는가 하는 문제를 놓고 2020년 한 해에 걸쳐 치열한 논쟁을 벌였다. 합리적 논쟁은 아니었고 자기와 다른 생각을 가진 이들을 원색적으로 비난하는 수준이었지만 말이다. 다수의 목회자는 정부의 지도에 순순히 응했으나 일부 강성 목사들은 대면 예배를 고집했다. 설혹 확진자가 나오는 한이 있더라도 주일에 '성전'에서 예배하는 신성한 의무를 저버리는 것은 약한 신앙 탓이라고 주장했다. 이들은 지방 정부가 예배를 드리지 못하도록 행정 명령을 내리는 것이 기독교에 대한 세속 정부의 박해라고까지 말했다. 몇몇 존경받는 어르신 지도자들이 힘을 보탰다. 그들은 과거 전쟁 중에도 주일성수를 했다고 말함으로써 전의(戰意)를 북돋우기도 하고, 반(反)문재인 정서에 기대 사회주의 정부가 교회 문을 닫으려 한다고 말함으로써 혼란을 가중시켰다. 이 와중에 교회에서 지속적으로 확진자가 나오고, 2차 대확산의 주범으로 교회가 지목됨으로써, 교회에 대한 일반인의 인식은 바닥을 모르고 곤두박질쳤다. 이처럼 대면 예배를 고집하는 것은 주일성수와 예배당에 대한 한국교회의 신앙을 잘 모르는 외부인에게는 월세와 목회자 생활비 등을 감당할 수 없게 된 교회들이 헌금을 걷기 위한 생떼로 비쳤다.

이런 혼란을 겪으면서 나는 자연스럽게 예배의 형태와 본질에 대해 돌아볼 기회를 가졌다. 도대체 대면 예배란 무엇인가? 누구와 대면한단 말인가? '사회적 거리두기'는 하나 됨을 강조하는 교회의 적인가? 거리두기가 오히려 하나님 앞에서의 단독자로서 개인의 실존적 신앙을 돕는 측면이 있지 않은가? 세 가지의 거리두기로 나누어 하나씩 설명하고자 한다. 즉 하나님과 성도의 거리두기, 목회자와 성도의 거리두기, 그리고 성도들 사이의 거리두기에 대해서다.

하나님과의 거리두기

많은 목회자와 성도들은 예배를 하나님과 대면하는 것으로 생각한다. 하나님의 날인 주일(主日)에 하나님이 계시는 거룩한 장소인 '성전'에서 하나님을 만나는 것이 예배라고 믿는다. 다음은 어느 교회에나 있을 법한 흔한 예배에의 부름이다. "오늘 거룩한 주님의 날, 주의 백성들이 주님을 만나고 경배하러 여기 모였습니다. 이곳에 임재하셔서 우리의 찬양과 경배를 받으시고 우리의 기도를 들어주소서."

　　　나는 이런 예배관을 완전히 부인할 필요는 없다고 본다. 모든 날이 다 주님의 날이고, 온 세상에 하나님이 안 계신 곳이 없으며, 우리의 예배는 삶의 현장에서 드리는 영과 진리의 예배여야 하기 때문에, 이런 식의 기도를 드리지 말아야 한다고 주장하는 사람도 있는데, 그것은 균형감을 잃은 주장이다. 성도들이 함께하는 공동예배는 신앙에 필수적이고, 그들이 모이는 시간과 장소는 특별하다. 물론 시간과 장소와 예배 인도자를 과도하게 신성시할 필요는 없다. 하나님이 안 계신 곳이 없고, 하나님의 날이 아닌 날이 없으며, 모든 신자가 제사장이지만, 이를 특별히 기념하기 위해 시간과 장소를 정하고 예배를 집전할 목사를 임명한 것이다. 비유를 들어 말하면, 부부에게 일 년 365일이 모두 사랑해야 하는 날이지만 결혼기념일이 더욱 특별한 날인 것과 비슷하다.[3]

　　　주일이라는 시간, 예배당이라는 공간, 보이는 예배와 영적 예배 사이의 균형 잡힌 견해를 가진 성도와 목회자라면, 올해와 같은 비상

3　안식일과 주일에 대한 성경의 가르침, 크리스텐덤 시대에 주일이 안식일로 인식되는 과정, 그리고 오늘날의 주일성수의 의미에 대해서는 장동민, 『포스트크리스텐덤 시대의 한국 기독교』(서울: 새물결플러스, 2019), 제3장을 참고하라.

상황에 비대면 예배를 드리는 것에 대해 그리 큰 부담을 가지지 않았을 것이다. 함께 모여 예배하는 것이 원칙이고 정상이지만, 영상으로 예배드린다고 해서 그곳에 하나님이 안 계신 것은 아니기 때문이다. 함께 모이던 때가 그립지만, 어디서나 우리의 예배를 받으시는 하나님을 영과 진리로 예배하는 것이다. 오히려 나는 기술적인 발전에 대해 놀라며 깊이 감사하고 있다. 10년 전, 아니 5년 전에 팬데믹이 일어났다면, 유튜브도 활성화되지 못하고, 줌(Zoom)도 없고, 5G도 깔려 있지 않고, 촬영과 편집을 위한 기술과 인력도 없을 때였다면, 지금과 같은 비대면 예배도 드리지 못하고 화상 만남도 갖지 못했을 것이다. 이렇게라도 예배할 수 있게 된 것이 얼마나 다행스러운 일인가?

그렇다면 우리가 예배드릴 때 정말 하나님과 만나는 것일까? 대면 예배는 하나님을 대면한다는 뜻인가? '대면'(對面) 예배를 드리면 하나님과 얼굴과 얼굴을 맞대어 교제하는 것인가? 구약성경에 간혹 하나님의 얼굴에 관한 말씀이 나온다. "주의 얼굴의 광채를 우리에게 비추소서"(시 80:19) 혹은 "주의 얼굴빛을 주의 황폐한 성소에 비추시옵소서"(단 9:17) 등. 그러나 아무도 하나님의 얼굴[面]을 직접 마주 대한 사람은 없고 앞으로도 없을 것이다. 그분의 얼굴을 보고 살 사람이 없기 때문이다(출 33:20).

한국교회의 예배에서는 대부분 글자 그대로의 대면은 아니더라도 하나님의 임재(presence)를 무척 강조한다. 예배 인도자는 하나님께서 그 예배의 현장에 임하신다고 말하거나, 우리가 그분의 임재 가운데로 들어간다고 말한다. "주의 보좌로 나아갑니다", "지성소로 들어갑니다", "주의 품에 안깁니다" 등 감각적 은유를 동원하여 하나님과의 친밀한 교제로 이끈다. 이는 모두 성경에서 따온 표현들이다. 우리는 예수 그리스도를 통해 은혜의 보좌 앞으로, 과거에 대제사장이 일 년에 한 번 들어갔던 지성소로 들어갈 수 있게 되었다(히 4:16; 6:19). 삼위일체 하나님께서 당신들의 교제 속으로 우리를 초청하신 것이다. 하나님은 우리와 가까이 계시고, 우리는 언제든지 그분께 우리가 원하는 것을 구하고 그의 응답을 받는다(요 15:7; 17:21).

예배를 통해 하나님께 가까이 나아간다는 신앙은 우리에게 큰 유익이 있지만, 그 신앙만이 전부는 아니다. 그 반대도 옳다. 하나님은 우리와 아주 가까이에 계시고 심지어 우리 안에도 계시지만, 동시에 우리와 멀리 떨어져 계신다! 하나님과 인간 사이에 거리가 있음을 말씀하는 구절을 찾아보자. "내가 높고 거룩한 곳에 있으며, 또한 통회하고 마음이 겸손한 자와 함께 있나니"(사 57:15). 하나님은 마음이 가난한 자와 함께 계셔서 위로하고 힘을 주시는 분이면서, 동시에 우리와 멀리 떨어져 높고 거룩한 곳에 계신 분이다. 신약에서 한 구절 더 예를 들어보자. "오직 그에게만 죽지 아니함이 있고, 가까이 가지 못할 빛에 거하시고, 어떤 사람도 보지 못하였고, 또 볼 수 없는 이시니"(딤전 6:16). 모르긴 몰라도 성경 전체를 따져보면 하나님께서 멀리 계신다는 구절이 가까이 계신다는 구절보다 더 많을 것이다.

아니, 하나님께서 어떻게 가까이 계시면서 동시에 멀리 떨어져 계실 수 있는가? 하나님은 우리와 가까이 계시는가, 아니면 저 멀리 계시는가? 둘 다 옳다. 둘 다 성경에 기록된 진리다. 설명을 해보겠다. 사실 하나님은 장소에 제한을 받으시는 분이 아니다. 하나님은 어디나 계시고 안 계신 곳이 없다. 그분은 우주를 만드셨기에 우주 밖에 계시지만, 당신이 만드신 우주 안에 들어오실 수도 있다(엡 4:6). 장소를 초월하여 계신 하나님은 인간이 이해할 수 있도록 장소를 사용하여 자신의 성품과 사역을 표현하신다. 하나님이 우리와 가까이 계신다는 표현은 그분이 우리의 고통에 동참하시고 우리를 위로하시며 우리의 기도를 들으신다는 사실을 보여주기 위한 은유다. 반면 하나님이 우리와 멀리 떨어져 계신다는 표현을 사용하는 것은 하나님의 초월성을 강조하기 위함이다. 하나님은 거룩하시기 때문에 우리는 다 떨어진 더러운 옷 같은 우리의 의(義)를 가지고서는 그분께 가까이 갈 수 없다. 하나님은 멀리 계시기에 인간의 편견으로부터 영향을 받지 않고 역사를 당신의 뜻대로 주관하시는 분이며, 높은 보좌에 앉아서 왕과 재판관(검사와 판사)을 심판하시는 분이다. 그분은 우리와 너무 멀리 계시기 때문에 우리는 그분의 뜻을 파악할 수 없으며, 그분께 아무런 영향도 미칠 수 없다(롬 11:33-36). 때로 그분은 마치 악인을 심판하시지 않고 의인의 간구를 외면(外面!)하시는 숨어 계시는 하나님(*Deus absconditus*), 부재(不在)하는 존재처럼 보이기도 한다(사 45:15; 욥 23:8, 9).

우리는 멀리도 계시고 가까이도 계신, 초월성과 내재성을 가지신 하나님을 성경의 인도에 따라 적절하게 인식하고 섬겨야 한다.[4] 우리는 어느 한쪽만 강조하고 다른 쪽을 없는 것처럼 생각해서는 안 된다. 일반적으로 복음주의 교회는 가까이 계신 하나님을 강조하고, 멀리 계신 하나님은 자주 언급하지 않는다. 왕, 재판장, 하늘과 같은 은유보다 양들을 돌보는 목자, 따뜻한 남편, 탕자를 맞아주시는 아버지, 날개를 펼쳐 병아리를 보호하는 암탉, 깊은 밤 동산에서 함께 거닐며 대화하

---

4   스탠리 그렌츠는 19세기 이후 현대 신학의 역사를 하나님의 초월성과 내재성의 변증법이라는 관점에서 서술했다. 예컨대 칼 바르트의 위기신학은 19세기 말 문화와 기독교를 동일시한 구(舊)자유주의에 대해 하나님의 초월성을 강조하는 신학이다(스탠리 그렌츠 외, 신재구 역, 『20세기 신학』[서울: IVP, 1999]).

는 친구와 같은 은유를 더 좋아한다. 이런 신앙은 장점도 있지만 단점도 분명하다. 하나님과 가깝다 보니 그 앞에서 두려워하며 떨기보다, 하나님께 필요한 것을 말하고 떼를 쓰며 투정을 부린다. 더 나아가서 자신이 하나님을 부리는 것처럼 생각한다. 하나님을 이런 식으로 믿다 보니 전광훈 목사의 발언이 나온 것이다. "나는 하나님 보좌(寶座)를 딱 잡고 살아. 하나님 꼼짝 마. 하나님 까불면 나한테 죽어. 내가 이렇게 하나님하고 친하단 말이야. 친해." 과연 목사들 가운데 높으신 하나님 앞에서 두려워 떨며 자기를 불쌍히 여겨달라고 진심으로 간구하는 사람이 몇이나 있을까? 자신의 성취를 하나님이 가까이 계시는 증거로 여기며 그분의 권위를 끌어내리고 전유(專有)하여 성도들 위에 군림하려고 하지 않는가?

목회자와 성도의 거리두기

다시 대면 예배에 관한 물음이다. 대면 예배에 참석하는 성도들은 누구와 얼굴을 마주하는가? 하나님의 얼굴이 아니라면 누구의 얼굴을 보기 위해 교회에 오는가? 성도들은 강대상에 선 목회자의 얼굴을 대한다. 예배드리는 내내, 혹은 최소한 설교 시간에는 담임목사의 얼굴을 마주 대한다. 원하건 원하지 않건, 예배 시간에 마주하는 목회자의 얼굴은 우리 주님의 얼굴을 대변한다. 그의 몸은 예수님의 몸의 유비(analogy)다.[5]

---

5   '유비'(analogy)는 보이는 것을 사용하여 보이지 않는 것을 설명하는 수사법이다. 분자의 구조를 설명하기 위해 구(球)를 사용하고, 사랑을 심장의 두근거림으로 설명하기도 한다. 우리는 보이지 않는 하나님을 설명하기 위해 보이는 사물과 인물 등을 사용한다.

성도는 그의 표정과 눈빛에서 예수님을 읽을 수 있고, 그의 입에서 나오는 말을 통해 예수님의 뜻을 알게 된다. 때로 자애롭고 부드럽게 호소하기도 하고 때로 단호하게 심판을 선언하는 목사의 어투와 표정과 자태를 통해 주님의 마음이 전달된다. 목사는 성도들에게 예수님을 설명하는 선생의 역할뿐 아니라 그분을 보여주는 아바타의 역할도 한다. 나는 지금 목사를 높이기 위해 이런 말을 하는 것이 아니다. 그만큼 목사가 큰 책임감을 느껴야 한다는 뜻이다. 목사의 삶이 얼마나 거룩해야 하고, 그의 입술이 얼마나 은혜와 진리로 가득해야 하며, 그가 얼마나 아름다운 인격을 가져야 하겠는가?

목사의 위치가 이렇게 막중하니만큼 위험성도 크다. 가장 큰 위험성은 온 교회가 목회자를 중심으로 하는 집단주의에 빠지는 것이다. 우리나라 예배당은 대부분 집단주의에 빠지기 쉬운 구조를 갖고 있다. 목회자와 성도가 대면하기는 하는데, 일방적 대면을 할 수밖에 없다. 회중은 목사를 대면한다고 느끼지만, 목회자는 성도를 개별적으로 대면하지 않는다. 집단주의는 개인의 인격이나 존엄성과 같은 것에는 관심이 없는데, 바로 교회가 집단주의를 강화하는 구조를 갖고 있다. 회중석에 빽빽이 들어앉은 성도들은 높은 강대상 위의 목사를 바라볼 뿐이다. 많은 대형 교회에서 성도들은 코로나19 이전에 이미 스크린에 비친 목사의 모습만을 볼 수 있었다. 그들은 2개 이상의 성전 혹은 캠퍼스에서 비디오로 송출된 설교를 시청하기도 하고, 본당이 아닌 체육관이나 교육관에서 비디오로 참여하기도 한다. 그런 일부 교회들은 주일에 드리는 다섯 번의 예배 가운데 두어 번만 라이브로 예배하고 나머지는 이전 예배를 녹화한 것을 재방송하기도 한다. 이런 예배를 반복할 때, 성도 개개인은 개별성을 잃어버린 채 한 사람에게 귀속된다. 성도들이 촘촘히 붙어 앉을수록, 혹은 신천지 예배와 같이 제복을 입고 앉을 경우는 집단주의적 성격이 더욱더 심화된다. 집단의 규모가 크면 클수록 집단주의의 위험성도 커진다.

설교만 잘 들리면 된다고? 아니, 이런 상황에서는 설교가 제 역할을 해내기 어렵다. 목사의 가장 큰 역할은 성도들을 위해 말씀을 해석해줌으로써 성도를 섬기는 것이다. 수많은 성경 구절 가운데 자신의 회중에게 꼭 필요한 부분을 설교해야 하기에 설교는 구체적이어야 한다. 그러나 이런 식으로 목회자가 성도의 삶에 개별적으로 참여하지 않는다면 구체적인 설교를 작성하기 어렵다. "심리적 거리의 해석수준 이론"(Construal-level theory of psychological distance)에 따르면, 목사와 성도들의 심리적 거리가 멀수록 추상적인 설교를 하고, 심리적 거리가 가까울수록 구체적인 설교를 한다. 우리 교회에 보편화되어 있는 일방적 대면 구조에서 목회자는 하나님의 말씀을 구체적으로 삶에 적용하는 대신 원리적이고 추상적인 설교를 할 수밖에 없다. 이는 대형 교회일수록 더욱 심하다. 바빌로니아 포로 직전의 예언자와 제사장들이 떠오른다. "그들이 딸 내 백성의 상처를 **건성으로** 치료하면서 '평안하다, 평안하다' 하지만 평안이 없다"(렘 8:11, 바른성경).[6] 아무에게도 상처를 주지 않는 가벼운 설교, 들어두면 좋고 안 들어도 크게 상관없는 추상적인 설교가 주류를 이룬다. 대형 교회는 그렇다 치고, 더 안타까운 것은 작은 교회들도 대형 교회 목사의 설교를 따라간다는 것이다.

---

6   NIV는 이 구절을 더 감각적으로 번역했다. "그들은 내 백성의 상처가 중하지 않은 것 인 양 붕대를 감으면서, '평화가 있으라, 평화가 있으라' 하고 말한다. 평화는 어디에도 없는데 말이다"(They dress the wound of my people as though it were not serious. "Peace, peace," they say, when there is no peace).

소외에 시달리며 소속감에 목마른 현대인들은 집단주의에 끌리지만 이는 결코 진정한 해결책이 되지 못한다. 집단주의가 제대로 작동하려면 영웅이 필요한 법인데, 교회에서는 당연히 담임목사가 영웅이다. 영웅은 추종의 대상일 뿐 비판의 대상이 아니다. 사회적 물의를 일으킨 목회자가 시무하는 교회의 성도들 중에 지성인도 많이 있지만, 자성의 목소리가 들리지 않는 것은 바로 이 때문이다. 영웅주의의 가장 큰 문제는 대중이 영웅과 자신을 동일시함으로써 대리 만족을 느낀다는 데 있다. 자신이 출석하는 교회의 규모와 목사의 유명세를 자랑하는 성도는 실제 그의 영성을 본받기보다는 그 집단에 소속되었다는 것에서 만족을 찾으려고 한다.

이런 구조의 교회에서 가장 큰 위험에 처해 있는 사람은 바로 목사 자신이다. 교회는 서로의 포도주를 나누어 마시는 것이 아니라 한 사람에게서 나온 포도주를 모든 사람이 마시다 보니 금세 고갈된다. 하나 남은 현으로 현란한 아리아를 연주하는 바이올린처럼 위태위태하다. 소수의 양심적인 사람은 그 무게를 견디지 못하여 일탈을 일삼든지 아니면 극단적 선택을 하기도 한다. 다수의 목사는 영웅 행세에 길들어서 현실에 안주하고 그들에게 주어지는 명예와 권력을 당연시한다.

'에이, 한국의 모든 목사님이 그렇지는 않겠지요. 너무 극단적인 예만 드는 것 아닌가요?' 이렇게 질문하는 독자들이 있을 것이다. 물론이다. 성도들과 가깝게 대화하면서 그들의 형편을 살피고, 기도하면서 그들에게 맞는 설교를 정성껏 준비하는 목회자도 많이 있을 것이다. 일방적으로 교인들을 지도하고 관리하는 것이 아니라, 자신과 성도들이 교회의 한 지체라는 의식을 가지고 성도들 가운데서 일하시는 하나님의 영적 은혜를 함께 나누는 목회자도 많을 것이다. 그런 목회자들은,

역설적이게도, 내가 위에서 말한 위험 요소들을 인정하며 자신에게도 그런 요소가 있음을 반성할 것이다. 그러나 단언컨대 자신이 그럴 리 없다고, 그건 매스컴에 등장하는 저 대형 교회 목사들에게나 해당되는 것이라고 부정하는 목사는 그 위험에 이미 빠져 있는 사람이다.

교회가 집단주의에 빠지지 않고 목사와 성도가 건전한 관계를 유지하기 위해서는 "함께 서 있으라. 그러나 너무 가까이는 말라"는 칼릴 지브란의 충고를 들어야 한다. 바이올린의 네 현이 각기 자기 소리를 내도, 아니 그럴 때라야 하나의 음악이 만들어지는 것처럼, 목회자와 성도들이 각자의 위치에서 하나님을 단독자로 만나면서 공동체를 이루는 것이다. 목회자와 성도의 관계는 지도자와 추종자 사이가 아니고, CEO와 고객 사이도 아니며, 제사장과 백성 사이도 아니다. 구원받은 하나님의 백성들은 그리스도의 몸의 지체로서 성령이 주시는 각각의 은사로 서로를 섬긴다. 어떤 사람은 말씀으로, 어떤 사람은 위로로, 구제로, 다스림으로, 각각 성도를 섬기는 것이다. 성도들이 목사에게 모든 것을 의존하고 의탁하는 것이 아니라, 서로의 우물에서 물을 길어야 한다. 바울은 고린도 성도들에게 "우리가 너희 믿음을 주관하려는 것이 아니요, 오직 너희 기쁨을 돕는 자가 되려 함이니"(고후 1:24)라고 썼다. 목사는 성도들을 신랑이신 예수님께 데려가는 중매인이지, 자신이 신랑이 아니다(고후 11:2). 그리고 중매인은 신부로부터 적당한 거리를 두어야 하지, 신부와 너무 가까우면 안 된다. 목사는 자신과 성도들 사이에 하나님의 영이 춤출 수 있는 공간을 남겨놓아야 한다.

성도 역시 목사에게 의존하지 않고 홀로 서는 법을 배워야 한다. 성도는 목사에게 속한 것이 아니라 그리스도께 속한 사람이다. 지도자들을 영웅시함으로써 분쟁이 일어난 고린도 교회를 향해, 바울은 지도자들은 씨를 심고 물을 주는 사역자일 뿐이므로 그들에게 속하지 말 것을 강력히 명령했다(고전 3:5-7). 목사가 우리를 위해 십자가에서 죽은 것이 아니고, 우리가 목사의 이름으로 세례를 받은 것도 아니다. 성도는 유명한 아무개 목사가 시무하는 교회의 성도라고 스스로 자랑할 것이 아니라, 그리스도의 사람으로서 자신의 정체성을 확고히 해야 한다.

성도들 사이의 거리두기

대면 예배를 드릴 때 마주하는 것은 목회자의 얼굴만이 아니다. 성도들의 얼굴과도 마주한다. 예배 시간은 하나님을 깊이 만나고, 목회자를 통해 하나님의 음성을 듣는 시간인 동시에 복음을 믿은 하나님의 자녀들이 한 가족임을 확인하는 시간이다. 성도들은 한 주간 동안 자신의 삶에서 일하신 하나님에 관해 서로 이야기함으로써 영적 도움을 얻을 수 있다.

　　　우리는 여러 달 동안 비대면 예배의 상황을 거치면서 유튜브로 예배에 참여하고 줌(Zoom)으로 안부를 묻는 것으로는 친밀한 교제가 어렵다는 것을 실감했다. 상황이 좀 나아져서 대면 예배가 가능해졌을 때 우리는 마스크를 쓰고 예배를 드렸는데, 얼굴 전체를 보지 못하고 눈과 주먹으로 인사하는 것은 왠지 남의 다리를 긁는 것처럼 시원하지 않았다. 너무도 당연하다. 인간은 영혼만의 존재가 아니다. 영혼과 더불어 인간을 구성하는 중요한 요소가 바로 신체다. 하나님의 형상을 따라 만들어진 인간의 신체는 하나님의 성품, 즉 신성(神性)을 반영하고 있다. 사람과 사람 사이의 사귐은 몸으로 만나고, 악수를 나누며, 얼굴을 마주 보고 웃고, 함께 앉아 밥을 먹음으로써 가능해진다. 코로나19 상황에서도 개신교 교회는 기회만 되면 모이려고 했다. 이는 오랜 세월의 경험을 통해 인간 신체의 중요성을 터득한 때문이다.

하지만 온라인 예배가 여러 주일 계속되면서 성도들 가운데 상당수는 만족도 면에서 온라인 예배가 대면 예배와 비슷하거나(33퍼센트) 오히려 더 좋았다고(15퍼센트) 응답했다. 또한 코로나19가 종식된 후에도 교회에 가지 않고 온라인 예배를 드릴 것 같다고 대답한 사람도 17퍼센트에 달했다.[7] 나는 성도들이 목회자와의 만남과 다른 성도들과의 대면을 싫어할 정도로 교회가 부담스러웠나 하는 생각이 들어 당황스러웠다. 신학자들 중에서도 온라인 예배를 적극적으로 도입할 때가 되었다고 주장하는 사람들이 있고, 대형 교회 목회자 가운데는 발 빠르게 시대의 흐름에 맞추어 온라인 분야를 강화하는 이들도 있다.

그러나 나는 이런 추세에 선뜻 동의하기 어렵다. 물론 온라인 예배가 필요한 때가 있다. 성도들이 해외에 나가 있다거나 병원에 입원하는 등의 예외적인 경우다. 하지만 이런 온라인 예배는 대면 예배를 전제로 한다. 예배에서 가장 중요한 것 중 하나는 우리가 육신으로 현존하는(present) 것이다. 신체가 참여할 때 곧 내가 참여하는 것이다. 신체와 신체, 얼굴과 얼굴이 마주칠 때 비로소 교제가 이루어질 수 있기 때문이다. 하나님의 영을 신체에 모시고 있는 인간은 닉네임과 댓글로 소통하는 유저로 남아서는 안 되는 존재다. 하나님께서 인간의 구원을 위해 명제로 이루어진 이론적 진리를 선포하신 것이 아니라, 당신의 아들을 영

---

7 "교회 출석자 중 코로나19 이후, '아예 주일예배 드리지 않은 개신교인' 증가세!" 「넘버즈」 제69호(2020년 10월 30일). 통계 조사의 숫자는 2020년 7월 19일에 조사한 것이다. http://www.mhdata.or.kr/bbs/board.php?bo_table=koreadata&wr_id=120.

혼과 육신을 가진 인간의 모습으로 보내셨다는 사실을 기억하라.

타인의 얼굴

인간의 신체 중에서 가장 중요한 부분은 얼굴이다.[8] 사람의 얼굴이라는
것은 참 묘하다. 얼굴을 모르는 낯선 사람을 만나면 괜히 움츠러들고,
불안해지며, 두렵기까지 하다. 그러나 여러 차례 얼굴을 대하고 밥을 같
이 먹고 사귀다 보면 경계심이 없어지고 편안해진다. 사람의 얼굴에서
무엇을 보았기에 이런 현상이 일어나는 것일까? 우리는 사람의 얼굴을
볼 때 인간성의 깊이와 상처받기 쉬운 나약함(vulnerability), 이 두 가지를
동시에 본다. 우선 상대의 얼굴에서 인간성의 깊이를 보며 그의 인간성
에 참여한다. 특히 눈은 상대의 마음으로 들어가는 창(窓)이다. 서로 눈
을 들여다봄으로써 서로의 삶을 이해하며 거기에 참여한다. 인간성의
심연(深淵), 거기는 하나님의 영이 계신 자리다. 우리가 성도들과의 교제
를 통해 신앙이 깊어지기도 하고 때로 하나님을 만나는 경험을 하는 이
유가 바로 여기에 있다.

　　　다음으로 우리는 상대의 얼굴에서 그의 연약함을 본다. 실제
적으로든 비유적으로든 사람의 얼굴에는 과거의 상처가 남아 있다. 완
벽한 미인은 존재하지 않고 어디엔가 흠결이 있기 마련이다. (완벽한 미

8　얼굴의 중요성을 분석한 사람은 "타자(他者)의 철학자"로 알려진 레비나스(Emma-
　　nuel Levinas, 1906-1995년)다. 레비나스 철학의 소개서는 강영안, 『타인의 얼굴: 레
　　비나스의 철학』(서울: 문학과지성사, 2018)을 참고하라. 이 글에서 얼굴에 관한 이야
　　기는 레비나스의 '얼굴'에 관한 고찰(146-152, 176-183)에서 착상했음을 밝혀둔다.

인도 몇 명 있다고? 시간이 조금만 지나면 잡티와 검버섯이 피는 것을 볼 것이니, 너무 부러워하지 말기를.) 처음에는 그의 얼굴의 상처가 두려움의 근거였는데, 사귐이 깊어지면서 그 사람을 규정짓는 정체성의 표식으로, 더 나아가서 내가 보듬어야 하는 약함으로 느껴진다.

우리는 거의 매일 만나는 택배 노동자의 얼굴을 기억하지 못한다. 단지 그가 전해주는 물건이나 그가 남긴 문자 메시지를 통해 그의 존재를 알 뿐이다. 얼굴을 보지 못하는 사람은 영혼이 없는 노동자, 로봇으로 대체될 수 있는 그리고 곧 대체될 존재다. 그러나 교회는 택배 노동자가 검은 오토바이 헬멧을 벗고 얼굴을 마주 대하는 곳이어야 한다. 하지만 문제는 교회에서 성도들을 얼굴로 만나기 어렵다는 데 있다. 우리는 예배 도중 옆 사람과 인사하라고 하면 어색하게 눈인사를 주고받을 뿐이다. 그의 얼굴을 똑바로 쳐다보지 못한다. 교회의 사이즈를 줄이든지, 아니면 서로 얼굴을 마주해도 어색하지 않을 정도로 소그룹을 활성화시켜야 할 것이다.

얼굴의 묘함은 여기서 그치지 않는다. 친근함과 낯섦이 함께 머무는 곳이 사람의 얼굴이다. 이건 또 무슨 소린가? 사람의 얼굴은 보면 볼수록 친근감이 들기도 하지만, 자세히 보면 처음 보는 것처럼 낯설기도 하다. 상대의 표정으로 그의 감정을 읽을 수 있으면 친밀하다고 할 수 있을 텐데, 그렇다면 우리가 상대의 얼굴에서 읽어낼 수 있는 감정의 숫자가 얼마나 될까? 수십 개의 이모티콘 정도면 그의 감정을 다 표현할 수 있을까? 천만에! 15개 안면골(骨)과 20개 표정근(筋)의 조합(combination)으로 만들어지는 경우의 수는 거의 무한대에 가깝다. 인간은 그렇게 단순한 존재가 아니다. 인간의 감정을 몇 가지로 단순화할 수는 없다. 내가 가진 틀로 상대의 마음을 판단하는 것일 뿐이다. 게다가 얼굴은 변하기까지 한다. 감정의 기복에 따라 시시각각 변하기도 하지만, 오랜 세월 지나면서 판이 서서히 바뀌기도 한다. 특히 예기치 못했던 사건을 만나거나 고통을 겪게 되면 얼굴이 급격히 변한다. 그러니 오늘 내가 마주하는 얼굴은 사실 어제의 얼굴이 아니다. 이는 내가 오늘 마주하는 사람이 어제의 그 사람이 아닌 것과 마찬가지다.

친밀함에도 두 종류가 있다. 가짜 친밀함과 진정한 친밀함이다. 가짜 친밀함은 서로 익숙해져서 더 이상 집중해서 보지 않기에 친숙하게 느껴질 뿐인 친밀함이다. 즉 내 틀에 따라 그를 규정해놓고 볼 뿐, 상대의 실제 모습을 들여다보지 않는 것이다. 우리는 오랜 세월 함께 살아온 가족들의 얼굴을 자세히 보는가? 아니, 그저 그렇게 생겼으려니 생각하면서 무심히 대한다. 하지만 진정한 친밀함이란 친밀함과 낯섦이 함께 있는 것이다. 친숙한 사람들에게서만 낯섦을 느낄 수 있다. 별로 가깝지 않은 친구를 10년 만에 만나면 "야, 넌 변한 게 하나도 없구나!"라고 대뜸 말한다. 하지만 그렇지 않다. 그가 변하지 않은 것이 아니라 내가 변화를 느끼지 못할 만큼 그에게 관심이 없었던 것이다. 그러나 친밀한 연인 사이에서는 미묘한 감정의 변화도 크게 느껴진다.

그래서 사람을 만난다는 것은 한편으로는 설레고 다른 한편으로는 두려운 일이다. 30년을 함께 산 부부도 늘 새롭게 진화하는 존재이기에 설레고, 어디로 튈지 모르기에 두렵다. 교회에서 성도들을 마주할 때도 마찬가지다. 하나님께서 저 사람 안에서 어떤 일을 이루실지 모르므로 설레면서 두렵다. 친밀하면서도, 아니 친밀하기 때문에, 상대에게서 새로운 모습을 발견하고, 그 모습을 설렘으로 기대하는 관계가 진정한 친밀함이다. 상대의 변화를 내가 따라잡을 수 없기 때문에, 그 변화를 가능하게 하는 마음의 공간을 인정하고 존중하는 것이 진정한 사귐

이다. 그 공간이 나의 지성이 도달할 수 없는, 바로 하늘의 바람이 일렁이는 곳이다.[9]

---

9   장안에 화제가 되고 있는 어떤 교회에서는 성도의 친밀한 교제를 강조하는 나머지 지은 죄를 공개적으로 고백하게 한다. 하지만 죄의 공개적 고백은 차후의 교회생활과 가정생활을 어렵게 만드는 부작용이 있기에 주의해야 한다. 그러나 이보다 더 큰 문제는 우리의 마음 깊은 곳에서 일어나는 '죄'라는 것을 너무 단순하게 생각한다는 점이다. 사람의 속에 있는 죄는 사람이 변화하는 것만큼이나 변화무쌍하여, 이를 몇 마디 말로 다 담아낼 수 없다. 그 죄의 고백을 들은 목회자는 그를 이해하고 그의 삶을 통제한다고 생각할지 모르지만, 사실은 그게 가장 큰 죄의 징후가 아닐까?

12

코로나19 시대의 한국교회

코로나 시대에 한국교회의 현실

코로나19 시대에 대한민국의 교회는 풍랑 이는 바다 위의 작은 배와 같다. 거대한 폭풍 같은 변화가 몰아치는데, 우리가 타고 있는 배는 언제 파선할지 모르는 일엽편주다. 코로나 시대에 한국교회의 양적 감소는 처참할 지경이다. 한 통계에 따르면 한국교회 성도의 숫자는 2011년 정점을 찍은 후 매년 감소하여, 2019년까지 9년 동안 약 139만여 명이 감소했다. 이는 전체 그리스도인의 15.8퍼센트에 해당한다.[1] 코로나 사태가 없었더라도 만일 이 추세로 20년이 지나면 기독교는 우리 사회에서

1 장로회 합동, 통합, 고신, 기장, 기독교대한감리회, 기독교대한성결교회 등 여섯 교단의 교인 수는 2011년 880만 5천 명으로 정점을 찍은 후 매년 감소했다. "예장합동·고신·기장·감리회·기성 등 주요 교단 교인 17만 빠져…2011년 이후 139만 이탈", 「뉴스앤조이」(2020년 10월 8일), http://www.newsnjoy.or.kr/news/articleView.html?idxno=301533 참고.

소수 종교로 전락할 것이 분명하다. 2020년 코로나 시대를 거치면서 감소 추세는 더욱 가파를 것으로 전망된다. 아직 정확한 통계가 잡힌 것은 아니지만, 두 번에 걸친 수개월간의 비대면 예배 후 대면 예배가 재개되었을 때, 약 30퍼센트 내외의 성도들이 출석했다고 한다. 비대면 예배가 대면 예배보다 오히려 더 좋았다는 응답이 15퍼센트고, 앞으로 필요한 경우 온라인 예배를 드리겠다는 응답도 비슷했다. 또한 아예 주일 예배를 드리지 않은 교인도 18퍼센트나 되었다.[2] 6만 한국교회의 80퍼센트 이상을 차지하고 있는 소형 교회의 경우, 기술적인 문제 등으로 인해 온라인 예배조차 드리지 못한 교회가 많았다. 대부분의 교회가 월세를 감당하지 못하는데, 이 상태가 2, 3년 지속되면 작은 교회의 반 정도는 월세와 관리비를 더 이상 지탱할 수 없을 것이다.[3]

　　　　더욱더 큰 문제는 교회의 신뢰도가 큰 폭으로 하락하고 있다는 것이다. 2020년 1월 기윤실이 발표한 교회의 사회적 신뢰도 조사에서 "기독교 목사의 말과 행동에 믿음이 간다"는 문항에 대해 긍정이 30퍼센트, 부정이 68퍼센트였다. 20대만 놓고 보면 25:75이고, 30대는 15:81로서 더욱 심각하다.[4] 2020년 코로나 이후에 교회의 신뢰도는 더욱 낮아졌다고 한다. 2020년 6월 2일에 코로나를 겪으면서 사회적 신뢰도가 높아진 기관과 낮아진 기관을 조사한 결과가 발표되었다. 질병관

2　"교회 출석자 중 코로나19 이후, '아예 주일예배 드리지 않은 개신교인' 증가세!" 「넘버즈」 제69호(2020년 10월 30일), http://www.mhdata.or.kr/bbs/board.php?bo_table=koreadata&wr_id=120.

3　"'예배 봐도, 안 봐도 망한다'…코로나에 개척교회 생사기로", 「중앙일보」(2020년 6월 7일), https://news.joins.com/article/23795502.

4　기독교윤리실천운동, 「2020년 한국교회의 사회적 신뢰도 여론조사 결과 발표세미나 자료집」(2020년 2월 7일), 13-14. 기윤실 홈페이지에서 자료집을 다운로드 받을 수 있다. https://cemk.org/resource/15704/.

리본부나 의료 기관, 대한민국 정부의 신뢰도는 높아진 반면, 국회, 언론, 미래통합당(국민의 힘)과 더불어 종교 기관은 하락했다.[5] 같은 기간 코로나19 이후 종교인에 대한 이미지 조사에서 불교와 천주교에 대한 이미지는 '온화한', '따뜻한', '절제하는', '윤리적인' 등의 긍정적인 응답이 많은 반면, 개신교에 대해서는 '이중적', '배타적', '부패', '사기꾼', '거리를 두고 싶은' 등의 부정적 이미지가 대부분이다.[6]

　　　2020년 8월에는 사랑제일교회와 광화문 집회를 거치면서 교회에 대한 신뢰도가 낮아지는 것을 넘어 교회가 혐오의 대상이 되기에 이르렀다. 2021년 1월 동일한 항목으로 조사했는데 매우 신뢰함과 약간 신뢰함을 합하여 21퍼센트에 불과하고 신뢰하지 않는다가 76퍼센트로 나타났다. 한 해 사이에 무려 11퍼센트가 하락한 것이다. 특히 비기독교인의 경우 신뢰한다는 비율이 9퍼센트에 불과했다.[7] 2020년 9월, 내가 가르치는 대학생들에게 기독교에 대한 질문이 있으면 말해보라고 했더니, 많은 학생이 사랑제일교회의 행동에 대해 이해할 수 없다고 응답했다. 학생들의 의견 중 몇 가지를 적어보면 다음과 같다.

- 이 상황에서도 대면 예배를 강행하고 자신은 안 걸린다고 하는 소수의 교회 생각이 궁금합니다.

5　　"코로나19가 드러낸 '한국인의 세계'-의외의 응답 편", 「시사인」 663호(2020년 6월 2일), https://www.sisain.co.kr/news/articleView.html?idxno=42132&page=2&total=38.

6　　"코로나19 이후 개신교인을 보는 일반 국민의 시선 '거리를 두고 싶은', '사기꾼 같은'", 「넘버즈」 제61호(2020년 8월 28일), http://mhdata.or.kr/mailing/Numbers61th_200828_A_Part.pdf.

7　　목회데이터연구소, '코로나19 정부 방역 조치에 대한 일반 국민평가 조사', 2021년 1월.

- 이번 코로나 확산은 전적으로 기독교의 책임이라고 생각합니다.
- 종교인이라는 자들마저 존중과 배려와 봉사의 자세를 보이지 않는데, 어떻게 신의 존재를 믿을 수 있겠습니까?
- 전광훈 목사의 행동으로 인해 나쁜 기억이 더욱 커진 것 같습니다. 왜 그랬는지 알고 싶습니다.

이미 시작된 변화

한국 기독교가 어떻게 해서 이처럼 양적으로 축소되고 사회적 신뢰를 잃게 되었을까? 이는 코로나19의 영향 때문만이 아니다. 코로나19 시대는 새로운 시대의 시작이라고 볼 수도 있지만, 사실 이미 시작된 시대적 변화가 가속된 것에 불과하다. 코로나19가 없었으면 10년에 걸쳐서 일어날 일들이 한두 해에 일어난 것이다. 이와 같은 교회의 영향력 감소를 이해하려면 과거 역사를 돌이켜보아야 한다.

한국 기독교의 역사를 거칠지만 다음과 같이 구분해보자.[8] 현재까지 세 번의 막(幕)이 끝났고, 제4막이 막 시작되었다. ① 제1막은 구한말과 일제강점기의 초창기 한국 기독교로서, 외래 종교인 기독교가 한국 토양에 정착한 시기다. 이 시기의 교회는 한국 사회에 성공적으로 정착한 것은 물론이고 반봉건·반외세라는 시대적 과제를 앞장서서 이끌었다. 선교사들과 한국의 그리스도인들은 근대식 학교를 세웠고, 제

---

8   한국 기독교 역사의 구분에 관해서는 장동민, 『포스트크리스텐덤 시대의 한국 기독교』 (서울: 새물결플러스, 2019), 제2장을 보라.

중원을 비롯한 병원을 통해 근대 의학을 도입했다. 기독교는 신분제 철폐와 천민 해방에 큰 도움을 주었고, 애국심을 고양하는 데 있어서도 선봉에 섰다. 그리스도인들은 삼일 만세 운동에서 주도적 세력 중 하나였고, 1920, 30년대에도 의열단 운동을 비롯한 항일 무장 투쟁, 농촌 운동, 저항문학 등에 대거 참여했다. 당시 기독교는 외래 종교이고 교인의 숫자도 소수에 불과했지만, 시대가 안고 있던 과제의 핵심으로 단박에 뛰어 들어가 이를 해결하기 위해 최선을 다했다고 평가할 수 있다.

② 제2막은 해방 후부터 80년대 민주화 시대까지로서, 한마디로 한국 기독교의 전성기다. 30년에 걸쳐 교인 수가 30배로 늘어났고, 세계적 규모를 자랑하는 대형 교회들이 설립되었으며, 백만 명 이상이 모인 여러 차례의 대형 집회가 성공적으로 치러졌다. 한국 기독교는 비록 친일 청산에는 실패했으나 반공과 산업화라는 국가적 어젠다의 기수로서 역할을 수행했다. 기독교의 표식인 십자가, 반공과 산업화를 상징하는 태극기, 그리고 이 둘의 수호자인 성조기의 조합이 이 시대를 보여주는 상징이다. 필자는 이 시기를 '유사(類似) 크리스텐덤'이라고 이름 붙인 바 있다. 우리나라가 크리스텐덤(기독교 국가)이었던 적은 한 번도 없었으나, 기독교는 해방 후부터 약 3, 40년 동안 한국 사회에서 크리스텐덤 못지않은 특혜를 받으며 국민적 호응을 얻었다.

③ 제3막은 민주화를 달성한 80년대 후반부터 최근까지다. 이 시기는 기독교의 성장이 둔화하고 세력이 약화되기 시작한 때다. 더 중요한 것은 기독교가 이때부터 한국 사회가 요구하는 시대적 과제로부터 멀어져서 주변부로 밀려나기 시작했다는 점이다. 제2막에서 기독교의 번성을 가져다준 요인들이 오히려 침체의 원인으로 작용하기 시작했다. 1989년 베를린 장벽의 붕괴와 소련의 해체 이후 전 세계적으로

반공주의가 퇴조했는데, 이는 한국 사회에도 영향을 미쳤다. 산업화의 문제점으로 소득과 재산의 양극화가 심화되는 상황에서 기독교는 기업과 자본가의 입장에만 섰다. 사회는 다원화되어가는데 기독교는 전통적인 가치와 윤리만을 고집했다. 요컨대 한국 사회가 보수와 진보로 재편되는 과정에서 개신교 그리스도인과 지도자들 대다수는 신학적 보수와 정치적 보수가 결합된, 이른바 '보수주의'의 한 축을 형성했다.[9] 이후 신앙과 이념이 결합된 형태로 보수화된 한국 기독교는 과거의 어젠다에 매달려 동시대의 과업에 무관심한 집단으로 여겨지게 되었다.

　　대한민국 '87체제'가 시효를 다해갈 무렵, 4차 산업혁명이라는 또 한 번의 거대한 소용돌이 앞에서 기대와 두려움이 교차하던 시점에 코로나19가 몰아닥쳤다. 대한민국은 과학과 시민 정신에 힘입어 방역과 경제라는 두 마리 토끼를 모두 잡았다고 가슴을 쓸어내리며 안도했고, 한편에서는 자부심으로 가득 찼다. 그러나 교회는? 마치 큰물에 무너진 가난한 집안의 가재도구들이 햇빛에 노출되어 널브러진 것처럼 누추한 모습이 그대로 드러났다. 이를 보여주게 된 사람도 보는 사람도 모두 부끄러워 얼굴을 돌린다. 이제 우리는 어떤 길을 택해야 하나? 길이 있기는 한 것일까? 뒤로 돌아갈 수는 없고 앞은 보이지 않는다.

9　　한국 사회가 오늘날의 정치 지형을 가지게 된 중요한 사건은 1990년 소위 '3당 합당'이다. 이후 30년의 세월이 흐르면서 한국 사회는 '보수'와 '진보'의 양 진영으로 뚜렷하게 구분되었다. 보수 진영은 기존의 반공주의와 시장 경제를 계승하면서 민주화의 열매를 공유하려고 함으로써 오랜 기간 한국 사회의 주류 세력이 되었다(박세길, 『두번째 프레임 전쟁이 온다: 진보 vs 보수 향후 30년의 조건』[파주: 추수밭, 2018], 제1장). 비슷한 시기(1989년)에 한국기독교총연합회의 창립과 더불어 기독교도 보수와 진보로 양분되었다. 이때부터 신학적 보수와 정치적 보수, 신학적 진보와 정치적 진보가 하나가 되었다. 이전에 신학적 보수/진보는 성경관이나 진화론에 대한 견해의 차이로 갈라졌었으나, 이후부터는 신학적 보수가 반공주의, 시장 경제 등의 사회 이념을 주장하게 되었다.

코로나19 시대의 한국교회 1: 영적 부흥

후일 코로나19 시대를 회고할 때 빠지지 않고 등장할 인물이 있다면 바로 전광훈 목사(이하 전광훈)일 것이다. 사람들은 왜 전광훈에게 열광할까? 직설적 화법, 소탈한 성격, 강력한 카리스마, 돈과 성(性) 문제로부터 자유로운 '청교도적' 도덕성, 권력자를 두려워하지 않는 용기…? 그가 전하는 메시지는 단순하고 명료하다. 즉 대한민국은 하나님의 특별한 선택을 받은 나라로서, 미국이 주도하는 자유 시장 경제와 반공주의 위에 세워졌는데, 좌파 정권이 들어서서 나라를 사회주의로 이끌려 하고 있으니 이를 저지하는 것이 애국적 그리스도인의 의무라는 것이다.

그렇다면 전광훈을 따르는 사람들은 어떤 사람들인가? 그들로 하여금 가족들의 만류에도 불구하고 출석하던 교회를 박차고 멀리까지 가서 위험한 집회에 참석하도록 만드는 동력은 무엇일까? 그들의 열심의 정체는 무엇인가? 나는 그 열심의 중심에 영적 갈망이 있다고 생각한다. 내가 아는 팔십 줄 들어가는 한 권사님이 계신다. 그는 젊었을 때 극적인 회심을 경험했고, 진실한 목사님을 만나 열정적인 신앙생활을 했으며, 재물과 시간을 바쳐 교회를 섬겼다. 유복하지 못한 삶 속에서도 기도의 기적을 경험하면서 자녀들을 모두 훌륭하게 키워냈다. 그 권사님은 가끔 나에게 전화를 걸어, 과거 젊었을 적 신앙을 회고하면서 지금의 교회생활은 미지근하고 지루할 뿐 진짜 신앙이 아니라고 불평한다. 대신 그는 자신의 영적 갈망을 전광훈 유튜브 설교를 통해 채운다면서, 청와대 앞 집회에도 몇 번 참석했다고 자랑처럼 이야기했다. 그는 거기서 살아 있음을 느꼈다고 한다. 이게 그 권사님 한 분만의 이야기는 아닐 것이다.

성도들이 교회에서 영적 갈망을 채우지 못하는 것이 문제의 핵심이다. 이는 대한민국의 많은 교회가 성도들의 영적 갈망을 채워주지 못하는 무기력한 공동체가 되었다는 뜻이다. 주일 설교는 들어도 안 들어도 그만인 밋밋한 중립적 언어로 채워져 있다. 일 년에 두어 번 들리는 십자가 복음에 대한 설교와 성찬식은 구원에 관한 설명일 뿐 구원 사건을 일으키지 못한다. 목사들은 설교 후 손을 반쯤 들고 거룩한 눈빛으로 허공을 바라보며 반복적으로 찬양하는 것으로 영적 갈증이 채워지리라고 생각하는가 보다. 아마도 목회자들 자신이 영적인 갈망을 별반 가지고 있지 않은 듯싶다. 그들의 주된 관심은 교회 성장 프로젝트, 출석 성도들의 숫자와 헌금 액수, 영향력 있는 장로나 권사와의 식사, 기독교 방송 출연과 유튜브 조회 수, 노회·총회 임원과 해외 선교지 방문, 유학 중인 자녀 걱정, 은퇴 후의 대책 등이다. 그렇다면 성도들은 영적 갈망을 채우지 못하는 교회에 무엇 때문에 나오는가? 오래된 습관, 가족의 전통, 사회적 교류와 눈도장, 봉사 활동의 재미 때문에? 아니면 벌 받을까 무서워서? 직분에 대한 책임감 때문에? 내 생각에는 영적 갈망이 무엇인지 모르는 성도들도 많다.

이렇게 말해놓고 보니, 아이러니하게도 전광훈 집회에 참여한 성도들이 가장 영적으로 깨어 있는 사람들처럼 보인다. 물론 영적 갈망을 채우려다가 점점 더 센 자극을 원하는 중독자가 된 꼴이지만 말이다.[10] 전광훈 사태를 통해 새삼 알려진 것은 대한민국의 목회자와 성도들이 거의 영적 갈망을 가지고 있지 않다는 사실이다.

---

10 박성철, 『종교 중독과 기독교 파시즘』(서울: 새물결플러스, 2020)을 참고하라.

상(傷)하고 통회(痛悔)하는 마음(Broken and Contrite Heart)

영적 갈망을 알리는 첫 단계이자 징표는 회개다. "하나님께서 구하시는 제사는 상(傷)한 심령이라. 하나님이여, 상(傷)하고 통회(痛悔)하는 마음을 주께서 멸시하지 아니하시리이다"(시 51:17). 우리는 어떻게 해서 한국교회의 영광이 변하여 부끄러움이 되었는지 자신과 교회를 돌아보며 통회해야 한다. 하지만 우리는 어려움을 만날 때 이 어려움이 누구 때문에 왔는지, 그 원인을 외부에서 찾는 습관이 있다. 중국, 신천지, 동성애자, 정부…, 희생양을 찾아 차별과 혐오를 쏟아내는 미성숙한 행태를 그치자. 하나님의 심판의 대상은 한국의 교회고, 교회의 일부인 바로 나 자신이다. 자신을 돌아보지 않고 다른 이들을 정죄하는 사람들의 말은 바람에 나는 겨와 같이 한없이 가볍기만 하다.

한국교회 성도들처럼 열정적으로 교회를 섬기는 사람들에게 무슨 죄가 있느냐고 반문하는 사람이 있을 수 있겠다. 그러나 우리의 선행은 "인간이 행했기 때문에 더럽혀졌고, 여러 가지 약점과 불완전성이 뒤섞여 있으므로 하나님의 무서운 심판을 도저히 견딜 수 없다"(웨스트민스터 신앙고백서 제16장 5항, 사역) 우리가 선을 행할 때 악도 함께 섞여 있었는데, 시간이 지나면서 선한 것은 점차 퇴색되고 함께 자라던 악이 전면에 등장한다. 선한 동기로 큰일을 계획하고 업적을 남겼으나, 시간이 지나면서 선한 동기는 소멸되고, 그 업적은 제도화되어 개선의 여지가 없는 단단한 덩어리로 남는다. 이런 일은 선한 일을 행한 거의 모든 곳에서 일어난다. 이는 시대적 소명 의식으로 가득한 투사들이 혁명을 일으켜 구악(舊惡)을 척결하고 새로운 세상을 만들었으나, 한 세대가 채 지나지 않아 자신들이 적폐(積幣)가 되어버리는 것과 비슷하다.

맨땅에 교회를 개척하고 일생을 바쳐 일군 교회를 자신의 '공로'로 여기는 노(老)목사는 교회를 사유화하여 이를 끌어안고 함께 몰락한다. 그는 젊었을 적 소명을 받아 최선을 다했지만, 차츰 하나님이 주신 비전과 자기 확장의 욕망을 혼동한다. 성도들이 근면하게 노력하고 금욕적으로 살며 자녀를 교육시켰지만, 그 결과 우리 교회는 저소득층이 설 자리가 없는 중산층 중심의 보수적 교회가 되어버렸다. 열심히 기도하여 은혜를 받았지만, 시간이 지나고 보니 은혜는 온데간데없고, 은혜로 받은 물질적 축복만을 붙들고 있는 셈이다. 반공주의와 시장 경제의 이념에 잇대어 교회와 국가가 동반 성장했는데, 이제는 신앙과 이념이 한 몸이 되어 함께 역사의 심판을 받게 되었다.

세상의 죄악과 교회의 죄악 그리고 나의 죄는 서로 얽혀 있다. 나는 마이크로코스모스고 내가 한국교회다. 내가 내 안에 얽힌 죄악을 끊어낼 수 있다면, 세상의 모든 문제의 해결이 시작된 것이다. 그러나 회개가 성공할 가능성은 아주 낮다. 자기를 돌아보게 해주는 성경 말씀을 이미 자기 식으로 내면화했고, 기도를 통해 이를 더욱 강화하기 때문이다. 성경을 알면 알수록, 큰 소리로 기도하면 할수록 회개와는 거리가 멀어지게 된다. 바로 여기에 묵상이 필요하다. 우리는 깊은 묵상을 통해 책망하시는 성령의 음성을 들어야 한다. 다른 말로 하면 자신의 내면 깊숙이 자리 잡고 있는 욕망이 무엇인지를 밝혀내고 이를 끊을 수 있어야 한다. 그 묵상의 끝에 기도가 따라온다. 기도는 경건의 업적을 쌓는 것이 아니다. 기도는 자신의 속에 있는 부패한 생각을 버리기 위한 몸부림이다. "하나님의 아들 주 예수여, 이 죄인을 불쌍히 여기소서." 기독교 2천 년 역사에서 가장 위대한 기도인 '예수 기도'(Jesus Prayer)를 기억하라.

나는 성도들이 영적 갈망을 느끼고 이를 채울 수 있는 공동체가 되는 것이 우리 시대의 교회가 지닌 가장 중요한 과제라고 생각한다. 소그룹 활동, 교양 강좌, 독서 토론, 경로 대학, 바자회, 비전트립, 사회봉사, 교회 건축 등으로는 안 된다. 교회가 진리의 물 근원을 찾아 길을 헤매는 나그네의 공동체가 되어야 한다. 목회자들이 먼저 자신에 대해 절망하고 세상에 대해 시험을 당하자. 골방이나 교회 마룻바닥이나 산속의 기도원에 홀로 앉아 슬퍼하고, 분노하며, 회의하고, 저주하며, 항의하자. 신학자들은 이미 정립된 교리를 재탕하고 증명하며 논쟁하고 비판하는 "영광의 신학"에 안주하지 말고, 우리 시대를 지배하는 악에 도전하다가 번민과 유혹에 휩싸이는 "십자가 신학"에 도전하자.[11]

영적 갈망을 갖고 있다면 이미 그 갈망을 거의 채운 셈이다. 우리의 영적 갈망의 대상은 하나님인데, 그 하나님은 항상 우리를 향해 열려 계신 분이기 때문이다. 사방이 물이기 때문에 우리는 갈증을 느낄 때 언제든지 마시면 된다. 좀 더 정확히 말하자면 영적 갈망을 가지고 있다는 사실 그 자체가 이미 하나님과의 깊은 관계 속에 있다는 증거다. 부재(不在)에 대한 느낌은 현존(現存)에 대한 강한 증거다. 마치 남녀가 서로에 대한 갈망을 가진다는 것 자체가 사랑하는 관계임을 증명하는 것처럼 말이다. 오히려 갈망을 채웠다고 자신하는 것이 사랑 없음을 보여줄 때가 많다.

---

11   루터의 십자가 신학의 새로운 해석에 관한 책이다. 알리스터 E. 맥그라스, 김선영 역, 『루터의 십자가 신학: 마르틴 루터의 신학적 돌파』(서울: 컨콜디아사, 2015).

코로나19 시대의 한국교회 2: 공동체성 회복

2020년 8월 목회데이터연구소가 진행한 "교회 공동체성 분석: 일반교회 vs 가정교회 비교 조사"는 뜻깊은 결과를 보여준다. 소그룹 교회의 전형인 가정교회가 일반교회에 비해 비대면 시대에도 신앙생활과 헌금생활 등이 훨씬 더 역동적이라는 사실이 이 조사를 통해 밝혀졌다.[12] 일반교회는 비대면 상황에서 전화나 문자로 교제하는 데 반해, 가정교회 성도들은 소그룹 모임을 지속하는 비율이 높다. 자연히 기도나 성경 읽기와 같은 개인 경건생활도 가정교회 성도가 일반교회 성도보다 더 활발하다. 예컨대 기도 시간이 코로나 이전보다 늘었다는 대답이 일반교회는 18퍼센트인데, 가정교회는 25퍼센트다. 코로나19 상황에서의 헌금생활도 일반교회의 경우 41퍼센트가 줄었다고 답한 데 비해, 가정교회는 상대적으로 적은 17퍼센트가 줄었다고 응답했다.

　　　1980년대 이후 한국의 많은 교회에서 여러 형태의 소그룹 모임을 도입했다. 구역, 순모임, 제자반, 셀처치, 두 날개, 목장 등 이름을 바꾸어가면서 말이다. 그러나 그런 교회들은 대부분 이런 소그룹 모임을 예배와 설교를 중심으로 하는 전통적 교회를 보조하는 수단으로, 혹은 교인들을 효율적으로 관리하는 방식 정도로 생각했다. 그러나 가정교회는 이를 혁명적으로 뒤집었다. 가정교회는 (적어도 이론적으로는) 가정에서 모이는 교회가 교회의 핵심 단위고, 대그룹 모임이 이차적이라고 믿는다. 즉 "성도의 교제"(*communio sanctorum*)로서의 공동체교회가

12　「넘버즈」 제66호(2020년 10월 9일), 목회데이터연구소 홈페이지 www.mhdata.or.kr 참조.

"그리스도의 몸"(*corpus Christi*)인 제도로서의 교회에 앞선다는 것이다. 가정교회는 목회자의 설교보다 목장과 같은 소그룹 공동체를 통해 신앙이 성장하며, 목회자의 일방적인 지도를 받는 것이 아니라 성도들이 서로 도움을 주고받는다. 가정교회가 신앙생활에서 가장 중요하게 여기는 가치도 주일 예배보다는 소그룹의 섬김과 사랑이다.[13]

소그룹 모임을 통해 공동체성을 강화하는 것은 비단 교회를 건강하게 성장시키기 위한 수단만은 아니다. 익명성을 요구받는 현대의 도시생활에서 날마다 무한경쟁에 시달리며 소외를 경험하는 현대인들에게 친밀한 인격적 교제는 숨을 쉴 공간을 마련해준다. 즉 교회가 자신의 삶을 개방하고 영혼의 대화를 나누는 그리스도 안에서의 사귐을 제공해주는 공간이 되는 것이다. 게다가 친밀한 사귐은 신앙 그 자체와도 깊은 연관성이 있다. 사람들과의 친밀한 관계는 하나님과의 관계를 반영하는 것이기도 하고, 하나님과의 관계로 들어가는 통로이기도 하다. 사람에게 마음의 문을 열면 자연히 근원적 관계인 하나님께도 문을 열기 마련이다. "어느 때나 하나님을 본 사람이 없으되, 만일 우리가 서로 사랑하면 하나님이 우리 안에 거하시고 그의 사랑이 우리 안에 온전히 이루어지느니라"(요일 4:12).

---

13 가정교회 지도자들은 가정교회야말로 신약성경이 말씀하는 진정한 교회의 형태라고 생각한다. 그들은 가정에서 모여 가족처럼 친밀한 관계를 이루고, 모든 성도가 은사에 따라 서로를 섬기며, 건물과 성직자가 중요하지 않은 교회를 꿈꾼다. 한국의 가정교회 운동은 1993년 미국 텍사스주의 휴스턴서울교회에서 시작한 이래, 최영기 목사를 비롯한 탁월한 지도자들의 지도와 성도들의 헌신에 힘입어 성장을 거듭했다. 세계 각지에 흩어진 한인 가정교회들 간의 친교와 가정교회 확산을 위해 세워진 '가정교회사역원'에는 2020년 현재 238개의 정회원 교회가 등록되어 있으며, 이보다 훨씬 많은 목회자와 교회들이 가정교회의 교회관을 따르고 있다. 가정교회사역원 홈페이지 http://www.housechurchministries.org/ 참고.

공동체성을 강조하는 가정교회를 비롯한 여러 교회에 찬사를 보내면서, 두어 가지 제언을 드리고 싶다. **첫째, 동질 집단 간의 사귐이 아닌 차이를 넘어서 하나 됨을 이루려는 원대한 목표를 가지기 바란다.** 신약성경이 가르치는 교회의 특징 가운데 하나가 바로 인종과 신분과 젠더의 차이를 극복한 공동체다. "너희는 유대인이나 헬라인이나 종이나 자유인이나 남자나 여자나 다 그리스도 예수 안에서 하나이니라"(갈 3:28). 모든 사람이 하나님의 형상을 따라 창조된 동등한 인격이며 하나님 앞에서 연약함과 상처를 가진 죄인들이다. 세상의 모든 신분적 차이는 용서받은 죄인이라는 새로운 신분 앞에서 무력해진다. 가정교회와 같이 공동체를 중요하게 생각하는 교회야말로 계층의 한계를 극복하는 모델이 되기에 적합하다.

21세기 대한민국에서 극복하기 어려운 차이는 어떤 것들인가? 우선 여러 종류의 사회적 신분의 차이가 존재한다. 지역, 계층, 학력, 노사, 직종, 세대, 남녀 등 거시적 차별뿐 아니라 더 촘촘한 미시적 차별도 존재한다. 분양아파트와 임대아파트, 정규직과 비정규직, 인서울대 출신과 지방대 출신, 본교 학생과 분교생 등, 차별의 목록은 끝없이 이어진다. 대한민국 교회는 계층의 면에서 보면 중산층 중심의 교회다. 서로 비슷한 생활 수준에 비슷한 학력과 환경을 가진 사람들이 교회의 멤버다. 중산층이 좋아할 만한 메시지와 중산층 중심의 문화가 교회에 정착되었다. 그러다 보니 저소득층은 교회에서 환영받지 못하고 교회에 적응하기 어렵다. 사실 서로 비슷한 계층의 사람들 사이에서 친밀한 교제를 나누는 것도 쉬운 일은 아니다. 그러나 교회의 이상은 이보다 높아야 한다. 나는 소그룹 중심의 교회 안에서 계층을 초월한 성경의 이상이 실현된 교회를 보고 싶다.

둘째, 문화적 차이다. 교회에서 신앙생활을 하다 보면 신앙적 문화의 차이 때문에 어려움을 겪는 경우가 많다. 교회 밖에서의 문화의 차이가 교회에서 신앙 스타일의 차이를 낳는다. 조용한 묵상기도를 선호하는 사람과 큰 소리로 방언을 말해야 기도한 것 같은 사람, 헨델의 메시아를 고집하는 클래식파와 새롭게 유행하는 힙합 스타일의 CCM을 통해 은혜받는 젊은이, 기도와 말씀 묵상 등 개인 경건에 치중하는 사람과 바자회나 비전트립을 좋아하는 활동적인 성도들이 있다. 그들은 서로 화합하기 어렵고 서로의 신앙적 성향을 폄하한다. 과거에는 한 교회 안에서 다투다가 파열음을 내고 갈라지기도 했는데, 지금은 아예 교회를 선택할 때 자신이 선호하는 스타일을 찾아가는 경향이 있다.

셋째, 이게 가장 극복하기 어려운 것인데, '태극기'와 '촛불'의 이념적 차이다. TV 뉴스나 신문을 보면 개신교인들은 정치적으로 보수적이고 그중 적지 않은 숫자가 전광훈 목사와 같은 극우적 성격을 띠고 있는 것처럼 보인다. 그러나 통계 조사에 따르면 반드시 그렇지는 않다. 기독교사회문제연구원(기사연)의 조사에 따르면 2020년 개신교인의 정치적 성향은 진보 31.4퍼센트, 중도 39.8퍼센트, 보수 28.8퍼센트로 나타났다.[14] 또 다른 조사에서는 전광훈 목사의 언행에 대해 긍정적으로 평가하는 개신교인의 비율이 13퍼센트인데(적극적인 지지 3퍼센트, 언행은

---

14 2017년의 조사에 따르면 스스로를 진보라고 생각하는 사람이 전 국민 가운데 33.2퍼센트(중도 34.7퍼센트, 보수 26.5퍼센트)인데 기독교(개신교)인은 40.9퍼센트가 스스로를 진보(중도 23.1퍼센트, 보수 30.0퍼센트)라고 생각한다. 가톨릭이나 불교는 물론 무종교인보다도 진보의 비율이 높다. 이 조사에서도 나이와 직분이 높을수록 보수적 성향을 띠고 있다(기독교윤리실천운동이 지앤컴리서치에 의뢰하여 조사한 2017년 1월의 통계 자료, 조성돈, "종교별 신앙심과 이념성향", 기윤실 홈페이지 https://cemk.org/10938/ 참조).

지나치지만 주장에는 동의하는 비율 10퍼센트), 이를 연령별로 보면 40대 이상이 57퍼센트이고, 직분별로는 안수집사, 장로, 목사 등 중직자의 23퍼센트가 전광훈에 찬동한다.[15] 이상을 종합하면 그리스도인의 이념 지형은 일반 국민의 정치 지형과 비슷하거나 진보층이 약간 많고, 고연령층이나 교회의 지도자층은(이 둘이 일치하는 경우가 많다) 보수적 성향이 강하다. 그리고 매스컴을 통해 느껴지는 것보다는 개신교인 가운데 진보층이 두텁다.

　　　　　이상의 교회 내 이념 분포가 의미하는 바는 많다. 먼저 교회 안에 보수, 중도, 진보가 고루 존재하기 때문에 교인들 간의 이념적 갈등이 내재되어 있음을 쉽게 알 수 있다. 대다수 교회에서 목회자를 비롯한 주류가 보수적이기 때문에, 자신의 성향을 드러내지 못하는 샤이 진보의 숫자가 상당하다. 이들은 신앙과 보수적 이념을 일치시키는 목사의 설교에도 불구하고 큰 영향을 받지 않는다. 아니면 아예 설교 자체에 영향을 받지 않는지도 모른다. 이념적 갈등을 견디다 못해 교회를 떠나는 성도들도 상당수 있을 것임을 짐작할 수 있다. 또한 나이가 젊을수록 진보적 성향이 강해지는 경향이 있으므로, 이념적 갈등으로 교회를 떠나는 성도들 가운데 젊은이들이 다수를 차지할 것으로 생각된다. 이 역시 한국교회의 미래를 어둡게 만드는 중요한 요인이다.

　　　　　나는 공동체성을 교회의 본질로 여기는 교회들이 교회 내의 여러 가지 갈등을 넘어설 가능성이 훨씬 크다고 생각한다. 깊은 인격적 교제를 나누다 보면 정치적 이념이 그렇게 중요하지 않음을 알게 된다.

15　　목회데이터연구소, 「목회데이터연구소 주간 리포트」 제21호, 목회데이터연구소 홈페이지 file:///C:/Users/PRIME/Downloads/21%ED%98%B8+%EA%B8%B0%EB%8F%85%EA%B5%90%ED%86%B5%EA%B3%84+.pdf 참조.

결국 촛불을 든 젊은이나 태극기를 든 어르신이나 다 하나님의 은혜를 받아야 하는 죄인들 아닌가? 소그룹 중심의 공동체교회가 진보적 성향을 가진 성도들과 젊은이들을 붙잡음으로써 교회의 양적 하락을 막을 수 있고, 교회에서 하나 됨을 경험한 성도들이 사회 통합의 동력을 제공할 수도 있다.[16] 교회야말로 계층과 이념을 초월하여 하나 되어야 하는 유일한 기관이라는 신약성경의 높은 교회관을 늘 염두에 두어야 한다.

둘째, 물질 나눔을 통해 공교회성(公敎會性)의 모범을 보여주기 바란다. 이런 질문을 해보자. 만일 기원후 1세기 지중해 연안 지역에서 전염병이 발생하여 수많은 사람이 죽어간다면 신약의 교회는 어떻게 대응했겠는가? 그 시기에 전염병이 발생했다는 신약성경의 기록은 없으나 전염병에 버금가는 한발(旱魃)에 대해서는 많은 기록이 있다. 꼭 한발이 아니더라도 고대 세계는 식량 부족으로 어려움을 겪는 사람이 많았다. 신약의 교회들이 가뭄과 흉년으로 인한 재난에 어떻게 대처했는지 살펴보자.

- 재산과 소유를 팔아 각 사람의 필요를 따라 나눠 주며(행 2:45).
- 믿는 무리가…모든 물건을 서로 통용하고…그중에 가난한 사람이 없으니…(행 4:32, 34).
- 제자들이 각각 그 힘대로 유대에 사는 형제들에게 부조를 보내기

---

16 우리 국민들은 사회 통합의 주체로서 종교 기관에 대해 기대를 걸고 있지 않다. 정부, 국회, 언론 등에 많은 기대를 가지면서 종교 단체에는 단지 4퍼센트만이 사회 통합의 주체가 되어주기를 기대하고 있다. 이 4퍼센트에는 전 인구의 반 정도를 차지하는 종교인들도 포함되어 있을 것이기 때문에, 비종교인뿐 아니라 종교인들도 자신들이 믿는 종교가 사회 통합에 도움을 줄 것이라고 생각하지 않는다(목회데이터연구소, 「목회데이터연구소 주간 리포트」, 제21호, 목회데이터연구소 홈페이지 참조).

로 작정하고(행 11:29).

- 마게도냐와 아가야 사람들이 예루살렘 성도 중 가난한 자들을 위하여 기쁘게 얼마를 연보하였음이라(롬 15:26).
- 성도를 섬기는 일에 대하여는 내가 너희에게 쓸 필요가 없나니(고후 9:1).
- 내 형제들아, 만일 사람이 믿음이 있노라 하고 행함이 없으면 무슨 유익이 있으리요?(약 2:14)
- 누가 이 세상의 재물을 가지고 형제의 궁핍함을 보고도 도와줄 마음을 닫으면 하나님의 사랑이 어찌 그 속에 거하겠느냐?(요1 3:17)

위의 기록들은 신약의 교회들을 망라한다. 예루살렘, 안디옥, 마게도냐, 아가야, 에베소 등. 이들에게 개(個)교회주의란 존재하지 않았다. 그들은 전 세계에 흩어진 교회는 모두 그리스도의 몸의 일부라고 믿었다. 이를 공교회성(公敎會性, Catholicity)이라고 부른다. 교회는 자본주의 시대의 기업처럼 서로 경쟁 관계에 있는 것이 아니라 서로 돕고 세워주는 그리스도의 몸이다. 멀리 떨어져 있을지라도, 인종과 민족과 관습이 서로 다를지라도, 신학적 논쟁 중이더라도, 바울은 마게도냐와 아가야 지역의 교회들이 헌금을 모아 예루살렘에 전달하는 것을 서로 갈등 관계에 있던 이방인 교회와 유대인 교회를 화해시키는 '평화 비용'으로 생각했다.

코로나19의 직격탄을 맞은 작은 교회들은 월세를 내지 못해 존립이 위협당하고 있으며, 동료 목회자들은 추운 겨울을 예상하고 있다. 대략 2년으로 예상되는 코로나19 시대가 지나면 작은 교회들의 상당수가 예배당을 운영할 수 없을 것으로 보인다. 각 교단 총회에서 비상

(非常)을 선포하고 모든 불요불급한 예산을 동결하고 작은 교회를 살려야 한다. 총회가 존재하는 이유가 바로 이런 위기 상황에서 함께 살아가기 위함이 아닌가? 교회 생태계에서 작은 교회들이 담당하는 역할이 있기에, 작은 교회가 살아남지 못하면 얼마 후에는 큰 교회도 어려워진다. 그러나 대다수의 교단은 한두 번의 월세를 충당할 정도의 소액을 모금했을 뿐, 작은 교회를 살리기 위한 행보를 보이지 않는다.[17] 이는 총회에 파송된 총대들의 대다수가 아직 위기의식을 느끼지 못하는 큰 교회 위주로 구성되어 있고, 무엇보다도 한국교회에 공교회성이 없기 때문이다. 좀 심하게 말하면 큰 교회의 담임목사들은 경쟁 체제에서 성취를 이룬 것을 자랑스럽게 여기는 세속주의 이데올로기의 담지자니, 이들에게 선한 것을 기대하는 것은 무리다.

이런 상황에서 공동체교회가 물질 나눔을 통해 큰 교회와 작은 교회가 함께 살아가는 모습을 보인다면 어떨까 조심스럽게 제안해 본다. 예컨대 중형 교회 하나가 같은 노회에 속한 교회나 같은 지역의 교회 두세 곳 정도를 맡아 지속적으로 지원하는 것이다. 한두 차례의 선심성 헌금 정도가 아니라, 마치 사도 바울이 흉년이 든 예루살렘 교회를 위해 마게도냐와 아가야 교회들에서 여러 해에 걸쳐 힘에 지나도록 '거액'(고후 8:2, 20)의 연보를 한 것처럼, 진짜로 생사를 같이하는 것이다. 물

---

17 예장 합동 측에서는 각 노회별로 경상비의 2퍼센트를 미자립교회 지원금으로 지출하기로 했다고 한다("합동총회, 코로나19로 어려운 교회 지원", 「드림업뉴스」 2020년 3월 17일, http://www.dreamupnews.com/news/articleView.html?idxno=1516). 각 교회에서 노회에 의무적으로 납부하는 '상회비'는 보통 교회 경상비 예산의 1.5퍼센트 정도다. 각 노회가 각 교회에서 올라오는 상회비 가운데 2퍼센트를 미자립교회 지원비로 사용한다면, 노회에 속한 지교회 전체 1년 예산의 0.03퍼센트(!)를 사용하는 셈이다. 코로나가 여러 달 지속되면서 액수가 늘어났기를 기대한다.

론 중대형 교회들도 헌금 액수가 줄어 현상 유지가 어렵겠지만, 다 같은 하나님의 교회라는 신약성경의 교회관으로 돌아간다면 가능할 것이다. 한 가지 더 제안한다면 예배당을 여러 교회가 사용하는 것도 고려해볼 수 있다. 신약 교회를 지향하는 가정교회의 경우 교회가 건물이 아닌 사람들의 모임임을 강조한다. 이를 진심으로 믿는다면, 주일 오후나 평일에 예배당이 한가할 때 작은 교회들이 예배할 수 있도록 허용하면 어떨까? 미국에 있는 한인교회의 3분의 2는 미국교회 건물을 빌려 오후에 예배하는데, 처음에는 어색하지만 금세 익숙해진다. 먼 훗날 코로나19 시대를 회고하는 역사가가 한국의 교회들은 각자도생(各自圖生)의 길을 걷다가 공멸했다고 쓸 것인가, 아니면 똘똘 뭉쳐 운명을 함께하려고 노력한 교회들이 살아남아 다음 세대의 새로운 부흥을 이끌었다고 쓸 것인가?

코로나19 시대의 한국교회 3: 교회의 공공성(公共性) 회복

교회가 교회의 영역을 넘어서 사회적 관심을 가지고 참여하는 것을 교회의 공공성(Publicity)이라고 한다. 이는 교회가 자신의 존속을 목표 삼아 사회로부터 분리된 택함 받은 사람들의 집단이 아니라 하나님께서 세상을 구원하고 변화시키기 위해 세상 속으로 보낸 기관이라는 의미다. 신약의 교회들은 모두 이와 같은 교회의 공적 성격을 당연한 것으로 받아들였다. 예수님의 제자들은 마치 예수님께서 하늘로부터 땅으로 보냄을 받은 것처럼 세상 속으로 보냄을 받은 자들이다(요 20:21). 교회는 그리스도의 모든 좋은 것들이 가득한 그리스도의 몸인데, 이는 그 좋은 것을 교회만 가지고 있는 것이 아니라 온 세상에 나눠주려 함이다 (엡 1:10, 23). 설령 교회가 박해를 받는 소수의 무리에 불과한 때라도, 교회는 세상을 위한 왕적 제사장으로서 그 영광을 세상에 전해야 한다(벧전 2:9). 기원후 1세기에 정립된 신약의 교회관은 곧바로 기원후 2세기의 교회로 전수되었다.

사회학자 로드니 스타크는 그의 책 『기독교의 발흥』과 『기독교 승리의 발자취』에서 로마 제국의 변방에서 시작된 기독교가 어떻게 3백 년 만에 로마 제국의 국교가 될 정도로 성장했는지를 탐구한다.[18] 그는 교회가 처음 시작했을 당시 로마 제국의 6천만 인구 가운데 그리스도인이 단 천 명에 불과했는데, 기원후 350년이 되었을 때 전 인구의 56.5퍼센트인 3천 4백만 명이 되었다고 추산한다. 기독교의 세계주의와 평등 사상, 순교적인 삶과 활발한 선교 활동 등 여러 요인이 있지만, 그 가운데 특이한 것이 그리스도인의 긍휼 사역이다. 그리스도인들은 서로 물질을 나누는 것은 물론이고 신앙의 경계를 넘어 도움이 필요한 모든 이들에게까지 자비의 손길을 뻗었다. 이것이 이기적이었던 로마 세계에 신선한 충격을 주었고, 많은 사람이 기독교로 개종하는 계기가 되었다.

특히 기원후 165년 천연두로 추정되는 전염병이 창궐했을 때 그리스도인의 활약이 두드러지게 빛났다. 이 전염병은 15년 동안 계속되면서 로마 제국 인구의 4분의 1 내지 3분의 1의 생명을 앗아갔다고 전해진다. 부자, 행정관, 의사, 그리고 지역의 사제들마저도 자신들의 생명을 구하기 위해 피신하여 숨었지만, 그리스도인들은 죽음을 두려워

---

18 로드니 스타크, 손현선 역, 『기독교의 발흥: 사회과학자의 시선으로 탐색한 초기 기독교 성장의 요인』(서울: 좋은씨앗, 2016); 로드니 스타크, 허성식 역, 『기독교 승리의 발자취: 기독교는 어떻게 세계 최대의 종교가 되었는가?』(서울: 새물결플러스, 2020).

하지 않고 환자들을 돌봄으로써 많은 사람의 목숨을 구했다. 다음은 전염병이 종식된 후 한 사제가 교구민에게 쓴 편지의 내용이다.

> 대부분의 우리 형제들은 무한한 사랑과 충성심을 보여주었다. 이들은 결코 자신의 몸을 사리지 않고 서로에 대해서만 생각했다. 위험을 무릅쓰고 환자들을 돌봤다. 그리스도 안에서 이들의 필요를 살피면서 그들을 섬겼다. 그리고는 그들과 함께 이생을 조용히 행복하게 하직했다. 이웃의 질병을 자신이 짊어지고 그들의 아픔을 기쁘게 받아주다가 이들도 환자들로부터 병이 전염되었던 것이다.[19]

그리스도인들은 서로를 돌봄으로써 살아남은 비율이 높았을 뿐 아니라 이들의 자비로움에 감동한 사람들의 대규모 개종이 일어났다.

한국에 전파된 기독교 역시 한국 사회의 정치적·사회적 변동과 더불어 현실 문제에 깊숙이 참여한 역사가 있다. 한국에 파송된 선교사들은 단지 복음만 가지고 온 것이 아니었다. 선교사들은 가난과 미신, 신분제와 열강의 침탈로 고통을 겪던 한국 민중의 삶에 도움을 주고자 했다. 특히 일제강점기에 105인 사건(1911년)이나 삼일 운동, 임시정부 수립 등에 참여한 그리스도인의 물질적·정신적 영향력은 우리 민족사의 일부가 되었다. 앞서 언급한 바와 같이 해방 후에는 기독교의 광범위한 참여로 인해 '유사(類似) 크리스텐덤'이라고 불릴 만한 호시절을 보내기도 했다.

---

19 알렉산드리아의 디오니시오스 주교, 로드니 스타크, 『기독교 승리의 발자취』, 177에서 재인용.

그러나 교회의 성장과 제도화, 그리고 민주화 이후 사회 참여의 포기 등이 겹쳐서 한국 기독교는 공적 성격을 점차 잃어버리는 길을 택했다. 교회라는 울타리 안에 자신을 가두고 교회 자체의 생존과 성장에만 관심을 두었을 뿐 교회 밖에서 일어나는 일에는 관심을 두지 않았다. 기독교학교, 학술 단체, 출판사, 복지 기관, 각종 기독교 단체, 기독교 미디어 등의 느슨한 이익집단이 덩치를 키우고 게토화하여 '기독교계'(界)라고 불리게 되었다. 기독교계에 종사하는 이들은 지역 교회에서 모이는 헌금 일부와 독지가의 후원에 기대어 살아왔는데, 교회가 경제적으로 위축되고 성도들이 고령화됨으로써 그 생계가 위협받고 있다. 즉 생존을 위한 경쟁에 매달릴 수밖에 없는 구조가 된 것이다. 그렇다고 한국교회 내에 공적 성격을 가진 운동이 아예 없었던 것은 아니다. 1980년대 초반에 태동한 '기독교 세계관 운동'은 세상을 변화시킬 만한 운동으로 발전하지 못했고, 2000년대 초반 시작된 '뉴라이트' 운동은 태극기파(派)로 끝을 맺고 말았다.

코로나19 사태가 1년 이상 지속되면서 교회의 문제의식과 대응은 실망스럽기 그지없다. 낙제점의 초라한 성적표를 받은 심정이다. 한 세대 이상 공부를 안 했으니 낙제점을 받을 수밖에. 그동안 교계 뉴스와 목회자의 SNS를 지배했던 논쟁을 보자. 대면/비대면 예배 논쟁, 신천지 때리기, 정부의 기독교 말살을 위한 음모론, 사랑제일교회, 코로나 이후 축소된 교세를 어떻게 회복할 것인가 등이다. 모두 교회의 생존을 염려하는 교회 내부의 문제들뿐이다. 교회가 방역에 어떻게 참여할 수 있는지, 코로나로 고통받는 이웃들을 어떻게 도울 수 있는지, 교회가 어떻게 정부와 협력할 수 있는지를 논의하지 않는다. 코로나19가 우리 사회에 던지는 심판의 메시지는 무엇이며, 그 문명사적 의미는 어떠하며, 앞으로 우리 사회의 미래는 어떻게 될 것인지에 대해 고민하는 목회자와 신학자는 찾아보기 어렵다. 코로나 확산과 더불어 발 빠르게 시작된 학계의 토론을 부러운 눈으로 바라볼 뿐, 어떤 기독교적 대안도 제시하지 못한다.

공공성을 인식한 교회가 코로나19 시대를 살아가면서 해야 할 일을 두 가지로 제언하고자 한다. **첫째, 단기적으로 코로나19로 고통받는 이웃을 돌봐야 한다.** 미국의 전 노동부 장관 로버트 라이시는 코로나 시대 미국 노동자를 4개의 그룹으로 나누었다. 원격 근무가 가능한 노동자(the Remotes), 필수 인력 노동자(the Essentials), 임금을 받지 못한 노동자(the Unpaid), 잊힌 노동자(the Forgotten) 등이다. 이들 중 첫째와 둘째 부류는 문제가 없지만, 세 번째 부류의 노동자는 무급 휴가 중이거나 직장을 잃을 가능성이 있는 사람들이다. 마지막 잊힌 사람들은 외국인 근로자나 노숙인으로서 감염 위험이 큰 사람들이다.[20] 전염병과 같은 위기 상황이 되면 가난한 사람들이 먼저 위험에 노출되기 마련이다. 우리나라도 복지의 사각지대에 놓인 사람들, 혹은 급한 자금이 필요한 사람들이 있을 것이다.

2020년 2월 코로나 초기에 신천지 집회를 통해 확산된 대구의 집단 확진이 있었다. 3월에 '의리'를 내세운 배우 김보성이 마스크 7천 장을 가지고 대구에 내려가서 사람들을 안아주면서 마스크를 나누어주는 행사를 했다. 그 의도를 의심하는 사람도 있었지만, 나는 김보성의 동영상을 보면서 감동의 눈물을 흘렸다. 그리고 후회의 무릎을 쳤다.

---

20   "코로나 시대의 4계급…당신은 어디에 있나", 「경향신문」 2020년 4월 27일(https://
       m.khan.co.kr/view.html?art_id=202004271033001&utm_source=urlCopy&utm_
       medium=social_share).

'아차, 교회가 해야 할 일인데…' 당시에 나를 포함한 대다수 그리스도인은 하나님께서 이단 신천지를 색출해주셨다고 통쾌해하고 있었을 뿐이었다.

국가가 재난 지원의 주체가 되는 것이 마땅하지만, 교회도 할 일이 많이 있으리라고 생각한다. 내가 아는 천안의 B교회는 추수감사절 행사로 "더 감사 마중물 프로젝트"를 진행한다. 그 교회 성도들이 성금을 모아 외국인 유학생 150여 명에게 5만 원 상당의 상품권을 주었는데, 그 상품권은 교회 주변의 음식점과 편의점에서만 사용할 수 있도록 했다. 주변 약 30개의 소상공인에게 대략 30만 원 정도씩 돌아가도록 했다. 이로써 외국인 유학생도 격려하고 이웃들에게도 혜택을 주는 이중 효과를 얻을 수 있었다. 이 프로젝트가 성공하면 내년에도 한두 번 같은 행사를 벌인다고 한다. 만일 우리나라의 크고 작은 교회들이 창의성을 발휘하여 이와 유사한 프로그램을 진행한다면, 최소한 교회 다니는 사람을 거절하는 사업장은 나오지 않을 것이다.

둘째, 장기적으로는 코로나19 이후의 시대를 대비해야 한다.
코로나19 이후에 어떤 세계가 펼쳐질까? 몇 가지를 예상해본다.[21]

① 경제적 불평등이 심화할 것이다. 방역의 성공으로 잠시 잊었는지 모르겠지만, 코로나 이전 대한민국은 소위 '헬조선'이었다. 영화 "기생충"은 세계적인 성공을 거두었지만, 기생충(쏘리!)같이 사는 사람들의 삶이 개선된 것은 아니다. 출산율, 자살률, 행복지수, 청년실업률 등 모든 주요 지표에서 대한민국은 OECD 국가 중 가장 살기 힘든 사회

---

21 코로나19 시대 이후의 문제에 관해서는 다음 책들을 참고했다. 이도영, 『코로나19 이후 시대와 한국교회의 과제』(서울: 새물결플러스, 2020); 제러미 리프킨, 안진환 역, 『글로벌 그린 뉴딜』(서울: 민음사, 2020).

다. 4차 산업혁명으로 인한 산업 재편은 더 빨라질 것이고, 소득의 양극화는 더욱 심화할 것으로 보인다. 플랫폼 기업으로부터 세금을 걷어 기본 소득을 마련하자는 목소리가 더 커지겠지만, 그 길은 험난할 것으로 예상된다.

② 이미 우리 사회는 여러 가지 분열과 갈등을 경험하고 있다. 태극기와 촛불로 대표되는 보수와 진보의 국론 분열에 더하여, 외국인과 노인 등 약자에 대한 차별과 편견, 젊은이들 사이의 젠더 갈등 등의 문제가 불만 붙이면 활활 타오른다. 시민 정신이 발휘되어 K-방역을 성공적으로 수행하고 있지만, 자발적 공동체 의식의 기반이 약하기 때문에 언제 미국처럼 극단적 행태를 보일지 모른다.

③ 민족주의적 고립이 심화할 것이다. 전염병이 시작되면서 여러 나라에서 맨 먼저 한 일이 국경 봉쇄였다. 우리나라는 국경을 열어 놓으면서도 방역에 성공한 사례지만, 세계적 추세는 고립주의다. 한반도 평화 프로세스는 언제 재개될지 모르고, 우리를 둘러싼 강대국들은 국익과 정권 유지를 위해 평화를 원하지 않는다. 과연 이럴 때 글로벌 협력과 연대를 통한 평화 유지가 가능하겠는가?

④ 기후 변화와 환경 파괴가 더욱 심해질 것이다. 코로나 바이러스 사태가 시작된 것도 동물들의 생태 영역에 인간이 침범했기 때문이라는 연구 결과가 있다. 기후 변화에 대처하기 위한 글로벌한 대책이 수립되어야 하고, 우리나라도 탄소 배출을 줄이고 새로운 에너지원을 찾기 위해 노력해야 할 것이다. 무한대로 발전해가는 인간의 욕망을 제어하고 생태 친화적 문명으로 거듭나는 노력이 필요하다.

교회가 미래 세계의 변화에 관심을 가질 필요가 있느냐고 묻는 사람이 있을 것이다. 그러나 성도는 하나님 나라를 이 땅에서 이루어야 할 그리스도의 제자들이고, 세상을 심판하시는 그리스도의 대리자들이다. 혹은 목회자와 신학자들이 성경과 신학을 공부하기도 바쁜데 이런 것을 연구할 시간이 있느냐고 물을 수도 있다. 특히 성도들의 친밀한 교제를 강조하는 공동체교회는 이런 문제와는 관계가 없다고 생각할 수도 있다. 그렇지 않다. 공동체교회야말로 이런 일을 시작하기에 적합한 교회다. 친밀한 교제라는 것은 단지 이야기를 들어주고 사랑을 나누고 기도해주는 일에 한정되는 것이 아니다. 어려운 사람들과 대화를 하다 보면 그 어려움의 근원이 우리가 사는 사회의 문제와 맞닿아 있음을 알게 된다. 그들에게 실제적인 도움을 주기 위해서는 결국 사회 문제를 알고 이를 해결해야 한다.

　　지금 우리는 역사의 대전환기에 살고 있다. 역사의 변화는 항상 가장 고통받는 사람들로부터 시작된다. 소수의 주류 계급이 대다수 자산과 소득을 차지하고 민중을 억압하고 속일 때, 생존의 본능을 에너지로 삼는 혁명 세력이 등장한다. 때로는 합법적인 개혁이 일어나서 피를 흘리지 않고 한 단계 진화한 사회로 나아가기도 하지만, 더 많은 경우 포퓰리즘을 내세운 독재 권력이 그 사회를 파탄으로 이끌기도 한다. 어떤 길로 가느냐를 결정하는 것은 바른 지도자를 선택할 수 있는 깨어 있는 시민의 양식에 달려 있다.

　　여기에 교회의 역할이 있다. 만일 교회가 하나님의 뜻을 좇아 낮은 자의 고통에 동참하며 자비와 정의가 실현되는 미래 사회의 모습을 보여준다면, 역사를 이끄는 주역이 될 것이다. 그러나 교회가 민중을 억압하는 강자의 편에 선다면 역사의 뒤안길로 사라질 수밖에 없다. 삼일 운동이 일어나던 100년 전, 한국교회는 약자의 편에 서서 시대적 사명을 담당했다. 그러나 지금의 기독교는 과거에 찬란했던 승리의 영광을 회고할 뿐 현실을 외면하고 있다. 미래에 대한 대안 없이 보수/진보라는 낡은 프레임을 내면화하여 양 갈래로 나뉘어 있다. 역사의 주인이신 하나님께서는 이런 교회에 당신의 역사를 이루어가도록 사명을 맡기시지 않을 것이다. 맛을 잃은 소금은 길가에 버려져 사람들에게 밟힐 뿐이다.

"한국 기독교 사회 선언"
(Korean Christians' Social Manifesto)을 제안한다

교회여, 응답하라

예수 그리스도를 주(主)로 고백하는 모든 그리스도인의 간절하고 긴박한 소망은 하나님 나라가 이 땅에 임하고 그의 뜻이 이루어지는 것이다. 하나님은 악한 세상으로부터 당신의 백성들을 건지셨고, 그들이 하나님의 뜻을 선포하고 실행하는 대리인이 되게 하셨다. 교회는 성령의 도우심으로 선악을 분변하고, 세상을 판단하며, 나아갈 길을 제시해야 한다.

　　　지금 한반도는 냉전의 마지막 고리를 끊는 더디고 지루한 과정을 지나고 있다. 익숙한 옛 질서와 아직 오지 않은 새 질서 사이의 갈등과 혼선이 공존하고, 동아시아 역학 관계의 재편을 두려워하는 주변 열강의 간섭과 도발은 사뭇 위협적이다. 우리 사회는 양극화가 고착된 저성장 시대를 맞아 역동성을 상실했고, 젊은이들은 미래를 꿈꾸지 못한다. 4차 산업혁명이 다가오지만, 혁명 전야의 기대와 설렘 대신 디스토피아의 공포가 우리를 압도한다. 사회 각 분야의 지도층은 자신의 영혼을 자본의 힘에 굴복시켰고, 가지지 못한 사람들은 그 힘에 압살당하고 있다. 무계획한 각자도생(各自圖生)이 최고의 덕목이 되었고, 서로에 대한 차별과 혐오가 우리의 정신을 좀먹는다.

아아, 한국교회는 한마디로 지리멸렬(支離滅裂)이다. 자신과 사회의 죄악에 대한 자각도, 용서받은 자로서의 환희와 겸손도, 하나님의 다스리심에 대한 목마름도, 최후의 승리에 대한 희망마저 잊은 채, 오직 기존 질서의 안락함에 길든 중산층의 사교 클럽으로 전락한 듯하다. 보수적 기독교는 세속화의 늪에 깊이 빠져 허우적대며 공포심과 분노로 자신을 정의한다. 진보 진영도 과거에 가졌던 사회 변혁의 신학과 동력을 상실하고 각자의 아성에 할거한다. 교회의 개혁을 외치며 새로운 교회를 제안하는 움직임들이 있으나 작은 웅덩이에 불과할 뿐 이렇다 할 실개천조차 형성하지 못하는 실정이다. 교회가 우리 사회에 윤리적 각성을 일으키고 변화의 방향을 제시했던 시절이 있기나 했었는지 아득하다. 대다수 교회는 사회 변혁의 꿈을 더 이상 꾸지 않는 패배주의에 빠져 있으며, 일부는 자신들이 우리 사회를 타락으로부터 지키는 영적 보루라는 '정신 승리'에 도취되어 있다. 코로나19 시대에 급기야 교회는 바이러스와 가짜 뉴스 확산의 진원지로 자리매김하면서 대중적 혐오의 대상이 되고 말았다.

하지만 어둡고 깊은 밤의 끝은 미명(微明)의 시작이다. 지금이 바로 한국교회가 우리 사회에서 변혁의 깃발을 들 때다. 하나님의 관점에서 우리 자신과 교회의 죄악을 밝히 드러내고 통회하는 것이 우선이다. 성경의 관점에서 우리의 앞길을 밝히는 큰 그림을 제시하고 이를 실천해야 한다. 세상의 가장 낮은 자리로 가서 우는 자들과 함께 울고 그리스도 안에서의 소망을 전해야 한다. 이는 어두운 시대에 빛을 비추어 세상에 샬롬을 가져오기 위함이요, 교회가 본질적 사명을 회복하기 위함이다. 개인의 노력과 개별적인 봉사도 중요하지만, 한국교회와 기독교 지성이 힘을 모아 "한국 기독교 사회 선언"(이하 "사회 선언")을 함께 만드는 작업이 필요한 시점이다.

　　지금처럼 기독교의 위상이 땅에 떨어진 때 과연 우리가 이 일을 할 수 있을 것인가 회의가 들 수도 있다. 그러나 우리는 분명히 믿는다. 하나님의 말씀은 유일한 진리고, 그 말씀은 우리 사회가 나아가야할 방향을 제시하고 있다는 것을, 그리고 하나님은 말씀을 이해하고 실천할 대리인으로서 교회를 택하셨다는 것을 말이다. 하나님이 주신 진리를 간직한 그리스도인 외에 누가 자본과 권력이 주는 허상에 현혹되지 않고 모든 절망 속에서도 종말에 이루어질 하나님의 다스리심을 소망할 수 있겠는가? 하나님의 타자성(他者性)을 믿는 그리스도인 외에 누가 세상의 한계를 뛰어넘어 하나님 나라를 상상할 지혜와, 자신의 신념과 입장(立場)을 의심할 용기를 가지겠는가? 하나님이 우리를 받아들이셨다는 사실을 믿는 그리스도인 외에 누가 모든 사람을 차별하지 않고 대화의 장으로 끌어들일 수 있겠는가?

　　하나님께서는 이 세대에 필요한 당신의 뜻을 보여주시기 위해 우리의 양손에 성경과 역사(歷史)를 쥐어주셨다. 우리는 성령의 도우심으로 성경을 통해 하나님이 다스리는 세계를 그릴 수 있으며, 우리의 근대사를 돌아봄으로써 우리가 누구인지를 비평적으로 볼 수 있다.

사회 선언의 표준: 성경

오늘날 한국교회가 우리 사회의 나아갈 길을 제시해주기 위해 표준으로 삼아야 하는 것은 바로 하나님의 말씀인 성경이다. 보수와 진보를 막론하고 이데올로그나 사상가들 혹은 여론이나 출처를 알 수 없는 뉴스를 표준으로 삼을 수는 없는 노릇이다. 하나님의 말씀은 현실의 이념들을 심판하고, 그것들을 초월하면서도 구체적으로 실현 가능한 적실성 있는 표준을 제시하는 불변의 진리다.

신약성경은 거시적 사회 윤리를 제공하지 않는 것처럼 보인다. 임박한 종말을 기다리면서 기존 질서를 인정하고, 교회 공동체 안에서 성결과 화평을 추구하며, 박해를 견디라는 소극적 메시지가 윤리의 전부인 것처럼 보인다. 당시 로마 제국의 군국주의나 노예제도, 또한 그 사회에 만연한 억압과 불평등과 같은 구조적 악을 비판하는 내용을 찾기 쉽지 않다. 그러나 우리가 기억해야 할 것은 신약을 저술한 인간 저자들은 누가 한 사람을 제외하고는 모두 유대인이라는 점이다. 이들은 모두 어려서부터 토라에 익숙하고, "언약적 신율주의"가 제시하는 세계관을 체득했으며, 하나님의 다스리심을 볼 수 없는 대제국의 억압 속에서 예언서와 시편을 외우며 이스라엘의 위로를 기다리던 사람들이었다.

토라 안에는 하나님 사랑과 이웃 사랑의 계명들이 분리될 수 없도록 연계되어 있다. 영적·종교적 의식(儀式)과 사회적 삶의 일치, 한계로 가득한 현실 세계에서 이상(理想)을 실천하는 지혜, 정의와 사랑의 조화 등이 여러 장르의 언어로 기록되어 있다. 물론 이스라엘의 역사를 통해 토라가 추구하는 하나님의 통치가 완벽히 이루어진 적은 거의 없다. 하지만 이스라엘이 실패한 기록은 우리의 반면교사가 될 수 있다. 그리고 우리는 그 실패로 인한 격랑의 한가운데서 고뇌와 눈물로 하나님의 뜻을 찾으려고 애썼던 예언자들의 위대한 정신과 만날 수 있다.

　　　토라와 예언서, 그리고 시편을 가슴에 품고 신약을 읽으면 보이지 않던 것들이 선명히 드러난다. 예수님은 산상수훈에서 결국 토라를 주신 하나님의 소망을 설명하셨다. 바울은 토라(율법)를 뛰어넘는 믿음을 주장한 것처럼 보이지만, 사실 그에게 토라는 거룩하고 의로우며 선한 것으로 전제되어 있었다. 요한계시록은 로마 제국의 군사적 폭력과 불평등과 상업주의와 향락 산업을 비판하고, 눈물과 고통이 없는 신천지를 소망함으로써 악한 제국을 살아내도록 돕는다.

　　　그러므로 오늘날 우리의 미래 세계를 상상하는 사람들은 진보주의자나 보수주의자들이 제시하는 사회 이론을 공부하기 전에, 구약과 신약이 제시하는 이상적인 하나님의 다스리심을 포괄적이면서도 구체적으로 이해해야 한다. 성경의 계시를 요약하여 하나님의 통치의 내용을 사랑, 정의, 평화 등 몇 가지의 정언명령이나 추상적인 덕목으로 환원하고, 여기에 자신의 디테일을 집어넣으면 안 된다.

우리 근대사에 나타난 사회 선언의 전거(典據)

한국 기독교 사회 선언을 위해 우리가 사용할 수 있는 자원(資源)이 또 있으니 바로 우리의 역사다. 역사를 돌아보는 것은 두 가지 유익을 준다. 하나는 과거로부터 배우는 것이다. 선조들의 지혜를 얻기도 하고, 실패를 되풀이하지 않도록 경고를 받기도 한다(고전 10:6, 11; 유 1:7). 예컨대 삼일 운동으로부터 기독교가 다종교 사회에 어떻게 참여할 수 있는지를 배울 수 있고, 해방 후 기독교계에서 친일 청산을 제대로 하지 않은 것을 반성할 수도 있다. 둘째, 이보다 더 중요한 유익이 있으니, 곧 역사를 공부함으로써 우리 자신을 이해할 수 있다는 것이다. 과거를 알 때라야 우리는 비로소 지금 벌어지는 일들을 이해할 수 있고, 과거의 유산을 상대화하여 이를 넘어설 수도 있다.

한국 기독교의 사회 참여에 대한 역사를 거칠지만 다음과 같이 구분해보자. 현재까지 세 번의 막(幕)이 끝났고 제4막이 막 시작되었다. ① 제1막은 구한말과 일제강점기로서, 초창기 한국 기독교는 반봉건·반외세라는 시대적 과제를 매우 성공적으로 수행했다. 근대화에 앞장서고 저항적 민족주의를 진두지휘했다. 당시 기독교의 사회 선언을 꼽으라면, 최남선이 기초한 '기미독립선언문'을 들 수 있을 것이다. 이 선언은 공화주의, 인도주의, 저항적 민족주의, 일제에 대한 복수가 아닌 광정(匡正), 평화주의, 새로운 문명에 대한 기대 등 처음부터 끝까지 기독교적 특징을 지닌다. 근대화와 민족주의라는 초창기 기독교의 유산은 우리 기독교의 성격을 결정해주었다.

② 제2막은 해방 후부터 80년대 후반까지로, 한국 기독교는 친일 청산에는 실패했으나 반공과 산업화라는 국가적 어젠다의 기수로서 역할을 수행했다. 종교적·정신적 지주인 기독교의 십자가, 반공과 산업화를 상징하는 태극기, 그리고 이들의 든든한 수호자 성조기가 이 시대의 상징이다. 이 시대를 대표하는 사회 선언은 1968년 반포된 '국민교육헌장'이다. 이 헌장은 민족주의, 반공, 산업화의 역군을 키우기 위한 덕목이 비장한 필치로 서술되었는데, 이것들은 당시 기독교의 이념과 맥을 같이한다.

③ 제3막은 민주화를 성공적으로 달성한 80년대 후반부터 최근까지다. 이때부터 한국 기독교는 숫자적 하락세가 예상되었고, 시대적 과제로부터 멀어져서 변방으로 밀려나기 시작했다. 진보적 그리스도인들이 민주화 투쟁에 참여했고, 민주화 이후 소수의 개혁적 복음주의 그룹이 형성되었을 뿐이다. 역설적이게도 기독교가 사회의 주류로부터 멀어져갈 때, 신학자들 사이에서는 기독교의 사회 참여에 관한 신학적 논의가 활발하게 이루어졌고, 그 결과 여러 종류의 선언서와 신앙고백서가 작성되었다. 대표적인 몇 가지를 들자면, 국제적으로는 세계교회협의회(WCC)의 "정의, 평화, 창조의 보존"(JPIC) 개념이 정립되었고, 복음주의권에서는 로잔 언약(Lausanne Covenant, 1974년)이 사회 참여를 선언했다. 한국에서는 1970년대 산업 선교의 열매로서 대한예수교장로회(통합)가 1986년에 신앙고백서를 작성했고, 1988년에는 KNCC가 "민족의 통일과 평화에 관한 한국기독교회 선언"을 발표했다.

한국 기독교의 역사는 자랑의 면류관과 부끄러운 낙인을 동시에 남겼다. 이제 한국 기독교는 우리 교회와 민족에게 베푸신 하나님의 은총을 감사하면서 자랑스러운 유산을 오늘의 언어로 바꾸어야 할 것이다. 그리고 현재의 부끄러운 모습들도 우리의 것임을 인정하고, 서로 이해하고 반성하며 미래를 기약할 수 있어야 한다.

사회 선언이 다루어야 할 어젠다

2018년의 역사적인 남북정상회담과 북미정상회담은 이른바 '87체제'를 마감하고 새로운 막이 시작됨을 알리는 종소리였다. 한반도 평화를 원하지 않는 국내외 세력들 때문에 한반도 평화 프로세스가 순조롭게 이행되기는 어렵다. 그러나 과거로 돌아가지는 않을 것이라는 확신과 함께 새로운 미래를 꿈꾸어본다. 과거에 한국에서 일어나는 모든 악이 결국 남북 분단으로 귀결되는 것을 목격했던 우리는 한반도 평화와 비핵화가 정의와 번영을 가져다줄 것을 기대한다. 그러나 그렇다고 해서 우리나라가 곧 천국이 되는 것은 아니다. 하나의 악(惡)이 물러가면 생각하지도 못했던 곳에서 새로운 악(惡)이 등장하기 마련이다.

우리 시대에 사회 선언이 다루어야 할 어젠다는 다음과 같은 것들이다.

- 미래 우리나라의 이념적 지형
- 남과 북이 평화롭게 공존하기 위한 신뢰 구축 방안
- 한반도를 둘러싼 열강들의 영향력으로부터 주권 지키기
- 전쟁과 평화
- 다원화 사회에서의 국가주의
- 자유 시장 경제와 복지국가
- 기본소득제와 기본자산제
- 기후 변화와 생태계 파괴
- 성(性) 정체성, 동성애 관련 이슈
- 차별과 혐오 방지
- 교회와 국가의 관계
- 기술 문명과 생명윤리
- 교육의 공공성과 자율성
- 종교 간 대화와 협력 방안

사회 선언의 작성과 채택 방식: 공론화위원회

사도행전 15장에 기록된 예루살렘 총회는 이후에 이루어질 기독교 회의들의 전형을 제공한다. 예루살렘 총회의 논점은 이방인 그리스도인이 할례를 비롯한 구약의 의식법(儀式法)들을 지켜야 하느냐는 문제였는데, 이는 곧바로 믿음의 본질과 직결되어 있음이 드러났다. 바나바와 바울이 세운 이방인 교회는 이 문제 때문에 혼란스러웠고, 유대인 그리스도인들은 당황했다. 여러 입장을 가진 사람들이 예루살렘 총회의 논의에 참여했는데, 맨 오른쪽에 있는 바리새인 출신의 그리스도인들이 이방인 그리스도인도 할례를 비롯한 율법을 지켜야 한다고 주장했고(행 15:5; 고후 3:14), 맨 왼쪽에는 율법 폐기론자들이 있었으리라고 상상할 수 있다(당시는 율법 폐기론이 가상적으로만 존재했겠지만 곧 출현하게 될 것이다. 롬 3:13; 약 2:14 참조). 중도 우파로서 베드로와 야고보, 중도 좌파로서 바나바와 바울이 각각의 공동체를 대표하여 자신들의 성경 해석과 경험을 가지고 토론에 참여했다.

　　"많은 변론"(행 15:7)과 격렬한 토론이 오간 끝에 모든 사람이 만족할 만한 결론에 도달했다. 이는 이른바 평등한 '공론장'(公論場)에서 '집단 지성'이 발휘되어 성공을 거둔 사례다. 구시대를 대표하는 세력과 새로운 세계에 눈을 뜬 사람들이 공존했고, 전통과 권위를 의식하면서도 예의 바르고 자유로운 토론이 이루어졌다. 이들이 자신들의 논지를 세우기 위해 중요하게 여겼던 준거는 세 가지로, 상황의 변화, 성경(구약)의 가르침, 성령의 역동적인 일하심이었다. 이들은 이방인의 대규모 회심이라는 전에 없던 상황을 경험하고 있었는데, 이는 곧 기독교 세계화의 전조였다. 우파는 전통적인 성경 해석을 고집했지만, 야고보는 아모스서를 인용하여 이방인들에게 구원의 길이 열리는 새로운 시대가 왔음을 인정했다. 바나바와 바울은 1차 전도여행에서 체험한 성령의 사역을 이야기했고, 베드로는 욥바에서 본 환상과 이방인 고넬료의 가정이 성령 세례를 받은 사건을 증언했다. 예루살렘 총회는 그 결정을 "성령과 우리"가 내린 것이라고 자신 있게 말할 수 있었다.

좀 더 구체적으로 우리에게 적용해보자. 사회 선언의 작성 주체는 누구여야 하겠는가? 그리스도를 주(主)로 고백하는 모든 성도가 참여하는 것이 이상적이겠지만, 그리스도인의 사회 참여 문제에 대해 전문적인 훈련을 받고 관심을 보여온 운동의 주체들이 공론화위원회 형식의 위원회를 만들어 작성하도록 하는 것이 바람직하다.

1980년대 이후 그리스도인의 사회 참여에 관심을 가진 그룹들은 매우 다양하다. 이른바 뉴라이트의 정신을 이어받은 우파, 민주화와 민중 운동, 통일 운동에 앞장섰던 진보 진영, 기독교 세계관 운동 그룹, 개혁적 복음주의 진영, 그리스도인의 사회 참여와 관련한 저서와 잡지를 지속적으로 출간한 기독교 출판사, 평신도 대상 아카데미 등이 위원회에 참여할 수 있을 것이다. 교회 개혁 운동에 앞장서고 새로운 교회 운동을 시작한 청년 그룹도 적극적으로 참여하도록 격려해야 한다. 사회 의식이 강한 '86세대'가 작성하여 후배들에게 던져주는 형식이 되어서는 안 된다. 지역 교회와 노회, 연회, 총회 등의 대(大)교회도 참여할 수 있고, 각 교단의 신학교에 속한 신학자들도 함께할 수 있을 것이다.

진보, 보수, 중도를 막론하고 누구든지 참여할 수 있어야 한다. 단 상대를 인정하지 않고 자신의 견해만 고집하는 사람이나 단체는 논의에 도움이 되지 않으므로 주의 깊게 선별되어야 한다. 우리나라 기독교의 경우 진보와 보수의 입장 차가 너무 크기 때문에, 또한 진보와 보수는 세계적인 현상이기 때문에, 과연 이 일이 가능할지 회의가 들기도 한다. 한두 해에 걸친 몇 사람의 노력으로 사회 선언이 만들어지지는 않을 것이다. 그러나 초기 교회에서 유대인과 이방인, 종과 자유인, 남자와 여자가 주 안에서 하나 되는 것이 가능했다면, 우리가 진보와 보수의 벽 정도는 넘을 수 있다는 믿음을 가져야 한다.

한반도에 평화와 번영의 체제가 정착되고, 정치적 진보와 보수의 극단적 갈등이 해소될 것이 예상되는데, 친일 청산에 실패하고 민주화에 뒤처졌던 한국교회가 이번에는 앞장서서 사회의 본보기가 되는 것이 전혀 불가능한 일인가? 온 세계가 좌우로 분열된 시대에 대한민국의 교회가 이를 극복한 첫 사례가 못될 이유는 또 무엇인가? 우리 시대의 과제를 해결한 멋진 기독교를 우리의 후손에게 물려주려는 것은 정녕 허황된 꿈을 꾸는 것인가?

광장과 골방

코로나19 시대의 공공신학

Copyright ⓒ 장동민 2021

1쇄 발행 2021년 4월 22일

지은이 장동민
펴낸이 김요한
펴낸곳 새물결플러스

편 집 왕희광 정인철 노재현 한바울 정혜인
       이형일 나유영 노동래 최호연
디자인 윤민주 황진주 박인미 이지윤
마케팅 박성민 이원혁
총 무 김명화 이성순
영 상 최정호 곽상원
아카데미 차상희

홈페이지 www.holywaveplus.com
이메일 hwpbooks@hwpbooks.com
출판등록 2008년 8월 21일 제2008-24호
주 소 (우) 04118 서울시 마포구 마포대로19길 33
전 화 02) 2652-3161
팩 스 02) 2652-3191

ISBN 979-11-6129-198-7 03230

책값은 뒤표지에 있습니다.